U0529208

广州城市智库丛书

广州全面优化营商环境研究报告(2021)

张跃国 等◎著

中国社会科学出版社

图书在版编目（CIP）数据

广州全面优化营商环境研究报告.2021／张跃国等著.—北京：中国社会科学出版社，2022.8

（广州城市智库丛书）

ISBN 978-7-5227-0525-5

Ⅰ.①广… Ⅱ.①张… Ⅲ.①投资环境—研究报告—广州—2021 Ⅳ.①F127.651

中国版本图书馆CIP数据核字（2022）第129922号

出 版 人	赵剑英
责任编辑	喻　苗
责任校对	任晓晓
责任印制	王　超

出　　版	中国社会科学出版社
社　　址	北京鼓楼西大街甲158号
邮　　编	100720
网　　址	http://www.csspw.cn
发 行 部	010-84083685
门 市 部	010-84029450
经　　销	新华书店及其他书店
印　　刷	北京明恒达印务有限公司
装　　订	廊坊市广阳区广增装订厂
版　　次	2022年8月第1版
印　　次	2022年8月第1次印刷
开　　本	710×1000　1/16
印　　张	19.25
插　　页	2
字　　数	246千字
定　　价	99.00元

凡购买中国社会科学出版社图书，如有质量问题请与本社营销中心联系调换
电话：010-84083683
版权所有　侵权必究

《广州城市智库丛书》
编审委员会

主　任　张跃国
副主任　杨再高　尹　涛　许　鹏

委　员（按拼音排序）
　　白国强　蔡进兵　杜家元　方　琳　郭艳华　何　江
　　何春贤　黄　玉　罗谷松　欧江波　覃　剑　王美怡
　　伍　庆　杨代友　姚　阳　殷　俊　曾德雄　曾俊良
　　张赛飞　赵竹茵

总　　序

何谓智库？一般理解，智库是生产思想和传播智慧的专门机构。但是，生产思想产品的机构和行业不少，智库因何而存在，它的独特价值和主体功能体现在哪里？再深一层说，同为生产思想产品，每家智库的性质、定位、结构、功能各不相同，一家智库的生产方式、组织形式、产品内容和传播渠道又该如何界定？这些问题看似简单，实际上直接决定着一家智库的立身之本和发展之道，是必须首先回答清楚的根本问题。

从属性和功能上说，智库不是一般意义上的学术团体，也不是传统意义上的哲学社会科学研究机构，更不是所谓的"出点子""眉头一皱，计上心来"的术士俱乐部。概括起来，智库应具备三个基本要素：第一，要有明确目标，就是出思想、出成果，影响决策、服务决策，它是奔着决策去的；第二，要有主攻方向，就是某一领域、某个区域的重大理论和现实问题，它是直面重大问题的；第三，要有具体服务对象，就是某个层级、某个方面的决策者和政策制定者，它是择木而栖的。当然，智库的功能具有延展性、价值具有外溢性，但如果背离本质属性、偏离基本航向，智库必会惘然自失，甚至可有可无。因此，推动智库建设，既要遵循智库发展的一般规律，又要突出个体存在的特殊价值。也就是说，智库要区别于搞学科建设或教材体系的大学和一般学术研究机构，它重在综合运用理论和知识分析研判重大问题,这是对智库建设的一般要求;同时,具体到一家智库个体,又要依据自身独一无二的性质、类型和定位,塑造独特个性和鲜明风格,占据真正属于自己的空间和制高点,这是智库独立和自立的根本标志。当前,智库建设的理论和政策不一而足,实践探索也呈现出八仙过海之势,这当然有利于形成智库界的时代标签和身份识别,但在热情高涨、高歌猛进的大时代,也容易盲目跟风、漫天飞舞,以致破坏本就脆弱的智库生态。所以,我们可能还要保持一点冷静,从战略上认真思考智库到底应该怎么建,社科院智库应该怎么建,城市社科院智库又应该怎么建。

广州市社会科学院建院时间不短,在改革发展上也曾经历曲折艰难探索,但对于如何建设一所拿得起、顶得上、叫得响的新型城市智库,仍是一个崭新的时代课题。近几年,我们全面分析研判新型智库发展方向、趋势和规律,认真学习借鉴国内外智库建设的有益经验,对标全球城市未来演变态势和广州重大战略需求,深刻检视自身发展阶段和先天禀赋、后天条件,确定了建成市委、市政府用得上、人民群众信得过、具有一定国际影响力和品牌知名度的新型城市智库的战略目标。围绕实现这个战略目标,边探索边思考、边实践边总结,初步形成了"1122335"的一套工作思路:明确一个立院之本,即坚持研究广州、服务决策的宗旨;明确一个主攻方向,即以决策研究咨询为主攻方向;坚持两个导向,即研究的目标导向和问题导向;提升两个能力,即综合研判能力和战略谋划能力;确立三个定位,即马克思主义重要理论阵地、党的意识形态工作重镇和新型城市智库;瞄准三大发展愿景,即创造战略性思想、构建枢纽型格局和打造国际化平台;发挥五大功能,即咨政建言、理论创新、舆论引导、公众服务、国际交往。很显然,未来,面对世界高度分化又高度整合的时代矛盾,我们跟不上、不适应的感觉将长期存在。由于世界变化的不确定性，没有耐力的人常会感到身不由己、力不从心，唯有坚信事在人为、功在不舍的自觉自愿者，才会一直追逐梦想直至抵达理想的彼岸。正如习近平总书记在哲学社会科学工作座谈会上的讲话中指出的，"这是一个需要理论而且一定能够产生理论的时代，这是一个需要思想而且一定能够产生思想的时代。我们不能辜负了这个时代"。作为以生产思想和知识自期自许的智库，我们确实应该树立起具有标杆意义的目标，并且为之不懈努力。

智库风采千姿百态，但立足点还是在提高研究质量、推动内容创新上。有组织地开展重大课题研究是广州市社会科学院提高研究质量、推动内容创新的尝试，也算是一个创举。总的考虑是，加强顶层设计、统筹协调和分类指导，突出优势和特色，形成系统化设计、专业化支撑、特色化配套、集成化创新的重大课题研究体系。这项工作由院统筹组织。在课题选项上，每个研究团队围绕广州城市发展战略需求和经济社会发展中重大理论与现实问题，结合各自业务专长和学术积累，每年年初提出一个重大课题项目，经院内外专家三轮论证评析后，院里正式决定立项。在课题管理上，要求从基本逻辑与文字表达、基础理论与实践探索、实地调研与方法集成、综合研判与战略谋划等方面反复打磨锤炼，结项仍然要经过三轮评审，并集中举行重大课题成果发布会。在成果转化应用上，建设"研究专报+刊物发表+成果发布+媒体宣传+著作出版"组合式转化传播平台，形成延伸转化、彼此补充、互相支撑的系列成果。自2016年以来，广州市社会科学院已组织开展40多项重大课题研究，积累了一批具有一定学术价值和应用价值的研究成果，这些成果绝大部分以专报方式呈送市委、市政府作为决策参考，对广州城市发展产生了积极影响，有些内容经媒体宣传报道，也产生了一定的社会影响。我们认为，遴选一些质量较高、符合出版要求的研究成果统一出版，既可以记录我们成长的足迹，也能为关注城市问题和广州实践的各界人士提供一个观察窗口，是很有意义的一件事情。因此，我们充满底气地策划出版了这套智库丛书，并且希望将这项工作常态化、制度化，在智库建设实践中形成一条兼具地方特色和时代特点的景观带。

感谢同事们的辛勤劳作。他们的执着和奉献不但升华了自我，也点亮了一座城市通向未来的智慧之光。

广州市社会科学院党组书记、院长

张跃国

2018 年 12 月 3 日

前　言

营商环境是指从事交易活动的市场主体在市场活动中所涉及的准入、生产经营、退出等方面体制机制性因素与环境条件，营商环境的优劣直接决定着生产要素的配置效率、市场主体的兴衰与发展动力的强弱。党中央、国务院高度重视优化营商环境工作，对标国际先进，聚焦市场主体关切，2019 年 10 月，国务院发布《优化营商环境条例》，2020 年 7 月，又印发《关于进一步优化营商环境更好服务市场主体的实施意见》，深化"放管服"改革，推动中国营商环境明显改善，中国被世界银行评为全球营商环境改善幅度最大的十个经济体之一。

近年来，广州深入贯彻习近平总书记关于广州要"率先加大营商环境改革力度""在现代化国际化营商环境方面出新出彩"等重要指示精神，落实党中央、国务院和省委、省政府各项决策部署，实施了一系列营商环境改革措施，涵盖审批服务便利化改革、工程建设项目审批制度、企业投资管理体制、贸易便利化、科技创新体制机制、激发和保护企业家精神、市场监管、重点区域营商环境改革等方面，营商环境得到明显优化。在中国社会科学院等单位发布的《中国营商环境与民营企业家评价调查报告》中，广州营商环境综合评分排名第一。营商环境只有更好，没有最好。按照国务院办公厅、财政部关于做好 2020 年世界银行全球营商环境评估工作部署及省市的相关工作要求，广州将全面优化营商环境作为"一把手"工程来抓，以优质的制度供给、服务供给、要素供给和完备的市场体系，增强发展环境的吸引力和竞争力，打造全球企业投资首选地和最佳发展地。

广州市社会科学院作为市优化营商环境专项工作咨询提升组的牵头单位，坚持全球视野、对标国际先进，全面融入全市优化营商环境"一把手"工程。凝聚专业资源，高质量组建运作广州市全面优化营商环境咨委会，充分发挥人大代表、政协委员、专家学者、市场人士、行业协会、中介机构等各方面的专业力量，为优化营商环境提供建议方案。突出智库对外交流优势，与世界银行开展营商环境咨询合作与研讨交流。对标世界银行评估标准组，集中全院优势力量，组织开展"广州对标世界银行评估标准全面优化营商环境研究"，作为2020年度重大专项课题，成立了由院党组书记、院长张跃国担任课题组组长，副院长杨再高、尹涛、许鹏担任副组长，现代产业研究所、国际商贸研究所、财政金融研究所、城市治理研究所等部门负责同志和科研骨干参与的12个指标研究团队，精准把握广州营商环境现状，瞄准存在的"堵点""痛点"，提出具有针对性、可行性的对策与建议，形成2020年"广州对标世界银行评估标准全面优化营商环境研究"重大专项课题系列研究成果。研究成果通过专报、《领导参阅》等上报到广东省、广州市等政府部门，得到省、市领导多次肯定性批示，部分对策与建议被省市有关政府部门采纳，形成政策文件。在课题研究过程中，张跃国同志多次召集课题组成员召开课题研究工作推进会与研讨会议，传达中央和省市最新会议、政策与文件精神，提出研究方向、研究思路和研究方法，指导具体研究工作，并多次带队深入各地、各部门调研。通过近半年的努力，课题研究工作圆满完成，2020年10月在广州市新闻中心召开了广州全面优化营商环境重大专项研究新闻发布会，会议得到了各大新闻媒体、政府部门的高度关注，社会影响十分广泛。

本书是在2020年广州市社会科学院"广州对标世界银行评估标准全面优化营商环境研究"重大专项成果的基础上整理而成的。研究内容主要包括四个方面：一是研究如何对标与衔接世界银行营商环境评价标准（包括开办企业、办理建筑许可、获得电力供应、财产登记、获得信贷、缴纳税款、跨境贸易、合同执行、办理破产、综合性政策等），深入把握世界银行评估的方法论、具体指标体系和评估规则，对标全球最高做好最优。二是认真总结、系统分析广州与其他先进地区优化营商环境的经验和做法，研究如何巩固优势，借鉴吸收优化和改革的先进经验，为相关领域营商环境优化提供指引。三是找准切入点，对标先进地区得分情况和改革举措，找出广州营商环境的突出短板和市场主体反映强烈的"痛点"、难点、堵点问题。四是在摸清弄细广州营商环境现状的基础上，研究提出广州全面优化营商环境的工作建议。

按照"1+12"的研究架构，我们确定了本书的总体框架，"1"指全书的总论，"12"指的是围绕2020年世界银行营商环境评价12个指标的分析。主要章节与写作分工如下：第一章总论，由张跃国撰写；第二章开办企业指标研究，由秦瑞英、杨代友撰写；第三章办理建筑许可指标研究，由陈刚、杨代友、莫佳雯撰写；第四章是获得电力指标研究，由王世英、杨代友、郭贵民撰写；第五章是登记财产指标研究，由刘晓晗、蔡进兵、林瑶鹏、庄德栋撰写；第六章是获得信贷指标研究，由许鹏、蔡进兵、林瑶鹏、刘晓晗、庄德栋撰写；第七章是保护中小投资者指标研究，由揭昊、靳羽撰写；第八章是纳税指标研究，由陈旭佳、张强等撰写；第九章是跨境贸易研究，由何江、张小英撰写；第十章是执行合同指标研究，由孙占卿、赵竹茵、王玲芳、胡彦涛撰写;第十一章办理破产指标研究,由杨再高、赵竹茵、孙占卿、彭林撰写;第十二章政府采购指标研究,由覃剑、葛志专、程风雨撰写;第十三章是劳动力市场监管指标研究,由闫志攀、张强、刘帷韬撰写。

在本书编写和相关课题研究过程中,参阅了大量国内外相关文献,恕未在书中一一标明,谨向相关单位和作者致以诚挚的感谢!书中存在错漏在所难免,诚请广大读者不吝赐教。

目　　录

第一章　总论 ………………………………………………（1）

第二章　开办企业 …………………………………………（5）
　第一节　世界银行关于开办企业指标理论及方法 ………（5）
　第二节　广州开办企业优化改革升级之路 ……………（10）
　第三节　广州提升开办企业便利度的创新举措 ………（13）
　第四节　对标世界银行标准，广州开办企业
　　　　　便利度评估 ……………………………………（21）
　第五节　广州开办企业指标的短板 ……………………（25）
　第六节　国内外前沿经济体的经验 ……………………（31）
　第七节　广州提升开办企业便利度的对策 ……………（38）

第三章　办理建筑许可 ……………………………………（42）
　第一节　世行关于"办理建筑许可"指标的
　　　　　相关说明 ………………………………………（42）
　第二节　广州市"办理建筑许可"现状、改进和
　　　　　效果 ……………………………………………（46）
　第三节　广州"办理建筑许可"目前存在的问题和
　　　　　短板 ……………………………………………（60）

第四节 国内外经济体在优化"办理建筑许可"
　　　　环节成功经验及启示 …………………… (62)
第五节 提升广州"办理建筑许可"环节的得分值
　　　　的政策建议 ……………………………… (70)

第四章　获得电力 …………………………………………… (73)

第一节 世行《营商环境报告》获得电力指标与
　　　　方法理解 ………………………………… (73)
第二节 广州推出获得电力营商环境新政 ………… (75)
第三节 广州获得电力营商环境新政的成效 ……… (77)
第四节 广州获得电力新政的短板 ………………… (80)
第五节 各地获得电力创新做法和改革亮点 ……… (82)
第六节 进一步优化电力营商环境的行动建议 …… (84)

第五章　登记财产 …………………………………………… (88)

第一节 世界银行登记财产指标的评分标准 ……… (88)
第二节 广州指标测算及和京沪等地区的对比 …… (91)
第三节 广州继续深入优化登记财产指标存在的
　　　　短板和不足 ……………………………… (100)
第四节 优化和巩固广州"登记财产"指标的
　　　　政策建议 ………………………………… (106)

第六章　获得信贷 …………………………………………… (109)

第一节 世行获得信贷评估指标与具体方法剖析 … (109)
第二节 京沪排名不进则退，连年突破未果
　　　　原因分析 ………………………………… (114)
第三节 广州提高获得信贷指标得分的举措 ……… (117)

第四节 打造获得信贷新环境，助力提升广州
经济发展质量 …………………………………… （130）

第七章 保护中小投资者 …………………………………… （133）
第一节 评估的方法论、具体指标体系和评估
规则 ………………………………………………… （133）
第二节 保护中小投资者指标排名分析 ………………… （135）
第三节 中国在保护中小投资者指标失分情况分析…… （139）
第四节 国内迎评工作举措 ………………………………… （146）
第五节 国外先进经验借鉴 ………………………………… （151）
第六节 工作建议 …………………………………………… （154）

第八章 纳税 …………………………………………………… （162）
第一节 世界银行《营商环境报告》纳税指标
评分标准与设计逻辑 …………………………… （162）
第二节 世界银行《营商环境报告》纳税指标的
得分点与突破口分析 …………………………… （164）
第三节 广州与世界银行《营商环境报告》样本
城市纳税指数的国际比较 ……………………… （171）
第四节 全面优化广州税收营商环境：系统谋划，
重点突破 ………………………………………… （182）

第九章 跨境贸易 …………………………………………… （184）
第一节 世界银行跨境贸易营商环境评价方法 ……… （184）
第二节 广州优化跨境贸易营商环境取得的成效 …… （189）
第三节 广州跨境贸易营商环境的指标评估和
国内外比较 ……………………………………… （193）

第四节　广州跨境贸易营商环境存在的问题和
　　　　短板分析 …………………………………（202）
第五节　国内外城市优化跨境贸易营商环境的
　　　　经验启示 …………………………………（205）
第六节　优化广州跨境贸易营商环境的对策建议 ……（209）

第十章　执行合同 ………………………………………（214）
第一节　指标内涵、计分方法以及前沿指标
　　　　调整的不确定性 …………………………（215）
第二节　全球经济体得分变动反映的指标优化
　　　　空间 ………………………………………（220）
第三节　中国城市的表现、问题及对广州
　　　　工作的启示 ………………………………（225）
第四节　扎实掌握评估规则，完善广州对标
　　　　改革机制 …………………………………（230）

第十一章　办理破产 ……………………………………（236）
第一节　世行办理破产评估指标及中国测评情况 …（237）
第二节　北京、上海关于办理破产的创新探索 ………（238）
第三节　广州办理破产工作情况及当前存在问题 ……（243）
第四节　提高广州办理破产评估指标的对策建议 ……（253）

第十二章　政府采购 ……………………………………（259）
第一节　对标把握世界银行政府采购指标内涵与
　　　　评估方法 …………………………………（259）
第二节　对标学习先进城市提升政府采购指标
　　　　竞争力的经验 ……………………………（261）

第三节　对接提升广州政府采购指标竞争力的
　　　　　建议 …………………………………………（271）

第十三章　劳动力市场监管 ………………………………（274）
　第一节　"劳动力市场监管"试评估方法说明 ………（274）
　第二节　"劳动力市场监管"指标单项试评估 ………（279）
　第三节　将"劳动力市场监管"纳入评估体系后的
　　　　　结果 …………………………………………（282）
　第四节　对策建议 …………………………………（284）

参考文献 ……………………………………………………（289）

第一章 总论

习近平总书记多次强调要营造国际一流营商环境，指出"营商环境是企业生存发展的土壤"。2018年10月，习近平总书记专门对广州作出重要指示，要求广州实现老城市新活力，在综合城市功能、城市文化综合实力、现代服务业、现代化国际化营商环境方面出新出彩。市委、市政府深入贯彻习近平总书记的重要指示精神，把全面优化营商环境作为重大政治任务，作为实现老城市新活力的重要抓手，作为全市"一把手"工程，动员组织全市力量，对标国际先进水平，对照世界银行评估标准和国家评价体系，以市场主体需求为导向，以深刻转变政府职能为核心，创新体制机制、强化协同联动、推进法治保障，全面推动现代化国际化营商环境出新出彩。

作为市委、市政府的"思想库"和"智囊团"，广州市社会科学院紧紧围绕全市工作大局，全面融入优化营商环境这项全局性工作，及时策划组织全面优化营商环境重大专项研究。我们主要参照世界银行12项定量和定性指标，组建12个研究团队，逐项开展理论、规则和方法论研究，对广州改革政策措施进行对比分析和评估衡量，并借鉴国内先进城市的改革经验和国际最佳实践，提出具体优化建议和解决方案。同时，我们积极与世界银行等国际机构紧密对接交往，开展学术交流和政策研讨，组织咨询合作与技术支持，充分发挥新型智库决策支撑、政策宣导、国际交往等独特功能和重要作用。

根据我们的监测观察和分析研判,这两年广州在优化营商环境方面呈现出鲜明的特点和清晰的主线。这就是保持强大的战略定力,摆出自我革命的恢宏气势,在短时期内跑出了营商环境改革的加速度,12项指标整体表现均获得大幅度改善。课题组按照世界银行评估方法进行模拟测评,结果显示,广州在"开办企业""获得电力""登记财产""跨境贸易""执行合同"等指标上位于全球前列,个别指标如"办理建筑许可"已经站在了世界前沿。

一是确立营商环境出新出彩的战略牵引地位,把全面优化营商环境放在提升城市软实力和竞争力、实现城市治理现代化的战略高度,以全面优化营商环境为高水平开放、高质量发展提供制度保障,为推动形成国内国际双循环新发展格局提供环境支撑。为此,广州统筹全局,建构起强有力的组织系统,成立了市委书记、市长担任"双组长"的领导小组以及8个专题组、12个指标组,建立了6项工作制度,以强大的动员能力和组织力量,推动营商环境进行革命性再造、系统性重构,充分释放出集中力量办大事的制度优势。

二是坚持以市场主体和社会公众满意度为基本导向,广泛深入地听取各方面的意见和建议,积极回应市场主体、社会各界的需求和期待。组建全面优化营商环境咨委会,第一批聘请成员64名,包括人大代表、政协委员、市场人士、专家学者、行业协会、专业机构代表,分为企业代表组、专业机构组、政府代表组、专家学者组,已组织5场座谈会,开展了全覆盖问卷调查和焦点问题深入访谈,系统收集意见的建议并进行综合整理分析。成立优化营商环境法治联合体,成员涵盖涉法各类机构,多次召开联席会议,凝聚各方共识,开展政策宣传,组织专题培训。新冠肺炎疫情期间,迅速建立企业复工复产指挥信息平台和"五个一"工作机制(一名领导、一个服务专班、一套工作方案、一组支持政策、一个调度平台),全市重点企业入库3万多家,对于企业诉求和关切实行全流程网上收集调度处理。

三是针对关键环节和重点领域攻坚突破,聚焦企业办事时间、环节、成本三个核心问题,念念不忘"减、降、优"三字经,推动一网通办、流程再造、政策普惠和诉求闭环,全力以赴为各类市场主体投资经营减时间、减环节、降成本、优服务。比如在开办企业方面,实现全流程"一表申报、一个环节,最快半天办结";在办理建筑许可方面,通过整合程序、合并项目、取消事项,实现社会投资简易低风险项目审批全流程从原来的19个环节压减至6个环节;在获得电力方面,通过"零上门、零申请"全程网办,实现低压非居民用户无外线工程3天通电、有外线工程8天通电;在纳税方面,通过"网上申报""一键申报",申报时间整体压缩75%,有165项办税事项"一次不用跑"。广州还通过政府购买服务主动减免涉企收费,直接降低企业运营成本,比如开办企业免费刻制4枚印章、免费发放税务Ukey等。

四是保持开放式格局、全球性视野,注重借鉴国内外先进经验和最佳实践,避免闭门造车和自我满足。集成北京、上海作为世界银行评估样本城市的改革经验,组织对标分析研究,进行复制和推广。学习新加坡、中国香港、新西兰等最佳案例,先借鉴再赶超,持续争创国际最先进营商规则。积极与世界银行等机构开展咨询合作与政策研讨,获取技术援助和政策建议,促进指标水平整体跃升。

五是紧紧把握营商环境的本质要求,突出法治化和便利度两个关键。着眼于建立稳定、公平、透明、可预期的法治环境,依照法定权限和程序及时开展营商环境立法工作,制定《广州市优化营商环境条例》及一系列规范性文件，把市场认可、行之有效的营商环境改革措施和成熟做法上升为法规制度。充分运用数字技术和信息平台，通过智能化手段提升便利化水平，打造"一网通办、全市通办"的"穗好办"政务服务品牌，建设"一网统管、全城统管"的"穗智管"城市运行管理中枢，接近全部事项"最多跑一次"，超过90%的事项"零跑动"，政务服务指标在国家营商环境评价中排名全国第一。

两年来，广州坚持实施"对标+赶超"战略，在营商环境出新出彩方面不辱使命、不负重托，赢得了市场主体和社会各界的高度认可。2020年上半年，新增市场主体22万户，逆势增长13.1%；市场活力和市场主体的积极性明显增强，中国社会科学院发布的营商环境满意度调查显示，广州综合排名全国第一。

与此同时，正如习近平总书记所指出的，"营商环境只有更好，没有最好"。世界银行组织开展的营商环境评价类似于全球竞技比赛，广州优化营商环境工作面临着全面竞争的激烈态势，可以说不进则退。当前，广州在政府部门数据共享、数字经济有效监管、办事流程衔接优化重构、制度法规质量等方面还有较大提升空间。我们认为，这些也是未来营商环境改革的重点和挑战所在。

第二章　开办企业

2019年10月24日,世界银行集团(以下简称"世行")发布《2020年营商环境报告》。报告显示,中国实施了创纪录的8项营商环境改革,其中就包括开办企业领域。营商环境排名较上年提升15位,跃居第31位,连续第二年跻身全球营商环境改善最大的经济体前十名。开办企业指标是世界银行营商环境评价体系中的第一个一级指标。2019年,中国开办企业指标排名较上年上升1位,位列全球第27位。

对标世界先进水平,提升广州开办企业便利度,进一步降低市场进入门槛,打造市场化、法治化、国际化营商环境,对大步推进广州高质量发展,增强国际竞争力,提升全球高端资源配置能力,加快建成引领型全球城市具有极其重要的现实意义。

第一节　世界银行关于开办企业指标理论及方法

一　主要理论

世行对营商环境评估的每一指标体系,都会以一篇经典文献作为理论支撑。开办企业(starting a business)指标是以4名国外学者共同撰写的著名文献——《准入监管》(The Regulation of Entry）作为理论依据。文献阐释了有关"准入监管"的两个观点截然相反的理论，并通过对85个经济体的实证研究，进行验证，以经验证据形成研究结论。主要包括公共利益理论和公共选择理论两种。

（一）公共利益理论

公共利益理论是在庇古的公共利益理论基础上提出的。认为，为了抑制市场因自然垄断或外部性而出现的经常性失灵，保护最大多数民众的利益，政府要通过监管等手段加以规制。应用在市场准入方面，则认为政府应该对进入市场者进行筛选，新公司通过注册才能够获得官方许可，从而取得足够的声誉与其他企业及社会公众进行交易[①]。

（二）公共选择理论

该理论的核心是政府失灵，政府规制效率低下。又可以分为"捕获理论"和"收费亭理论"两种形态。前者强调行业的既得利益，后者强调管制给政治家和官僚阶层带来的利益。"捕获理论"认为，更严格的准入规则提升了准入门槛，形成行业从业者更强的市场支配力，提升行业从业者的利益。"收费亭理论"认为，政府的行政许可和管制最主要目的就是杜绝官员为获取回报而收受贿赂[②]。

《准入监管》文献的研究结论表明，实证结果与准入监管的公共选择理论一致，特别是强调政客抽租的"收费亭理论"。认为管制是无效的，一方面由于管制者本身混乱，另一方面则缘于为腐败寻租而导致的政策扭曲。民主程度较低的国家，准入监管较为严厉，且这一监管并没有取得可见的社会效益。

[①] 罗培新：《世界银行营商环境评估方法论：以"开办企业"指标为视角》，《东方法学》2018年第6期。

[②] 罗培新：《世界银行营商环境评估方法论：以"开办企业"指标为视角》，《东方法学》2018年第6期。

二 关于案例的假设

为了使来自190个经济体的数据具有可比性,《营商环境报告》采用了一个标准化企业。该企业具备以下条件:

(1) 5个国内自然人投资开办的有限责任公司(其中:1个股东拥有30%的股份、2个股东各拥有15%的股份、2个股东各拥有20%的股份);

(2) 从事一般性工业或商业活动;

(3) 无法享受投资激励措施等优惠政策;

(4) 正式运营后的一个月内,至少有10个、最多有50个雇员,且为本国公民;

(5) 启动资金是人均收入的10倍,即广州为65.05万元(2019年广州城镇居民人均可支配收入65052元);

(6) 办公区域的年租金等于人均国民收入,即广州为6.50万元;

(7) 年营业额至少达到人均收入的100倍,即广州为650.52万元;

(8) 办公室或厂房的大小大约为929平方米;10页的公司章程。

三 指标解释

开办企业指标反映一个经济体新办企业的难易程度,主要评估企业从注册到正式运营所需完成的步骤:花费的时间和费用。包含程序、时间、成本和最低实缴资本4个维度(见表2-1)。

程序,是指企业创始人与外部人员或者配偶(如果法律要求的话)之间的任何互动。其中,外部人员主要指政府机构、律师、审计人员或公证人员等。指标假设企业创始人不使用任何第三方，而是亲自办理所有的事项。企业内部员工之间的互动不计入程序；新办企业必须在同一个建筑物但在不同办公室或柜台、窗口完成的事项，计为不同的程序。如果需要多次访问同一个办公室（或柜台、窗口）办理不同的事项，则每一次的办理都要单独计入程序数量。

表 2-1　　　　　世界银行开办企业指标测评内容

序号	指标	评估内容
1	程序	登记前（如公司名称的核准、预留和公证）
		注册登记
		登记后（如社保登记、企业公章）
		就开办企业、离家办理商事登记或开立银行账户征得配偶同意
		为公司注册和经营、国民身份证或开立银行账户而获取任何针对特定性别的文件
2	时间	不含收集办理程序信息的时间
		每项程序始于不同日期（两项程序不可于同一天开始），但可完全在线完成的程序不受此限
		一旦收到最终的成立文件或公司可以正式开展业务时，程序视作全部完成
		事先并没有和任何办事官员接触联系
3	成本	只含官方费用，贿赂不计
		不含聘请专业人员费用，除非法律规定和实践普遍要求
4	最低实缴资本	登记前（或成立后3个月内）须存入银行或交给公证人员的款项

资料来源：世界银行官网（https://chinese.doingbusiness.org/）。

时间，是指企业登记所需的日历总天数。该指标假设在完成开办企业手续需要的与政府机构间的跟进工作最少，且不需要额外付费的情况下，根据创业咨询律师访谈或问卷指出的完成一个程序所需时间的中值。假设完成每个程序要求的最短时间是1天，可在网上在线完整完成的程序，最短时间为半天。如果是线下可以同时发生的程序，则从最早开始的事项计时。

成本，是指办理完所有事项的所需费用占该经济体人均收入的百分比。这些费用既包括所有的官方费用，也包括法律要求的或实践中广泛存在的专业人士的服务费。其中，增值税不计在开办企业成本内；在没有收费明细的情况下，采用政府官员估计的费用；如果没有政府官员估数，就采用创业咨询专家的估计费用数额，并采用几个不同创业咨询专家估计费用的中间数值；开办企业事项办理中发生的贿赂费用一律不计入成本。

最低实缴资本，是指企业从登记注册到公司成立需要存入银行或交给第三方的资金数，一般是法律条文规定的最低注册资本要求。如果法定最低资本是以单股形式提供的，那么它需要乘以拥有公司的股东人数。

四 评估方法

（一）评估样本

世行报告样本选择对象主要是各经济体最大的商业城市以及部分第二大商业城市。目前，世行报告对中国的评估主要是选取上海和北京的数据，通过对两个城市的人口进行赋值作为中国营商环境的评估结果。其中，上海分数占我国分数的55%，而北京分数占45%。假如广州正式进入样本城市，北上广及其他样本城市的数据将对我国整体评估产生重要影响。

（二）评估数据来源

世界银行通常会通过公开渠道获取样本城市企业准入的相关法律、规章和政策等，列出其开办企业所需的详细程序清单，办理每个程序所需花费的时间、成本以及最低实缴资本要求，收集有关办理程序的顺序以及程序是否可以同时办理的信息。世界银行研究团队每年定期（数据搜集周期为上年5月2日至次年5月1日）以电子邮件形式给各样本城市的政府部门、相关领域专家、商业人员、第三方评估机构发放问卷，审阅并反复验证这些数据。

（三）计算方法

世行报告采用 DTF（Distance to Frontier）前沿距离分数的方法进行评估。也就是说，主要衡量被评估经济体与最佳表现之间的差距。其中，前沿者是指自 2005 年后或用于指标计算的数据收集之后第三年以来，所有经济体中该指标的最佳表现。每项指标的便利度排名由它们距离前沿水平距离的分数排序决定，前沿水平距离说明了一个经济体离"前沿经济体"的距离，这些"前沿经济体"通常在每个指标上拥有最有效率的模式或者获得最高的分数。最后，在各项指标得分的基础上简单加和即为该经济体的最终评分。

第二节 广州开办企业优化改革升级之路

一直以来，广州市高度重视优化市场准入环境，构建市场化、国际化、平等化的营商环境，激发市场主体活力。自 2013 年以来，致力于一系列的改革政策和举措，不断简化监管程序，降低企业进入成本，提升市场准入便利度。大致经历了商事登记制度改革、商事环境改革 1.0、商事环境改革 2.0 和商事环境改革 3.0 时代四个阶段。广州开办企业改革从局部试点到整体推进，从单一部门改革到多部门综合性改革，从工商注册环节便利化到开办企业整个领域，从放宽市场准入到规范市场秩序。

一 以商事登记制度改革为主阶段

2013 年 9 月，在广州开发区、南沙新区等区域试点商事登记制度改革，2014 年在全市推行"先照后证""一址多证"，放宽住所登记条件，注册资本由实缴改为认缴登记，企业年检改为年度报告制，开公司最低注册资本不限，并以高度智能化为抓手，构建商事登记管理信息平台和商事主体信息公示平台，以实现各职能部门信息的共享共用和监管的无缝衔接。之后广州持续围绕"宽进严管"核心任务，不断放宽准入限制，提升行政效能，先后出台《广州市工商局关于实施"五证合一、一照一码"登记制度的通告》《广州市人民政府办公厅关于优化市场准入环境的若干意见》《广州市全程电子化商事登记实施办法》《广州市企业名称自主申报登记管理试行办法》《关于进一步放宽商事主体住所经营场所条件的意见》《关于优化市场准入环境的若干意见》《关于持续提升开办企业的若干意见》等市场准入便利措施，放宽市场准入条件，优化注册审批流程。将企业名称"预先核准"改为"自主申报"；实行住所（经营场所）自主承诺申报，经营范围自主申报；推行商事主体登记"全程电子化"；加强对自主申报事项的事中事后监管。市场活力不断激发，2015—2017年三年间，新登记市场主体以11%、18%、34%的增速持续增长。

二 营商环境1.0改革阶段

2018年初，广州被纳入第一批全国压缩企业开办时间工作试点城市，全市推行商事登记"审核合一、一次办结""容缺登记"；推行线上申办印章刻制、缴费及自动备案；开展新开办企业纳税人"套餐式"服务，推行在线快捷办理初次申领增值税发票和缴纳税控设备费用；推进商事登记系统与银行开户系统的数据联动共享，便利新设立企业办理银行开户事项。随着试点工作的不断深入，营商环境改革进入加速阶段。2018年10月，制定出台《广州市营商环境综合改革试点实施方案》。提出涵盖审批服务便利化改革、贸易便利化、市场监管等共43项创新举措。在开办企业方面，提出要大幅度降低开办企业门槛，率先在全市范围推动实现"人工智能+机器人"商事登记，全面推进"多证合一""证照分离""照后减证",优化银政数据联动共享,提高商事登记的信息化和便利化,将开办企业时间压减至4个工作日以内。

随着改革的推进,市场准入环境持续改善,创业活力不断激发。2018年底,全市新登记各类市场主体41.11万户,同比增长25.47%;全市实有各类市场主体205.68万户,同比增长17.46%,增速较上年高出2个百分点。

三 营商环境2.0改革阶段

在巩固提升营商环境1.0改革初步成果的基础上,聚焦企业和群众的最关切环节,2019年3月出台《广州市进一步优化营商环境的若干措施》,深入实施2.0改革。提出包括开办企业在内的十大重点领域营商环境攻坚工程、改革任务和具体举措。明确要求,推行"一网通办、并行办理"的开办企业服务模式,2020年将开办企业时间压减至2个工作日内。

2019年7月,制定《广州市推动现代化国际化营商环境出新出彩行动方案》,提出重点推动开办企业、不动产登记、通关贸易等事项并联审批,推行集网上申办、网上审批、快递送达于一体的"零跑动"审批服务。开办企业时间再度压缩,要求2020年压减至0.5个工作日内。2019年9月,广州市商事登记制度改革工作联席会议办公室发布《关于加快推进开办企业便利化改革实施方案》,提出2019年底前全市加速实现开办企业"线上办理一网一界面、线下办理一窗一表单"全流程1天办结,2020年整体整合、同步为1个环节0.5天办结。全市实行政府购买免费制发印章和通过公平公开招标引进邮寄印章服务。

随着营商环境改革的不断发力,市场活力进一步提升。2019年,全市新登记各类市场主体44.26万户,同比增长7.66%,高于全省-3.74%的平均增速,保持稳中有进发展态势。其中,企业 32.13 万户（含有限公司 28.61 万户，占 89.04%），增长 14.85%，日均新增企业 880 户。同步推进企业注销"一网通办"、多部门协同，14555 户企业通过简易注销退出市场。

四 营商环境 3.0 改革阶段

进入 2020 年，广州营商环境改革"再提速"。2020 年 1 月，制定《广州市对标国际先进水平 全面优化营商环境的若干措施》，开启 3.0 改革。此次改革对标世界银行和国家营商环境评价标准，聚焦企业全生命周期，围绕开办（注销）企业等重点领域持续攻坚，着力减少流程、降低成本、缩减材料、减时间、优化服务，力争实现流程最少、成本最低、办事最便捷、服务最优质，体现"广州速度""广州温度"。其中开办企业方面，提出要全面实行开办企业"线上一网一界面、线下一窗一表单"；全市新设立企业享受首次刻制公章免费；探索解决企业"注销难"问题，一般企业注销"一事一网一窗"办理；加强部门协调联动，推行市场监管、税务、人力和社会保障、商务、公安、银行等部门信息共享。2020 年实现商事登记、刻制印章、申领发票 0.5 天办结。

据广州市市场监管局数据，2020 年上半年，广州市新增市场主体 22.41 万户，同比增长 1.10%（全省下降 3.55%），实有市场主体 246.63 万户，同比增长 13.08%，其中企业 138.64 万户，新冠肺炎疫情防控期间仍保持高位增长 20.16%，营商环境持续向好。

第三节 广州提升开办企业便利度的创新举措

一 对标世行标准，完善政策体系

围绕全面优化营商环境，加快构建开放型经济新体制的发展目标，近年来，广州市对标世界先进水平，聚焦营商环境便利化建设，简化监管程序复杂性，降低企业合规成本，密集出台了一系列的规范性文件和改革举措。

2020年1月，《广州市人民政府办公厅关于为新开办企业免费刻制印章的通知》发布实施，提出自2020年2月10日起，在全市范围内为新开办企业免费刻制包括企业公章、财务专用章、发票专用章、合同专用章4枚印章。

2020年2月，《广州市市场监督管理局等七部门关于进一步优化营商环境提升开办企业便利度的意见》《关于开通广州市开办企业一网通平台的通告》等政策文件印发实施，确立广州推行开办企业"一网通办、一窗通取"模式，实现开办企业所涉事项全流程"一表申报、一个环节，最快半天办结"。同月，国家税务总局广州市税务局发出《关于推广使用电子普通发票的通告》，决定自2020年3月1日起，在全市范围内进一步推广使用电子普通发票。

2020年3月，市市场监督管理局正式颁布《广州市企业名称自主申报登记管理办法》，完善"一网一窗"各项制度规范。按照《管理办法》，申请人通过登录广州市开办企业一网通平台，可以自主选择、申报企业名称，上传设立申请文件，向企业登记机关申请设立登记。2020年5月22日，广州市商事登记制度改革工作联席会议办公室发布《关于在全市全面推行开办企业"一网通办、一窗通取"模式的通告》，自2020年5月25日起全市全面推行开办企业"一网通办、一窗通取"模式。

2020年7月，市市场监督管理局发布《关于在全市银行网点免费代办开办企业业务的通告》，提出自2020年8月1日起，全市范围内的1256家银行网点实行免费代办开办企业业务，各银行网点指定工作人员可通过登录广州市开办企业一网通平台为企业申请人免费申办开办企业相关业务。

二 强化工作机制，实行专班工作调度

为对标世界银行评估标准深化营商环境改革，广州不断强化组织领导，把优化营商环境工作作为"一把手"工程。2019年1月22日，成立由副市长任组长的优化营商环境开办企业指标工作专班，出台《关于推进开办企业便利化专项行动工作方案》，确定每周调度一次，建立快速议事决事机制。市市场监督局作为开办企业指标具体牵头单位还设立了部门层面的专班，由一位局领导专门负责，组成综合、业务、技术、宣传、保障、监督六个小组推进工作，实行每日一报、每周一分析制度。并赴北京、上海，学习取经，查找广州政策措施、平台建设等方面的差距，研究优化提升的重点举措。

三 从"五证合一"到"多证合一"

广州在2013年就开始商事登记制度改革试点，2015年8月3日，作为全国三大中央商务区（CBD）之一的广州市珠江新城发出了首批"五证合一"的"一照一码"营业执照。自2016年10月1日起，在全市范围内实行"五证合一，一证一码"制度，即申请人申请设立企业，只需向工商部门"一个窗口"提交一套材料，领取工商营业执照，无须另行办理组织机构代码证、税务登记证、社会保险登记证和统计登记证。2018年1月1日后，一律使用加载统一社会信用代码的营业执照。在"五证合一"基础上，广州市不断简化企业注册手续，探索"多证合一"改革，2018年6月，出台《广州市实施全国统一"多证合一"改革暨外商投资企业商务备案和工商登记"一口办理"的通告》，提出将公章刻制备案、单位办理住房公积金缴存登记、粮油仓储企业备案、保安服务公司分公司备案、工程造价咨询企业设立分支机构备案等24项涉企证照事项整合到营业执

照上，实现"二十四证合一，一照一码"。当年8月，广州黄埔区在此基础上，将从事收购、维修、艺术品经营单位备案等企业办理需求大的20个涉企证照事项进一步整合到营业执照上，实现"四十四证合一"，是全省整合事项最多、全市步伐最快的"多证合一"。

"多证合一"改革后，加载有统一社会信用代码的"一照一码"营业执照成为市场主体在全国通用的唯一"身份证"，企业凭"一照一码"营业执照就可以证明其主体身份，在政府机关、金融、保险机构等部门办理相关业务，真正实现"一照一码走天下"。

四 全国率先探索商事登记确认制

2017年7月，南沙区在国内率先探索商事制度确认制改革。借鉴香港地区公司注册制对市场主体资格进行登记、公示的做法，通过对企业设立登记行政行为性质的调整，将经审批，由政府赋予企业、个体工商户、农民专业合作社主体资格，改为确认其法律地位和法律关系并对外宣告。南沙自贸片区管委会出台《中国（广东）自由贸易试验区广州南沙新区片区深化商事制度改革先行先试若干规定》，提出对不涉及负面清单、前置许可的一般企业的设立试行确认制。2019年3月，南沙将商事登记确认制度改革拓展至全区范围和全部商事主体类型，把商事登记由行政许可转变为行政确认事项，市场监管部门根据市场主体申请登记的相关信息，确认其主体资格和一般经营资格后，就可发放营业执照并予以公示，彻底取消登记机关的审批权，大幅提高营业执照办理的透明度和可预期性，办理营业执照做到"零见面""不求人""减材料""优流程""强信用"。

五 全国率先推行"人工智能+机器人"商事登记模式

2017年10月10日,广州市启动"人工智能+机器人"(AIR)商事登记系统,实现全国首创商事登记"无人大厅""无人审批"的新模式,从此迈进机器人智能审核、刷脸办证、即时领照的时代。通过该系统,可以完成全流程电子化的申报、签名、审核、发照、公示、归档等,标准化的业务两秒内就可审核通过;非标准化业务将被推送至人工,新设立企业1个工作日以内就可审核完成。采用"刷脸"识人完成签名是该系统在全程电子化商事登记中取得的新突破。大数据和新一代信息技术的应用,给广州的商事登记带来革命性改变:从单纯依靠工商登记数据和人工经验式审核的传统模式转变为基于工商、公安、税务、法院、银行等各部门众多大数据分析与规则判断的智能审核模式;使企业原来只能提交纸质申报材料一种方式,转变为自由选择提交电子或者纸质申报材料两种方式,加速了商事登记的智能化步伐。

六 推广普及开办企业"一网通办、一窗通取"新模式

2020年以来,为贯彻落实市委、市政府营商环境3.0改革有关工作要求,切实推动减环节、压时间,广州市开办企业相关部门加强大数据技术应用,重点强化智能平台建设。2月15日上线广州市开办企业一网通平台(微信小程序及PC端 https://air.scjgj.gz.gov.cn/),加快线上平台与线下窗口的不断融合,促进市场监管、税务、公安、人力资源和社会保障、公积金管理、中国人民银行等部门的业务协同和对接,整合申请营业执照、刻制印章、申领发票(含税控设备)、就业和参保登记、公积金缴存登记、预约银行开户等事项办理,创新"线上一网通办,线下一窗通取"的开办企业新模式。印发《广州市

开办企业一网通服务平台运行管理工作规则》《广州市开办企业一网通平台上线后政务大厅人员设施配置标准》等多份配套工作规则，规范平台建设、使用和管理，明确各部门工作职责和办结时限，逐步完善"一网""一窗"规范化建设。3月16日，在黄埔、番禺、南沙、增城4区试点推广开办企业"一网通办、一窗通取"办理模式，4月1日试点拓展至白云区，使原来需要填报22张表，469项信息才能完成开办企业的所有事项，简化为只需一张表填报55项信息就可实现申请人在平台一次申报，在专窗一次性全免费通取含营业执照、印章、发票和税务Ukey的"大礼包"，最快0.5天办结。试行以来，平台使用量持续上升，截至5月28日，使用平台申办量约占试点区全部开办企业申请量的40%，申办成功的大礼包9943份。自5月25日起，全市全面推行"一网通办、一窗通取"这一新模式（见图2-1）。

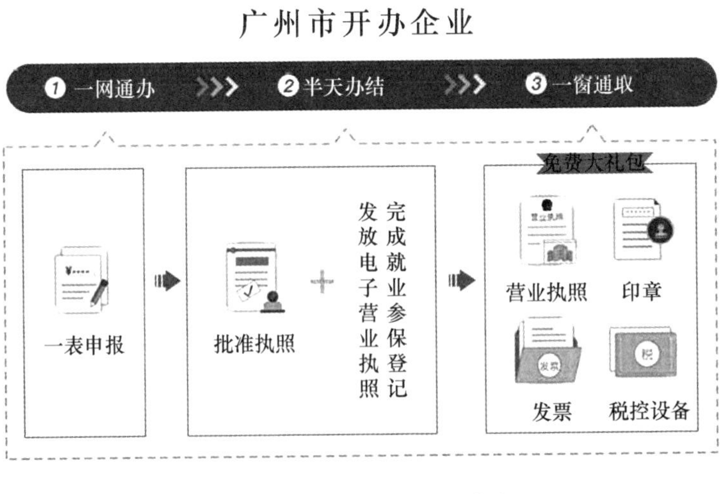

图2-1 广州开办企业新模式

资料来源：广州市市场监督管理局网站。

七 实现开办企业零成本，实实在在为企业减负

按照《广州市人民政府办公厅关于为新开办企业免费刻制印章的通知》，从2020年2月10日起，全市新开办企业免费领取一套4枚印章（每套约400元）。目前全市各区已先后落实免费刻章政策。按照工作要求，各区入驻刻章企业必须通过招拍挂形式取得"一网通"合作资格，各签约合作刻章业户需要在规定时间内提供服务。刻章业户服务超时2次的，进行中止协议提醒，超时达到3次，取消当年服务资格，并将该签约业户名单从"一网通"平台系统中移除。对参与免费刻制印章补助项目的印章刻制业户，各区财政将所需费用划拨至合作刻章专业户予以补贴，如南沙按照服务新开办企业每户350元的标准划拨至各合作刻章业户予以补贴，各合作刻章业户不得再收取新开办企业刻制相关印章的费用。

从3月16日起，新开办企业统一使用税务部门免费发放的税务UKey（取代原来的税控盘，成本共440元）。两项改革措施全面落地后，全市将为企业减负1.7亿多元，广州开办企业实现零成本。

八 加强宣传培训，提升政策知晓度

为营造世界一流营商环境，扩大开办企业政策普及度，广州市及时发布政策解读，并用中英文公布各项政策措施和办事指南，发布新办企业免费刻章图解等宣传材料，录制世界银行开办企业指标讲解视频、广州"一网通、一窗通办"视频，汇编有关知识问答、办事指引39条，制作知识库和宣传资料（见图2-2、图2-3），印发至市、区各相关职能部门、政务服务窗口，以及市政府、主要部门官方网站，切实提升社会各界对各项政策的了解度。以集中培训、网络培训等形式，加强对职

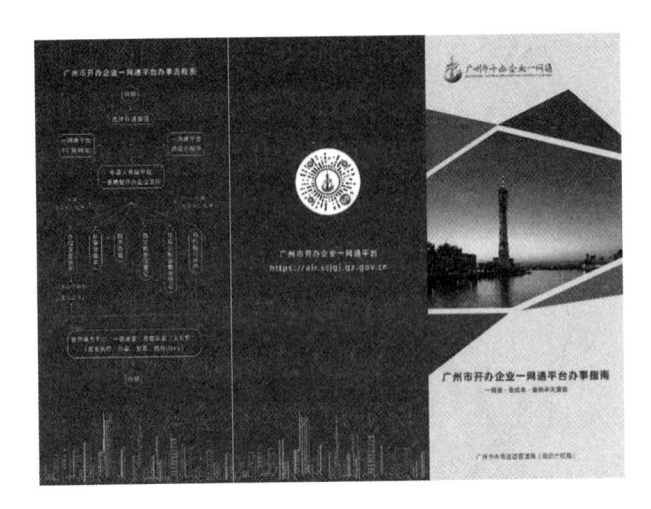

图 2-2　广州开办企业办事指引宣传册

资料来源：广州市市场监督管理局提供。

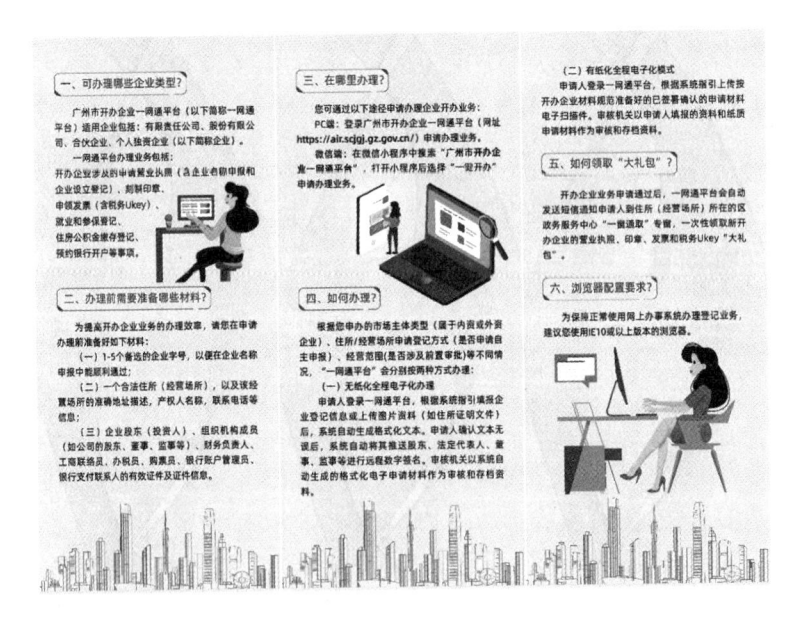

图 2-3　广州开办企业知识问答宣传册

资料来源：广州市市场监督管理局提供。

能部门、窗口服务人员的业务培训，提升管理服务人员的政策执行力。

第四节　对标世界银行标准，广州开办企业便利度评估

世界银行营商环境评估中，开办企业指标包括企业从注册到正式运营所需办理的程序，花费的时间和费用，以及最低实缴资本4项二级指标。由于中国于2014年实施了注册资本登记制度改革，将开办企业注册资本实缴制改为认缴制。目前，除银行金融证券等特殊行业外，开办企业已无须实缴注册资本。因此，中国开办企业指标主要考察程序、时间和费用3项指标。

参照世界银行评估标准和方法，采用深度访谈、问卷调查以及情景体验等形式，从政策规定和实地调研两个方面对广州市2019年5月至2020年5月（与世界银行DB2021评估时间节点基本一致）开办企业指标进行模拟评估。实地调研包括市市场监督管理局、市税务局、市人社局等相关职能部门、部门官方网站、律师事务所、2020年新开办企业等。

一　广州开办企业主要程序

（一）政策规定程序

按照广州市《关于进一步优化营商环境提升开办企业便利度的意见》，申请人通过广州市开办企业"一网通"平台完成一次身份认证、一表填报信息，同时申办营业执照、刻制印章、申领发票（含税务Ukey）、就业和参保登记、住房公积金缴存登记、预约银行开户等业务，平台同步采集数据、实时共享信息，各部门同步联办上述业务。也就是说，按照政策规定，在广州开办企业只需1个程序。

（二）实际调研反馈

综合实地调研访谈和问卷结果，模拟评估显示，在"一网通办、一窗通取"试点区域，通过"一网通"平台办理的可以一次完成注册申领营业执照、刻章、申领发票（含税务 Ukey）、就业和参保登记、住房公积金缴存登记、预约银行开户等流程，只需1个程序。未使用"一网通"平台及在非试点区的企业，则需要4个程序，即申请营业执照、刻制印章、税务事项、就业与社保登记（见表2-2）。

表2-2　　　　　广州开办企业程序、时间和成本

编号	程序	完成时间	成本
1	注册公司并申请营业执照	0.5—1天	免费
	机构：广州市市场监督管理局 为了开办和运营一家新企业，企业家必须在广州市市场监督管理局进行注册并获得工商营业执照。申请人必须在广州市市场监督管理局官网在线准备并提交申请（https://air.scjgj.gz.gov.cn/#/）。在填写申请表时，可以验证公司名称是否已注册。 此前，开办企业还需要其他五项证照，即营业执照、组织机构代码证、税务登记、统计登记和社会福利保险登记。目前这些证照已经合并为同一项证照。在收到申请后，广州市市场监督管理局将把申请材料送交上述有关部门进行备案。需要提供以下文件： （1）申请表； （2）公司章程； （3）股东的个人身份证； （4）授权书； （5）办公室的房屋产权证复印件（附业主签字）； （6）补充信息登记表。 将向新设立的企业签发电子营业执照，在企业设立时自动发送给企业的法人代表。企业可凭电子营业执照开展经营活动。企业也可根据需要领取纸质营业执照。		

续表

编号	程序	完成时间	成本
2	制作并取得公司印章	0.5—1 天	125—400 元
	机构：印章制作单位 为了制作公司印章，公司须指定一家公司专门负责办理公章刻制业务，该程序费用为 125—400 元，主要取决于印章设计和质量要求		
3	取得税务申报控制设备，并申请关于打印或领购财务发票的授权	1—2 天	免费
	机构：国家税务总局广州市税务局 具体流程：向国家税务总局广东省电子税务局在线申请（https://www.etax-gd.gov.cn/xxmh/html/index.html#）经过核定后，可以申领税控设备（UKey）、获得批准打印或购买财务发票（纸质或电子），可邮寄或在行政服务税务专区领取*		
4	社会福利保险中心登记公司员工	1 天	免费
	机构：社会保险管理中心 在聘用员工后的 30 天内，公司必须向人力资源和社会保障部下属的地方社会保险办事机构——广州市人力资源和社会保障局办理参保登记，为员工缴纳社会保险。公司必须申请为符合条件的员工办理就业登记以及社会保险参保登记。也可在广州市社会保险网上服务平台在线申请企业社保新参保登记，审核通过后，在社会保险管理中心领取广州企业社保登记证		

* 自 2020 年 3 月 16 日起，广州全市范围内推行增值税电子发票公共服务平台（优化版），新办纳税人可在广东省电子税务局网上申请、免费领取税务 Ukey 开具增值税普通发票和增值税专用发票。

资料来源：2020 年 5 月实际调研所得。

二 广州开办企业所需时间

（一）政策规定时间

按照《关于进一步优化营商环境提升开办企业便利度的意见》，开办企业实现全流程"一网通"半日办结，即只需要

0.5 天。

（二）实际调研反馈

根据实际问卷调查和情景模拟，评估显示，在试点区域，使用广州市"一网通"平台的企业办结所需程序需要 0.5—1 天。未使用平台及在非试点区的企业，则需要 5 天，其中，在线申请营业执照需要 0.5—1 天，刻制公司印章需要 0.5—1 天，在线办理税务事项需要 1—2 天，在线办理就业与社保登记需要 1 天。

三 广州开办企业的成本

（一）政策规定成本

2020 年前，在广州开办企业所需费用主要是在刻制公司印章和办理税务发票两个程序上。按照 2020 年出台的《关于进一步优化营商环境提升开办企业便利度的意见》，全市新开办企业均享受首次刻制印章免费优惠政策，在企业申办成功后，可以免费领取 4 枚印章（包括企业公章、财务专用章、发票专用章、合同专用章）。同时，新开办企业需要开具增值税普通发票、增值税电子普通发票和增值税专用发票，统一可以领取免费税务 UKey 开具发票。即按照政策规定，开办企业可以实现零成本。

（二）实地调查反馈

本课题组模拟调研结果显示，广州部分申请人办理开办企业已实现零成本，部分企业和被访者认为开办企业所需费用共 125—400 元，主要发生在刻制印章这个程序，平均需要 253 元，占人均收入的比重为 0.39%。

四 广州开办企业指标综合评估——世界第 23 位

（一）政策层面评估

按照广州市 2020 年新出台的政策文件，如果政策落实及时到位，新开办企业零成本，只需1个环节0.5天，将广州视为一个独立经济体的情况下，这比目前全球最前沿经济体新西兰还要便利，成为全球最前沿水平。

（二）实践反馈评估

按照世界银行评估逻辑和方法，综合模拟评估显示，广州开办企业需要4个程序5天办结，成本为人均收入的0.39%，视为一个独立经济体的情况下，广州DB2021开办企业指标得分94.4，在DB2020中排名全球第23（见表2-3）。与2020年初普华永道的模拟评估结果相比较可以看出，短短两三个月，广州开办企业所需时间和成本大幅缩减，足以说明"一网通"平台建设、免费刻章、免费办理税务事项等相关改革举措的实施对开办企业环境的改善起到了显著的积极作用。

表2-3　　　　　　广州开办企业指标模拟评估

	程序	时间	成本	最低实缴资本	前沿距离	排名
普华永道	4	8	1.5	0	93.5	31
政策评估	1	0.5	0	0	100	1
实践反馈	4	5	0.39	0	94.4	23

第五节　广州开办企业指标的短板

一　广州与世界前沿城市开办企业的差距

（一）广州开办企业便利度与世界前沿有距离

尽管从政策层面看，广州开办企业只需一个程序，0.5天，零成本，已经达到世界最佳绩效，但鉴于改革政策实施时间较短，实践操作中还存在一些问题，与世界前沿水平仍存在一定差距。

课题组对广州开办企业指标的模拟评估时间与世界银行2020—2021年度的评估基本吻合，即为DB2021评估结果，由于世界银行评估结果未出，就以其他经济体2020年的绩效结果与广州做比较。结果显示，广州开办企业指标模拟得分94.4分，与新西兰、格鲁吉亚、加拿大、新加坡、中国香港等前沿经济体的差距分别达5.6分、5.2分和3.8分。比上海高出1.1分，与北京相差0.7分（见表2-4）。如果考虑到2019年5月至今，北京、上海及其他经济体进行的一系列改革举措，广州与北上的DB2021评估结果差距或许会拉大，排名会更靠后一点。

表2-4　　　广州及世界前沿经济体开办企业指标比较

	中国	广州	北京	上海	中国台湾	中国香港	新加坡	加拿大	格鲁吉亚	新西兰
排名	27	23	15	34	21	5	4	3	2	1
前沿距离	94.1	94.4	95.1	93.3	94.4	98.2	98.2	98.2	99.6	100

注：1. 广州为DB2021模拟评估结果，其余经济体及城市为DB2020。

2. 中国三个城市均假设为独立经济体的排名。

资料来源：世界银行官网（https://chinese.doingbusiness.org），2020年4月5日。

（二）开办企业所需实际程序多

调研显示，2019年5月至2020年5月1日以来，广州开办企业共需要4个程序。与世界前沿绩效尚有差距。当前，开办企业便利度绩效最佳的新西兰只需一个程序，申请人只需在线完成公司名称核准、注册、获得纳税号就可以下载营业执照，完成企业登记事项。开办企业指标排名第4、5名的新加坡和中国香港也都只需要2个程序（见表2-5、表2-6）。

表2-5　　　　　　　世界前沿经济体开办企业指标

	程序（个）	时间（天）	成本
新西兰	1	0.5	115新西兰元（约合535元人民币）
	1. 在线注册名称、取得纳税号	0.5	公司名称登记10新西兰元，及105新西兰元法人注册费
新加坡	2	2	315新加坡元（约合1575元人民币）
	1. 在线注册公司名称、法人及纳税号	1	15新加坡元公司名称费及300新元注册费
	2. 在保险代理机构为雇员签约薪酬保险	1	0
中国香港	2	2	1970港币（约合1773元人民币）
	1. 在线选择公司名称、获得营业执照和商业登记证	1	1720港元申请费+250港元商业登记税※
	2. 通过银行或保险公司签署雇员补偿保险和强制性公积金计划	1	0

※2019年4月1日至2020年3月31日暂不收取2000港元商业登记费。

资料来源：世界银行官网（https://chinese.doingbusiness.org），2020年4月5日。

表2-6　　　　　　　2020年世行主要经济体开办企业指标

经济体	程序	时间	成本	最低实缴资本
新西兰	1	0.5	0.2	0
格鲁吉亚	1	1	2.1	0
加拿大	2	1.5	0.3	0
中国	4	9	1.1	0
北京	3	8	0.7	0
上海	4	9	1.4	0
中国台湾	3	10	1.9	0
中国香港	2	1.5	0.5	0
新加坡	2	1.5	0.4	0

资料来源：世界银行官网（https://chinese.doingbusiness.org）。

与国内样本城市相比，上海开办企业程序主要为在线注册申请营业执照、刻制印章、获得税收申报控制设备并申请打印或购买授权财务发票以及社会福利保险中心注册会员4个程序，北京则将刻制印章整合进注册申请营业执照环节中，只有3个程序。广州与上海程序数量相同，比北京多出1个程序（见图2-4、表2-6、表2-7）。

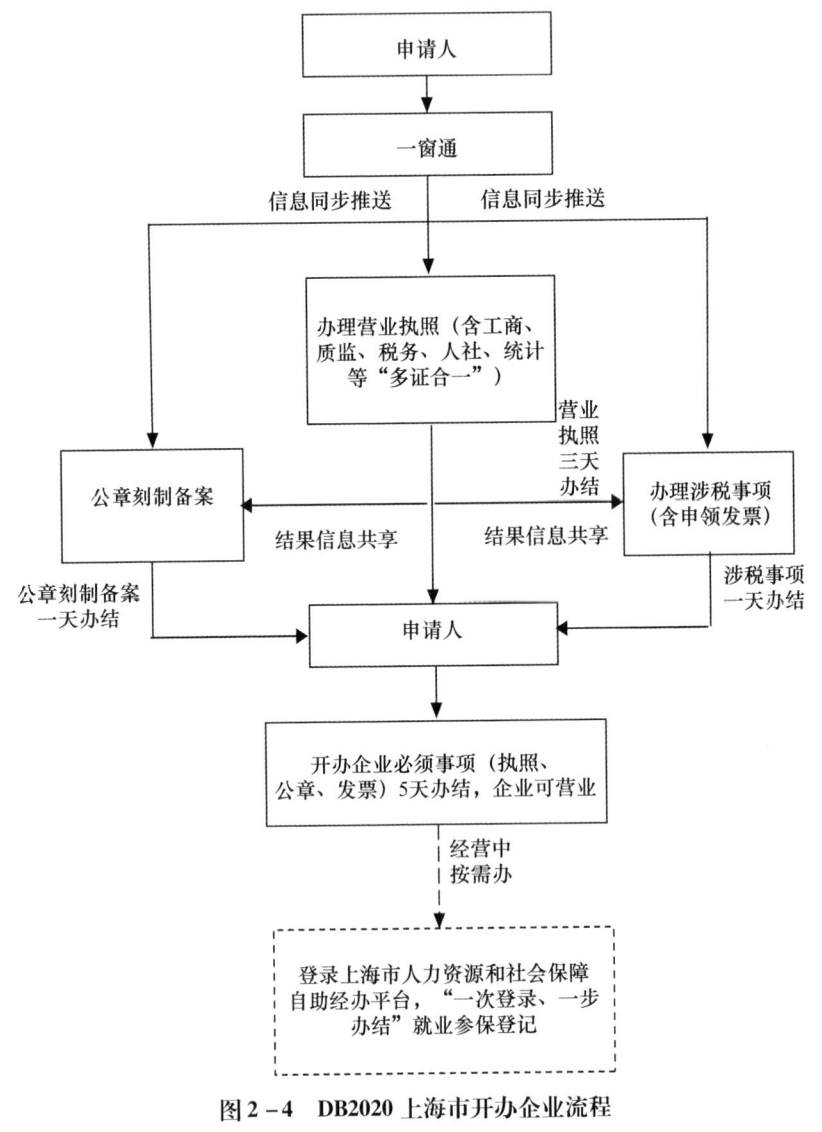

图2-4　DB2020上海市开办企业流程

资料来源：上海市市场监督管理局官网（http://sc.jgj.sh.gov.cn），2020年4月5日。

（三）耗时大于 0.5 天

2019 年 5 月以来，广州开办企业实际所需时间为 5 天，远超政策提出的改革目标 0.5 天，比世界前沿经济体耗时长 4.5 天，但比 2019 年的上海、北京分别少 4 天和 3 天。主要由于广州刻制印章、税控设备及发票、社保登记三个环节耗时较长。即使在试点区域，也有企业申办需要花费 1 天以上时间。

（四）未全面实现零成本

尽管政策规定广州开办企业可以免费刻制印章和领取税务发票设备，开办企业可以实现零成本。但模拟评估显示，广州开办企业所需费用占人均收入的 0.39%，虽低于北京和上海，低于中国平均水平以及香港、新加坡等前沿经济体，但高于世界最前沿经济体新西兰 0.19 个百分点（见表 2-6），要完全实现零成本还需加强政策的切实执行和落实。

表 2-7　　上海开办企业程序 DB2020

	程序	上海 时间	上海 成本	北京 时间	北京 成本
1	在线注册并申请营业执照	5 天	免费	5 天	免费
2	刻印章	1 天	平均 400 元	\	程序 1、2 合并
3	获得税收申报控制设备并申请打印或购买授权财务发票	2 天	480 元（加密盒 200 元 + 280 元维护年费）	2 天	480 元（加密盒 200 元 + 280 元维护年费）
4	社会福利保险中心注册会员	1 天	免费	1 天	免费

资料来源：世界银行官网（https://chinese.doingbusiness.org），2020 年 4 月 5 日。

二　存在问题

（一）"一网通"平台有待完善

"一网通"平台涉及市场监督管理局、公安、税局、人社局等多个部门之间的业务关联，尤其是税局的信息平台与广州市政务信息系统的联通还存在一些问题，最突出问题是省税务系统与"一网通"平台内部接口用户互信、系统认证不统一以及数据推送实时性和稳定性问题，将有可能造成增加一个环节和时间增多的风险。调研显示，企业在"一网通"平台操作中，会出现二次身份认证现象，按照世界银行评估标准，就会增加一个环节，阻碍了"一个环节，0.5天办理"的政策初衷的实现。

（二）免费刻章政策落实推进较慢

根据广州市相关改革政策，2020年4月底前要全面落实免费刻章政策。在"一网通"平台办理印章刻制，需要以政府采购形式，通过招投标引入刻章企业，由于涉及刻制印章企业的利益问题，免费刻章政策遭到部分刻章企业的抵制，他们不愿意投标，常常造成有些区招投标流标现象，影响了"一网通"平台的普及推进。

（三）改革政策普及度有限

尽管广州市优化提升开办企业便利度政策已经出台几个月，相关部门也采取了多种举措扩大宣传，但毕竟时间较短，加上新冠肺炎疫情影响，社会普及度还是比较有限。一是行政服务窗口工作人员对政策的了解不够。调研中发现，税局、社会保险管理服务窗口等工作人员，存在不知晓"一网通办、一窗通取"政策的现象；二是市场知晓度不高。被调查对象中，职能部门相关官员对新政策的了解相对较高，但作为市场主体的有些律师、企业却不了解开办企业相关新政策。尤其是律师群体，访谈问卷中显示，大部分律师对广州开办企业相关政策法规了解甚少，不仅是对"一网通办、一窗通取"新模式、印章免费、税控设备免费等新政策不了解，不知道可以在线办理各项程序，对中国开办企业注册资本实缴制早已改为认缴制的改革也不知晓。而且对世行营商环境评估相关规则也不了解，有将中介代理费纳入成本费用之中的，有将企业自身需要准备的流程算作开办企业程序的，远比企业对政策的知晓度低。

（四）未能全面实现全程电子化

当前，开办企业"一网通办、一窗通取"全流程虽已实现线上一网通办，同步发放电子营业执照、电子发票，但还未能实现电子印章，企业仍然需要到窗口领取纸质营业执照、公司实体印章、Ukey 等，未能全面实现全程电子化。

第六节　国内外前沿经济体的经验

一　新加坡

近年来，新加坡着力优化营商环境，在世界银行发布的《2020 年营商环境报告》中，各项指标表现出色，营商环境排名全球第二。开办企业指标中排名全球第四，尤其在吸引鼓励新办创办企业环境建设方面的经验值得借鉴。

（一）持续推进商事登记便利化

新加坡以其良好的宏观经济发展环境与公开透明的完备法律制度做保障，持续推进商事登记便利化。设立公司的手续便捷，只需登录新加坡会计与企业管制局网站（Accounting and Corporate Regulatory Authority，ACRA）即可完成注册。公司注册可通过电子方式 1 天内完成。

（二）营造浓厚的创业创新氛围

新加坡通过机构改革，成立职能全面的服务部门营造亲商环境，激活中小企业创新动力。企业在创业和启动阶段只需要与较少的部门或第三方服务机构进行互动便可以完成审批相关手续。在日常运营过程中，企业亦可以通过经济发展局、企业发展局、企业通网站等"一站式"服务渠道获取或申请相关政策。

(三) 现代化政务服务体系

新加坡在电子政务建设时特别强调整体政府的理念,公民可以通过一个口令、一个域名、一个邮箱等登录政府网站,并通达上千个在线服务功能。民众可以"统一邮箱"接收到所有政府部门发送的信件,通过"一联通"手机 App 就可报告各类社区事务。在提供便利的同时,还重视民众个人隐私保护和信息安全。政府推进使用 SingPass 双重认证系统,用户使用时需要一个口令以及匹配的手机或密码生成器,才能成功登录个人账户[①],有效保障了民众的数字安全。

二 香港

作为全球最佳营商经济体之一,香港长期在各类国际排名中名列前茅。2020 年,香港在 190 个经济体中位列全球最便利营商地的第三位,开办企业指标排名第五。香港特区政府优化营商环境的历程和做法对我国内地有重要参考意义。

(一) 开办企业重大改革次数居各指标之最

在开办企业领域,香港经历了 5 次重大改革,是营商环境各领域中改革最多的一个方面。大致分为如下三个阶段 (见图 2-5)。

一是始于 2008 年,公司注册处和税务局率先探索合作推出"一站式"登记注册服务,并于该时期开始探索电子登记注册。

二是始于 2013 年,一方面,实现全面电子化登记注册;另一方面,优化相关法律,实施了取消征收资本税 (股本注册费)、取消公司印章要求等举措。

---

① 马亮:《新加坡推进"互联网+政务服务"的经验与启示》,《电子政务》2017 年第 11 期。

三是始于 2017 年，一方面，强化移动互联网应用；另一方面加强企业的动态监察。

现阶段，香港开办企业方面已在公司注册处、税务局等部门的持续改革下，形成完善的集公司注册、动态监察、信息公示、服务监督等为一体的服务体系。

（二）商事登记制度实行企业"身份证"与经营项目"驾驶证"相分离的大商事登记体制

香港的商事登记包含企业身份登记和经营许可两大部分，公司注册处作为商事主体登记机构，其职权范围仅限于商事主体的"身份权"登记，不负责商事主体的经营项目监管，也不必承担由经营项目引发的风险和责任。食物及卫生局、环境局、保安局（下辖消防处）等部门，则紧密围绕在以商事身份登记为中心的监管体系之中，负责严格发放商事经营项目的许可证，即"驾驶证"，并不断依法完善监管体系和手段，逐步形成了科学而高效的商业行为监管法律体系制度。此外，香港商事行为监管的震慑性体现在严厉的处罚上，行政部门与警署、法院形成了有机且效率极高的行政执法体系。

（三）拥有透明的工作机制

无论整体营商环境还是单独某项指标，香港均有清晰的机构设置、动态监察、平台服务、对外宣传等方面内容，可在网上通过"小册子"等相关链接便利地查询或下载各事项办理的相关信息，不仅能够提升相关部门的办事效率，还方便市场主体快速了解明确清晰的办事流程。

（四）完善严格的监管体系

自 2018 年 3 月起，香港开始实施"备存重要控制人登记册（简称为 SCR）"和"信托或公司服务提供者牌照发放制度"。按照规定，在香港注册成立的公司（上市公司除外）须在其注册办事处备存重要控制人登记册，以供包括公司注册处、香港

34 广州全面优化营商环境研究报告（2021）

2008年	2009—2010	2011—2012	2013—2014	2015—2016	2017—2018
· 设立文件收发中心，提供一站式登记注册 · 探索网上一站式登记注册服务		全面电子化登记注册 · 优化相关法律			推广移动应用注册 · 强化监察
公司注册处与税务局探索合作	公司注册处和税务局联合设立文件收发中心，提供一站式的公司注册及商业登记服务。 当局推出新的法团成立表格，以收集新公司的详细资料。	公司注册处与税务局合力推行"公司注册处综合资讯系统"，申请人可在网上一次过申请公司注册和商业登记。这项改革使完成"拟订公司名称及领取公司注册证书"程序所需的时间由四天减少至一天内。	根据《公司条例》取消向本地公司征收股本注册费。	公司注册处发信予相关的专业团体，扼要说明不使用法团印章及签立文件及契据的法例条文。 工业贸易署优化了商业牌照资讯服务系统，详细公布了香港各行各业所需牌照的资料及规定。系统升级后，涵盖更多发牌当局（由34个增至38个）及商业牌照/许可证（由400种增至418种），也简化了用户介面和增强了搜索功能，使操作更为方便。	公司注册处开发移动应用，便利提交成立公司的申请及申报公司资料变更。并推出免费的"监察易"服务，有助公司监察有关该公司的文件存档纪录，对未经授权的文件存档或公司资料被擅自更改保持警觉。
	公司注册处推出改革举措：申请人取得公司注册证书的同日，可处理申请商业登记及预备公司印章等注册后的工作，开办企业的筹备时间减少一天。	公司注册处联同税务局推出一站式网上公司注册及商业登记服务，可于24小时内一并发出电子版公司注册证及商业登记证。这项改革把在香港开办企业所需的时间由六天缩短至三天。	税务局加强网上申领有效商业登记证复本的服务，申请人取得商业登记证的电子副本后，无须再到税务局柜台或以邮递方式申领登记证的印文本。	"注册易"网站推出了全面电子提交文件服务，登记、修改、更新、取消和查阅抵押权益等更加便利。	推出新的移动应用程序"CReFiling"，企业可以随时随地使用智能手机和移动设备向公司注册处申请，年度报表和公司资料变更。
	经济分析、方便营商处和工业贸易署优化网上"商业牌照资讯服务"系统（https://www.success.tid.gov.hk/tid/tcchi/blics/index.jsp），该系统是本地及外地创业者搜寻香港商业牌照资讯的第一站。	优化提升"注册易"（www.eregistry.gov.hk)服务，实现以电子方式申请成立公司和申报更改公司名称、注册办事处地址、董事或公司秘书及公司股本。	新《公司条例》生效实施，取消公司须备有公司印章的强制规定，而成立公司须拟备组织章程大纲的法律规定亦废除。		公司注册处联同证券及期货监察事务委员会及税务局推出"一站式"的程序，以便利业界申请注册及登记成立开放式基金公司。

图 2-5 香港开办企业改革历程及举措

资料来源：毕马威 KPMG；《营商环境最佳实践——香港经验简析》，国脉电子政务网（http://www.echinagov.com/）。

海关、香港金融管理局、香港警务处、入境事务处、税务局、保险业监管局、廉政公署、证券和期货事务监察会等部门执法人员查阅。注册处不断派遣专员，前往各注册办事处进行巡查，一经发现违规企业，立即对其提出检控并处以重罚。在新发牌制度下，信托或公司服务提供者须向公司注册处处长申请牌照，并须符合"适当人选"准则，方可在香港经营提供信托或公司服务的业务。任何人如在香港无牌经营信托或公司服务业务，即属犯罪，一经定罪，可被处罚款10万元及监禁六个月。

三　上海

近年来，上海围绕世界银行营商环境评估标准和中国"放管服"改革大力推进，相继进行了注册资本登记制度改革、住所登记制度改革、企业名称登记改革试点、国际贸易"单一窗口"改革等诸多创新举措。2019年3月，上海市市场监督管理局、上海市公安局、国家税务总局上海市税务局、上海市人力资源和社会保障局、上海市公积金管理中心联合出台《关于进一步推进开办企业便利化改革的意见》，进一步提升开办企业便利度。主要举措有以下几点。

（一）强化顶层设计，建设"一网通办"政务服务平台

2017年以来，上海将建设"一网通办"政务服务平台作为优化营商环境改革的主要抓手和深化改革的重要突破点。2018年率先提出"一网通办"改革，印发《全面推进"一网通办"加快建设智慧政府工作方案》，成立市大数据中心。10月17日，正式上线运行"一网通办"。可以通过"一网通办"平台办理的服务事项远超世界银行优化营商环境考核指标，包括居民户籍等基层民生治理项目，事无巨细，"一网打尽"。"一网通办"转变的核心在于：推动从"找部门"到"找整体政府"的转变，推动从"以部门为中心"到"以用户为中心"的转变，推动从"人找服务"到"服务找人"的转变。"减少环节""缩短时间"成为"一网通办"平台最明显的成效。2020年初，上海营商环境改革3.0版《上海市全面深化国际一流营商环境建设实施方案》就重点提出"1+2+X"重点任务，其中，"1"即是"一网通办"，提出进一步提升"一网通办"的应用效能，深入推动全流程再造。

（二）实现开办企业"一网通办"

2018年3月，上海市上线开办企业"一窗通"网上服务平台，重构开办企业流程。新办企业通过"一窗通"，可以统一申报办理执照、刻制印章、申领发票、办理"五险一金"等开办企业业务，实现一窗领取纸质执照、印章、发票等相关凭证，办事效率大幅提高。2019年3月，上线升级版开办企业"一窗通"服务平台。在已实现企业登记与涉税事项整合的基础上，做到"应纳尽纳"，将公章刻制、就业参保等涉企开办事项和公积金等涉企服务事项归集到"一窗通"平台，登录一个网站即可实现开办企业全部环节所需事项的在线填报，并提供银行预约开户、公积金办理等服务功能。

（三）推进"一窗通"服务专区，开办企业一个环节办结

鼓励各区优化线下服务，在符合条件的区行政服务中心设置开办企业"一窗通"服务专区，实现开办企业营业执照与税务发票"一窗受理，一窗发放"，企业只需在一个窗口即可办结。

（四）在全国范围内率先实现电子执照和电子印章的免费同步发放

2019年4月，上海市颠覆新办企业必须刻制实体印章的传统流程，在全国率先实现电子执照和电子印章的同步发放。企业申办人在申请电子营业执照的同时，可以通过电子营业执照应用程序免费领取含有企业名称章、法人章、财务章、发票专用章等四枚电子印章。同时，企业可以在手机上使用电子印章，企业扫描二维码就可以对电子文档进行盖章。

（五）实现企业最快2天获照营业

通过"一网通办"平台和"一窗通"服务，强化一表申报、数据共享、并联办理，实现开办企业全流程"统一提交，一天批准，当天领取"。企业设立后执照、公章、发票均可当天

领取。在申请材料齐全、符合法定形式的情况下，企业最快两天即可获照营业。

四 北京

近年来，北京市加大营商环境改革力度，连续推出一批创新性强、影响力大的改革举措，取得显著成效。世行报告显示，两年来，北京共有88项改革被采纳，开办企业、获得电力、执行合同等3个指标进入全球前20名，助力中国连续两年成为全球优化营商环境改善幅度最大的十大经济体之一。其在开办企业领域改革的重点举措有以下几点。

（一）推出新版"e窗通"市级企业开办网上服务平台，将4个环节压减至1个环节

2019年2月，北京市市场监督管理局联合北京市税务局、人力社保局、公安局、中国人民银行营管部、住房公积金管理中心等部门，推出了新版"e窗通"市级企业开办网上服务平台，实现企业开办全程网上办。申请人通过"e窗通"平台填写企业相关信息，完成相关人员智能身份核验和在线签字，可以自动生成电子申请材料，完成一次性提交申请营业执照、公章、发票和社会保险用工信息登记的申请，审核通过后直接生成电子档案，即时生成并发放电子营业执照，办理结果以"服务包"形式寄递到企业，免去了企业提交纸质材料和领取书面凭证的环节，从而将开办企业所需环节压减至1个环节。

（二）开办企业一天全办好

目前，北京市新办企业通过"e窗通"开办企业网上服务平台，申办相关事宜，一天内就可经核准领取电子营业执照，自动审核员工"五险一金"登记，即时办结申请发票，并于当日一次性获取纸质营业执照、免费公章和发票，也就是说，一天之内就可以完成办结开办企业所有事项。

（三）企业开办逐步迈向"一照通行"

持续推进电子营业执照在全市范围的广泛应用，逐步实现电子执照在全市政务服务、税务、人力社保、统计、公积金管理、商业银行等部门和机构的对接和应用，企业开办所需办理的各事项之间实现无介质"一照通"。企业可通过微信、支付宝小程序实现电子营业执照掌上用，北京正在向着实现电子营业执照"一照通行"的目标迈进。

（四）实现开办企业"一次不用跑"

企业申请人通过北京"e窗通"市级企业开办网上服务平台可以实现企业开办全程网上办理。"e窗通"系统根据申办人填写相关信息自动生成电子材料，核准通过后即可直接生成电子档案，即时生成电子营业执照并发放。申办人通过自助打印纸质营业执照服务，或者办理结果"服务包"寄递服务，就能够"无纸化、无介质、零见面"地完成税务、社保、公积金等相关事项。目前全市通过"e窗通"平台办理新开办事项的新办企业占98%以上，企业开办效率大幅提升，制度性交易成本显著降低。

第七节　广州提升开办企业便利度的对策

一　加强政府与市场的沟通

世界银行首席执行官克里斯塔利娜·格奥尔基耶娃曾经提出，政府为改善和优化营商环境而采取的措施，如果未能被营商人士感知到，就是徒劳无功，在世行营商环境评估排名中将会无法得分。营商环境的改善，不会也不可能是政府自导自演的独角戏。

营商环境的好坏最直接的感知者是市场主体。开办企业是否便利，最直接的感受者是中小企业、律师事务所、注册公司等，而他们也正是世行调查问卷发放的对象。因而，提升开办企业便利度的种种政策和举措，必须以通俗易懂的方式为营商人士所知。市及各区市场监督局、税务局、人社局等相关职能部门应加强与市场主体的沟通，通过各种形式积极主动宣讲相关法律、政策和做法，使其深入理解和熟悉改革新举措。积极利用行业协会（商会）作为政府与市场的桥梁作用，发挥亲近市场的优势，深入企业开展专题调研，了解企业在开办企业相关事项办理中存在的问题，探索解决对策，真正从企业自身需求出发，甘当"店小二"，实实在在为企业提供优质、科学、贴心的服务。

二 争取全面实行商事登记确认制

积极向国家市场监督总局争取政策支持，深化广州商事登记制度改革，全面实行商事登记确认制，将目前对开办企业的行政许可转变为行政确认，明确商事登记部门不再对市场主体开办企业所提交的资料进行行政审批，改为形式审查，实现即提交即办，进而逐步取消"注册公司申请营业执照"这一程序，更加简化开办企业流程，节约办理时间。

三 加快全面实行开办企业全程电子化

一是加快实现电子印章、电子发票的普及应用。2019年8月，国务院印发《全国深化"放管服"改革优化营商环境电视电话会议重点任务分工方案》，提出要加快电子营业执照、电子印章推广应用，2019年底要建成全国统一的电子发票公共服务平台，为纳税人免费开具电子发票。广州应积极衔接省公安厅支持广州试点推广电子印章工作，研究建设包含电子营业执照、电子发票、电子印章的一体化商事服务电子卡包平台，探索推广电子印章、电子发票在各个领域的普及应用，实现开办企业全程电子化办理,进一步简化开办企业流程。

二是完善"一网通"平台。继续推进"互联网+政务服务",积极探索运用区块链技术,将业务跟踪、效能分析数据上链,实现跨部门间开办企业业务协同。积极向省市场监督管理局、省税务局建议争取打通企业注册登记系统和金税三期系统,由开办企业专班组积极牵头,会同市政务服务数据局、税务局、人社局等加快完善"一网通"平台,解决"一网通"系统内部接口用户互信、平台数据对接等问题,统筹研究推进商事服务电子卡包平台与"一网通"平台的连接互通。

四 加快改革新政落实推进

全面落实《广州市市场监督局等七部门关于进一步优化营商环境提升开办企业便利度的意见》等政策措施,加强对各区开办企业指标牵头和配合部门的督促和指导,确保各项改革措施切实落实在执行末端。总结和解决"一网通办、一窗通取"试点中遇到的问题和困难,在全市范围内开办企业取消预约和窗口受理,加速实现"一网通办、一窗通取"新模式全覆盖。加大免费刻章政策全面落地督办力度,督促各区全面落实免费刻章政策。

五 加强公职人员培训,提升政策执行力

改革政策的出台不是营商环境改善的终点和重点,营商环境的优化也不是一蹴而就的。改革新政策的实施和落实对于营商环境的改变往往经历数年时间,在此过程中,政策的培训与沟通就显得尤为重要。《2019年营商环境报告》指出,在各个经济体中,公职人员的培训与营商环境的优化之间存在着显著的正相关。作为企业服务的提供者,政府对公职人员的培训不仅可以提升其专业能力,还能使其更准确地解释和执行政策,提升政策的实施效率。应持续加强对广州公职人员的培训，通过线上线下相结合，网络培训和现场讲座相结合，网络与移动端相结合等形式，不断强化公职人员对世行评估规则的理解，提升专业能力，使其能够更准确地解释和执行广州相关政策。

六 扩大改革政策的宣传推介

调研发现，因为对开办企业便利性改革的政策性文件缺乏准确了解，或者由于缺乏系统研究、综合判断的耐心，有些受访者存在误判误答的情形。因此，当务之急是由政府主管部门或者行业协会/商会对中小企业、律师事务所、会计师事务所、注册公司等组织开展开办企业专题培训。可以考虑由司法部门对律师，财政部门对会计师进行培训，提升法律法规政策的知晓度。强化对企业的方便营商工作进展与成效宣传，包括在行业协会/商会网站、政府媒体等刊登专题文章，讲解营商环境优化案例；定期对企业进行满意度调查等，推动政策创新改革取得实效。

第三章 办理建筑许可

第一节 世行关于"办理建筑许可"指标的相关说明

一 相关概念

作为世行衡量营商环境的重要指标之一,"办理施工许可"指标衡量了企业从获得土地后到项目竣工验收以及不动产初始登记之间全流程中企业与政府以及企业为达到政府相关规定而必须与外部市场进行互动的手续(环节)、时间、成本和质量控制情况。"办理建筑许可"是世界银行营商环境考察指标体系中涉及部门最多、办理环节复杂、时间跨度长、质量要求高的一项测评指标,被业内公认为是营商环境评价指标中最复杂的指标,不仅对企业工程项目选址有较大影响,也是众多经济体提升整体营商环境水平时选择的主要突破点之一,因此经常受到企业和政府的格外重视。

二 测算内容

针对"办理建筑许可"环节的测算,世行从"手续""时间""成本"和"建筑质量控制"四个二级指标进行度量。

(一) 手续

该指标衡量在办理建筑许可过程中，企业内部人员与涉及的政府部门以及按照政府规定有助于完成项目所需的外部专家和检查人员等外部人员的互动次数总和。在建造仓库过程中为满足法律要求和实际施工需要而采取的与外部互动的环节均算作手续，例如，如果取得电力技术条件或电力规划手续是获得建筑许可的先决条件，那么这些手续也应算作在内。但企业员工内部之间互动则不算作手续，比如仓库图纸的制定和内部工程师所做的检查，均不算作手续。

(二) 时间

该指标测度了企业完成"办理建筑许可"环节所有手续所需要的天数（按日历天数计算）。在测算时间时，世界银行还进行了如下假设：一是，假设每个线下程序所需的最少时间为1天，线上程序为0.5天；二是，针对并联进行的线下程序，以最早开始的环节算起，但该假设不适于线上程序环节；三是，如果通过额外缴费能够加速程序的办理，且该方案有助于提升经济体的得分，则以最快的手续为准；四是，该企业能够遵循地方政府所有的建筑规定，充分了解程序的先后顺序，不会浪费额外的时间。

(三) 成本

该指标指企业为完成依法建设仓库有关的所有手续而支付的全部费用占仓库价值的百分比，世行将仓库价值假定为当地人均收入的50倍。该环节企业成本主要包括获得土地使用审批和施工前设计许可费用，施工前、施工时和竣工后接受检查费用，接通公用设施费用，在财产注册处登记仓库费用。此外，完成仓库建设项目所需的非经常性税收也属于企业成本范畴。但企业销售税（例如增值税）、资本收益税以及预先支付后来退还的保证金等与程序无关的费用均不算作成本。

（四）建筑质量控制

建筑质量控制指数具体包含六个指数，即建筑法规质量（2分）、施工前质量控制（1分）、施工中质量控制（3分）、施工后质量控制（3分）、责任和保险制度（2分）以及专业认证（4分）共六个指数，该指标满分为15分，各子指标分值分布及具体衡量标准如表3-1所示。

表3-1　　　　　　　建筑质量控制（0—15）

子指标及分值	衡量标准
建筑法规质量 （0—2）	有关建设法律法规获取途径？（0—1）
	是否存在多种形式（网站、纸质手册等）清晰告知所需资料证明、费用以及需政府机构批准的所有图纸或规划方案？（0—1）
施工前质量控制 （0—1）	为了确保建筑设计图纸的合规合法性，具备专业执照的建筑师或工程师是否有参与其中？（0—1）
施工中质量控制 （0—3）	建筑法律法规是否要求在施工过程中需两名内外部监理工程师实行监督责任或是相关政府部门在施工的不同阶段执行检查工作？（0—1）
	建筑法律法规是否要求至少有一方进行风险检查？（0—1）
	上述监督或检查是否得到落实？（0—1）
施工后质量控制 （0—3）	为了保证建筑符合设计图纸，建筑法律法规是否要求对其进行竣工检查？（0—2）
	竣工检查是否得到落实？（0—1）
责任和保险制度 （0—2）	法律是否对建筑投入使用后出现的诸如结构缺陷等问题作出参与方应负相关法律责任的要求？（0—1）
	法律是否对建筑投入使用后出现的诸如结构缺陷等问题作出参与方对其进行投保的要求？（0—1）
专业认证 （0—4）	是否要求参与审查建筑设计图纸的合规合法性的建筑师或工程师具备一定的专业资质？（0—2）
	是否要求参与监督现场施工或进行检查的人员具备一定的专业资质？（0—2）

三　相关假设

世行在每项指标中都设计了详细的假设，包括对企业性质、规模等的假设，也对办理情景设定了相应的假设，"办理施工许可"也不例外。具体来说，世行从建筑公司、项目情况以及与其相关基础公共设施三个方面对"办理建筑许可"指标测算设定了假设。

（一）关于建筑公司的假设

关于建筑公司的假设如下：（1）是一家有限责任公司（或与其具有同等法律地位的主体）；（2）100%为国内私人所有；（3）拥有5个所有人，但均不是法人；（4）具备充分的执照和保险，可以承担诸如仓库的建设项目；（5）拥有60名施工人员和其他雇员，且均具有获得建筑许可和审批所需的专业技术能力和职业经验的本国公民；（6）有一名持证建筑师和一名持证工程师，并在当地建筑师或工程师协会注册。其他建筑公司雇员都不是任何技术人员或者持证专家；（7）已经缴纳所有税款和必要的保险，比如建筑工人意外保险和第三方责任保险；（8）拥有建造仓库的土地并且建成后将仓库出售。

（二）关于项目的假设

关于项目的假设如下：（1）将被用于一般的贮存活动，比如书籍或文具的贮存，不用于贮存类似食品、化学品或医药品等任何需要特殊条件的货物；（2）仅有地上两层，建筑面积约1300.6平方米，每层高3米；（3）有道路可通，位于城市市区；（4）不在特殊经济开发区或工业区内；（5）占地929平方米，且土地已在地籍部门登记注册；（6）估价为当地人均收入的50倍；（7）是新建项目，不涉及拆迁，且所用土地上没有名树贵木、自然水资源、自然保护区及任何历史纪念物；（8）拥有由一名持证建筑师和一名持证工程师制定的完整的建筑和技术方案，如果方案的准备需要从外部机构获取其他资料，或需要得到外部机构的事先批准，那么与外部互动的环节都应当算作一项单独的手续；（9）该项目将拥有一切要求的技术设备，以便能完全运作;(10)将花费30周时间建设,不包括因行政和监管要求而发生的所有延误。

(三)关于接通公用设施的假设

关于项目的假设如下:(1)已经连接了供水和排水;(2)离现有水源和下水道接驳点不超过150米远;(3)不要求消防用水,使用干式灭火系统,如果法律要求湿式消防系统,则假设以下规定的用水需求也包含消防用水;(4)日平均用水量将为662公升,日平均污水流量为568公升,最高峰日用水量将达到1325公升,最高峰日污水流量达到1136公升;(5)常年拥有持续稳定的用水量和污水流量;(6)供水连接管直径为2.54厘米(1英寸),排污水连接管直径为10.16厘米(4英寸)。

四 问卷调查设计简介

以世行2020年"办理建筑许可"指标问卷调查内容为例,该问卷调查主要包含三个部分的内容:一是案例研究相关假设以及各指标定义;二是改革创新,主要是以影响办理建筑许可结果为主的改革创新,以及建筑信息模型(BIM)的应用情况;三是对本年度的程序、时间、成本以及建筑质量控制指标数据的更新以及原因说明。

第二节 广州市"办理建筑许可"现状、改进和效果

一 广州"办理建筑许可"环节现状分析

(一)现实情况

根据世行关于企业"办理建筑许可"环节三个假设,很难在广州找到现成案例。为尽量测算出满足世行要求且又尽量符合广州实际情况的企业数据,以广州当前较为普遍的一般项目

为分析案例，课题组通过企业实地调研、政府部门座谈、政府官方网站查询、广州12345政府服务热线咨询等途径对广州市"办理建筑许可"指标手续、时间、成本以及建筑质量控制四个二级指标进行了深入调查分析，结合2020年初普华永道和零点有数对广州企业"办理建筑许可"调查数据。调查结果显示，当前广州企业"办理建筑许可"指标共涉及15个手续，耗时94.5天，样本企业成本为103050元①，占仓库价值比重为3.17%，具体数据如表3-2所示。

表3-2 广州市"办理建筑许可"具体表现（社会投资类一般项目）

序号	手续（项）	时间（天）	费用（元）
立项用地规划许可阶段			
1	企业投资项目备案	0.5	0
2	建设用地规划许可证、建设项目用地批准书合并办理	3	0
工程建设许可阶段			
3	地质勘探/岩土勘测	20	20000
4	设计方案审查、获得建设工程规划许可证	14	0
5*	聘请认证的监理机构	1	82500
施工许可阶段			
6	施工图纸审查	10	0
7	获得建筑工程施工许可证（含质量安全监督登记）	5	0
8	办理城市建筑垃圾处置（排放）核准	10	0
9*	环境影响评价文件审批		
10	接受建设工程安全质量监督总站的定期检查	1	0
11	接受建设工程安全质量监督总站的随机抽查（一）	1	0
12	接受建设工程安全质量监督总站的随机抽查（二）	1	0
13	供水、排水工程公开审批	12	0

---

① 该数据为零点有数调研数据。

续表

序号	手续（项）	时间（天）	费用（元）
	竣工验收阶段		
14	竣工联合验收	12	0
	质量竣工验收监督		
	规划条件核实		
	消防验收、备案		
	人防验收、备案		
	白蚁防治验收备案		
	房屋建筑内光纤到户通信设施工程竣工验收备案		
	气象部门防雷装置竣工验收		0
	园林绿化工程验收		
	生产建设项目水土保持设施验收报备		
	出具联合验收意见		
15	不动产初始登记	5	550
合计	15	94.5	103500

资料来源：根据广州市工程建设项目联合审批平台关于"一般项目"审批流程整合。＊表示当前手续与上一环节并联审批。广州市工程建设项目联合审批平台网址为 http://lhsp.gzonline.gov.cn/，2020年5月2日。

在评估建筑质量控制指数得分方面，课题组以世行关于建筑质量控制衡量标准为出发点，对近期广州市层面出台或者正在实施的相关政策进行梳理后发现，根据《房屋建筑和市政基础设施工程竣工验收规定》《建设工程质量管理条例》《建筑工程五方责任主体项目负责人质量终身责任追究暂行办法》《广州市住房和城乡建设局进一步提高本市施工图综合审查、工程监理及工程监督人员从业要求的通知》，广州市建筑质量控制指数可得满分15分，具体得分如表3-3所示。

第三章 办理建筑许可

表 3 – 3　　广州市"办理建筑许可"建筑质量控制指数得分情况

类别	衡量标准	广州实际	得分
建筑法规质量	有关建设法律法规获取途径？	可在线免费获取，官方网站为 http://www.gz.gov.cn/ysgz/tzzc/bljzxk/index.html	1
	是否存在多种形式（网站、纸质手册等）清晰告知所需资料证明、费用以及需政府机构批准的所有图纸或规划方案？	存在多种形式（网站、纸质手册、视频等）清晰告知所需资料证明、费用以及需政府机构批准的所有图纸或规划方案。	1
施工前质量控制	为了确保建筑设计图纸的合规合法性，具备专业执照的建筑师或工程师是否有参与其中？	具备专业执照的建筑师或工程师的施工图审查机构等第三方参与其中。	1
施工中质量控制	建筑法律法规是否要求在施工过程中需要两名内外部监理工程师实行监督责任或是相关政府部门在施工的不同阶段执行检查工作？	需要聘请认证的监理机构，并接受建设工程安全质量监督总站的定期检查。	1
	建筑法律法规是否要求至少有一方进行风险检查？	建筑法律法规强制性要求参建单位、建设单位、勘察、设计单位以及监理单位等进行风险检查。	1
	上述监督或检查是否得到落实？	能够有效得到落实。	1
施工后质量控制	为了保证建筑符合设计图纸，建筑法律法规是否要求对其进行竣工检查？	建筑法律法规有强制性要求，采用竣工联合验收（含建设五方验收）。	2
	竣工检查是否得到落实？	得到落实。	1
责任和保险制度	法律是否对建筑投入使用后出现的诸如结构缺陷等问题作出参与方应负相关法律责任的要求？	穗建质〔2019〕4号、穗建质〔2020〕21号以及穗建质〔2020〕22号等文件指出，建筑投入使用后出现问题有明确的责任方。	1
	法律是否对建筑投入使用后出现的诸如结构缺陷等问题作出参与方对其进行投保的要求？	穗建质〔2019〕1595号文件中明确，推行工程质量保险制度。	1

续表

类别	衡量标准	广州实际	得分
专业认证	是否要求参与审查建筑设计图纸的合规合法性的建筑师或工程师具备一定的专业资质？	穗建改〔2020〕5号文件明确，施工图审查机构审查人员从业要求除符合住建部令13号明确规定的国家注册类要求和最低从业年限要求以外，同时应满足本科或以上的学历要求。	2
专业认证	是否要求参与监督现场施工或进行检查的人员具备一定的专业资质？	穗建改〔2020〕5号文件要求参与监督现场施工或进行检查的人员具备一定的专业资质。 （1）施工现场总监理工程师需具备《注册监理工程师》资格，并具备本科或以上学历。 （2）建设工程质量安全监督管理人员除需满足住房和城乡建设部《房屋建筑和市政基础设施工程质量监督管理规定》（中华人民共和国住房和城乡建设部令第5号）规定的从业年限及专业资格外，并需取得省政府颁发的行政执法证，在2020年2月11日后，新入职的质量安全监督人员还需满足本科或以上学历要求。	2
合计			15

（二）广州与先进经济体对标分析

在手续数量上，广州"办理建筑许可"手续有15个，是全球最优水平丹麦（7个）的两倍多，与营商环境排名靠前的城市经济体——香港和新加坡存在较大差距。但就中国（不含港澳台地区）城市而言，广州在手续数量上表现要优于北京和上海两市，主要原因在于当前广州已经落实联合验收政策，通过联合验收模式将竣工验收压缩至一个手续。

在时间耗费上，广州企业"办理建筑许可"耗时94.5天，与北京较为接近，略优于上海，耗时是全球最优经济体——韩国的3.4倍，与香港（69天）和新加坡（35.5天）有不小的差距。从广州"办理建筑许可"手续流程的时间表现看，耗时较长的手续主要集中在地质勘探/岩土勘测、设计方案审查/获得建设工程规划许可证、施工图纸审查、环境影响评价文件审批、供水排水工程公开审批和竣工联合验收等六个环节，这六个手续所耗时间占到该环节总时长的83.6%，其中，仅地质勘探/岩土勘测一个手续就占用了20天。

在费用成本上，广州企业成本费用占企业价值比例为3.2%，表现优于北京（3.5%）和新加坡（3.3%），略低于上海（2.3%），与该指标全球排名靠前的香港（0.3%）和最优水平蒙古（0.1%）存在较大差距。从费用构成上看，企业产生的费用主要集中在地质勘探/岩土勘测、聘请认证的监理机构和不动产初始登记三个环节，其中地质勘探/岩土勘测和聘请认证的监理机构两个手续是企业为达到政府法定规定而向市场购买第三方服务而产生的费用，两者占企业总成本的99.0%，这两个环节的费用大小因所选样本企业项目工程而异，很难得到较为准确的数据。不动产初始登记费用是在政府部门产生的费用，占比相对较小。

在建筑质量控制指数上，包括广州在内的中国各参评城市均得满分，已达到世界最高水平（见表3-4）。

表3-4　广州与其他经济体"办理建筑许可"一级指标对比

经济体	手续（个）	时间（天）	费用（占仓库价值比例）	建筑质量控制（0—15）
广州	15	94.5	3.2	15
北京	18	93	3.5	15

续表

经济体	手续（个）	时间（天）	费用（占仓库价值比例）	建筑质量控制（0—15）
上海	18	125.5	2.3	15
香港	8	69	0.3	15
新加坡	9	35.5	3.3	13
世界最优水平	丹麦（7）	韩国（27.5）	蒙古（0.1）	香港等（15）

资料来源：世界银行《2020年营商环境报告》。

二 广州市加快"办理建筑许可"的努力以及取得成效

为进一步提升企业"办理建筑许可"便利度，持续优化和改善广州市营商环境，广州市以市住建局委牵头单位，积极推进"办理建筑许可"程序改革，通过对标先进城市和经济体，以抓重点、补短板、强弱项为原则，针对世行关于"办理建筑许可"指标的相关规定，于2020年1月专门出台了以《进一步优化社会投资简易低风险工程建设项目审批服务和质量安全监管模式实施意见（试行）》为主，其他26项政策为配套的"1+26"政策体系，如表3-5所示。将社会投资简易低风险工程建设项目实施对象设定为"私（民）营、外商和港澳台企业投资或投资占主导的，宗地内单体建筑面积小于2500平方米、建筑高度不大于24米，年综合能耗1000吨标准煤以下，功能单一、技术要求简单的新建普通仓库和厂房，且不生产、储存、使用易燃、易爆、有毒、有害物品或危险品"。

表3-5 优化营商环境"办理建筑许可"政策文件目录

	总体文件	
1	《广州市住房和城乡建设局关于印发进一步优化社会投资简易低风险工程建设项目审批服务和质量安全监管模式实施意见（试行）的通知》（穗建改〔2020〕3号）	2020年1月

续表

	配套文件	
1	《广州市水务局关于印发广州市进一步优化获得用水接入工作方案（试行）的通知》（穗水资源〔2019〕24号）	2019年4月
2	广州市政务服务数据管理局关于印发《广州市工程建设项目"全程免费代办"工作方案（试行）》的通知	2019年5月
3	《广州市住房和城乡建设局 广州市地方金融监督管理局 中国银行保险监督管理委员会广东监管局关于印发广州市简易低风险工程项目工程质量潜在缺陷保险试点方案的通知》（穗建质〔2019〕1595号）	2019年8月
4	《广州市水务局 广州市工业和信息化局关于印发〈广州市社会投资简易低风险工程获得用水获得电力工作指引（试行）〉的通知》（穗水资源〔2019〕46号）	2019年11月
5	《广州市住房和城乡建设局 广州市规划和自然资源局关于印发社会投资简易低风险项目工程规划许可证和施工许可证并联审批操作细则的通知》（穗建改〔2020〕2号）	2019年12月
6	《广州市生态环境局关于印发社会投资简易低风险工程建设项目环境影响评价管理要求的通知》（穗环〔2019〕129号）	2019年12月
7	《广州市城市管理和综合执法局关于免于办理社会投资简易低风险工程建设项目建筑垃圾处置（排放）核准手续的通知》	2019年12月
8	《广州市住房和城乡建设局 广州市规划和自然资源局关于优化社会投资简易低风险工程竣工联合验收工作的通知》（穗建改〔2019〕99号）	2019年12月
9	《广州市发展改革委关于社会投资简易低风险工程建设项目不再单独办理企业投资项目备案有关工作的通知》	2020年1月
10	《广州市规划和自然资源局关于社会投资简易低风险工程建设项目全流程综合测绘试行政府购买服务的通知》	2020年1月
11	《广州市城市管理和综合执法局关于明确社会投资简易低风险工程建设项目免予办理城市建筑垃圾处置（排放）核准相关事宜的通知》	2020年1月
12	《广州市工业和信息化局关于印发广州市持续深化获得电力改革实施方案的通知》（穗工信函〔2020〕1号）	2020年1月
13	《中共广州仲裁委员会党组关于增挂"广州建设工程仲裁院"机构名称的决定》（穗仲党文〔2020〕1号）	2020年1月
14	《广州市住房和城乡建设局关于优化小型工程质量安全管理工作的通知》（穗建质〔2019〕4号）	2020年1月

续表

	配套文件	
15	《广州市住房和城乡建设局关于加强建筑工程质量风险分级管控的通知》（穗建质〔2020〕21号）	2020年1月
16	《广州市住房和城乡建设局关于加强建筑工程施工安全风险分级管控的通知》（穗建质〔2020〕22号）	2020年1月
17	《广州市规划和自然资源局关于简化办理社会投资简易低风险工程建设项目有关事项的通知》	2020年2月
18	《广州市住房和城乡建设局关于明确社会投资简易低风险工程建设项目城市基础设施配套费的通知》	2020年2月
19	《广州市工程建设项目审批制度改革试点工作领导小组办公室关于调整社会投资简易低风险工程勘察设计质量监管方式的通知》（穗建改〔2020〕7号）	2020年2月
20	《广州市水务局　广州市住房和城乡建设局关于优化社会投资简易低风险工程建设项目施工临时排水许可证核发工作的通知》（穗水排水函〔2020〕5号）	2020年2月
21	《广州市水务局关于印发优化社会投资简易低风险工程建设项目排水报装改革实施细则（试行）的通知》（穗水排水〔2020〕2号）	2020年2月
22	《广州市住房和城乡建设局关于印发房屋建筑和市政基础设施工程竣工联合验收工作方案（3.0）的通知》（穗建质〔2020〕55号）	2020年2月
23	《广州市不动产登记中心关于优化社会投资简易低风险工程建设项目不动产首次登记的补充通知》（穗登记〔2020〕3号）	2020年2月
24	《广州市住房和城乡建设局关于进一步提高本市施工图综合审查、工程监理及工程监督人员从业要求的通知》（穗建改〔2020〕5号）	2020年2月
25	《广州市工程建设项目审批制度改革试点领导小组办公室关于推进社会投资简易低风险工程建设项目一站式审批服务的通知》穗建改〔2020〕8号	2020年3月
26	《广州市住房和城乡建设局关于社会投资简易低风险工程建设项目试行政府购买服务委托监理的通知》（穗建筑〔2020〕93号）	2020年3月

根据广州市针对优化社会投资简易低风险工程建设项目出台的"1+26"项优化政策体系内容，课题组按照世行关于"办理建筑许可"二级评价指标，从优化手续流程、压缩办理时间、

转嫁企业成本以及加强质量控制四个进行了归纳和总结。

（一）优化手续流程

手续环节的优化包含企业"办理建筑许可"环节中立项用地规划许可、工程建设许可、施工许可以及竣工验收四个环节。

（1）在立项用地规划许可阶段。一是推行集成化服务网上办理。全面推行"一站式"免费代办服务，由市、区政务服务中心或政府指定机构代办，各项审批手续统一通过广州市工程建设项目联合审批平台办理；二是取消单独办理企业投资项目备案，取消建筑用地规划许可证和建设用地批准书申办手续，企业可凭土地出让合同、划拨决定书或不动产权属证明文件办理后续报建手续。

（2）在工程建设许可阶段。一是进一步优化供水环节。将供水接入环节压缩至"排水现场踏勘审核"和"排水接入"两个环节。二是取消供水、供电外线工程许可。取消管径不大于5厘米、长度不大于200米供水以及电压等级在10千伏以下（不含10千伏）和报装容量不大于200千瓦、管线长度不大于200米供电外线工程行政许可。三是取消全市公共排水管网覆盖地区范围内社会投资简易低风险工程项目办理施工临时排水许可程序。四是取消原无外线工程的报装流程（受理报装、装表通水）。

（3）在施工许可阶段。一是将"施工许可"环节与"工程规划许可证"环节并联办理，实现"全程网办、一次申报、并联审批、同步发证"。二是取消城市建筑垃圾处置（排放）核准以及环境影响测评、审批和备案流程。

（4）在竣工验收阶段。取消建设工程档案验收和水土设施保持验收报备事项，实行全程网上办理，采用"一家牵头，一口受理，一次验收，一份结果"的"四个一"并联工作模式。

当前，广州市在政策上已经实现将社会投资简易低风险工程建设项目"办理建筑许可"环节的手续总数压缩至建设工程规划许可证与施工许可证合并办理（含施工图设计文件审查）、工程质量监督检查（首次）、工程质量监督检查（建设过程中）、竣工联合验收（含建设五方验收）、获取供水与排水连接服务、房产登记等6个手续，较之前有了很大的进步空间。

（二）压缩办理时间

除去已经取消的手续环节外，优化办理时间的措施主要集中"工程建设许可"和"竣工验收阶段"。

（1）在工程建设许可阶段。一是压缩排水报装服务时间，将无外线接入服务压缩至4个工作日，其中排水现场踏勘审核和排水接入均压缩至2个工作日。有外线接入服务压缩至9个工作日，其中排水现场踏勘审核为2个工作日，排水接入为7个工作日。二是压缩供水报装审批时间，将无外线工程办理压缩至4个工作日，将有外线工程压缩至9个工作日，并规定行政审批办理不超过5个工作日。三是将工程规划许可证和施工许可证并联审批压缩至5个工作日。四是将施工图审查压缩至5个工作日，并将检查意见上传至施工许可审批系统，并同步在线推送工程质量安全监督机构。

（2）在竣工验收阶段。一是进一步压缩竣工验收时间。将竣工联合验收工作压缩至5个工作日，其中受理决定压缩至2个工作日，现场验收准备为1个工作日，验收为3个工作日，出具专项验收（备案）意见为4个工作日，出具结果通知书或《竣工联合验收意见书》为5个工作日。二是将不动产登记办理缩短至1个工作日。

现阶段，社会投资简易低风险工程建设项目"办理建筑许可"办理时间压缩至28个工作日，将办理时间压缩了66.5天，极大地缩减了办理时间。

（三）转嫁企业成本

除去已经取消的手续环节，优化企业成本的措施涵盖了"立项用地规划许可""工程建设许可""施工许可"和"竣工验收"四个阶段。归纳起来，主要从两个方面优化企业成本：一是将企业为达到政府法律规定而向第三方购买服务而产生的费用转移给政府承担；二是免收部分环节政府征收费用。

（1）在立项用地规划许可环节。一是将岩土勘察纳入用地清单，在土地出让时免费提供岩土勘察；二是不再收取城市基础设施配套费，将其纳入土地成本综合考虑。

（2）在工程建设许可环节。一是减免排水报装服务费，将这部分费用纳入市区排水行政主管部门预算。二是实行供水企业配水"红线"。针对管径 DN50 及以下、长度 200 米（含）以内的外线工程，政府负责接水到户，用户无须购买水管。三是免收供水企业代办外线工程行政审批手续服务费。四是推行项目建设审批"零成本"。工程建设项目涉及的岩土工程勘察、委托监理机构、施工图设计文件审查等相关事项费用，由政府委托符合资质要求的相关单位开展工作，不再向企业收费。五是推行土地带方案出让。六是为企业免费提供全流程综合测绘服务（规划放线测量、规划设计方案技术审查、规划条件核实测量、不动产测绘）。七是将工程勘察设计质量检查纳入政府向社会力量购买服务项目进行管理，将企业承担成本转嫁给政府。

（3）在施工许可环节。企业聘请外部监理机构转由政府购买服务委托监理服务，企业无须承担相应费用。

（4）在项目竣工验收环节免收不动产登记费和工本费。

当前，针对企业成本指标，经过以上优化，已经从政策角度实现了企业"办理建筑许可""零成本"的目的。

（四）加强质量控制

为进一步巩固控制质量指标得分，针对世行关于控制质量指标具体评价指标，现有政策从五个方面进一步优化了质量控制环节。

（1）调整工程勘察设计质量监管方式。一是施工图审查意见不再作为施工许可证核发的前置条件；二是取消区级相关部门施工质量检查，建设单位在申请办理建筑施工手续前已自行委托施工图审查机构进行审查的，只需提交施工图审查结果文件，区住建设部门不再另行检查。

（2）开展工程质量潜在缺陷责任保险试点工作。鼓励和引导建设单位购买工程质量潜在缺陷责任保险（或类似保险产品），缓和化解工程质量风险，保障工程质量，保障工程所有人权益。

（3）开展基于风险等级的工程质量监督工作。建立质量安全监督机构基于工程风险实施差别化监管，将生产安全事故划分为重大风险、较大风险、一般风险和较低风险四级，并根据不同风险类别，设立不同频次和等级的检查要求进行差别化风险监管，明确各参建单位、建设单位、勘察、设计单位、监理单位、施工单位的风险管控工作内容。

（4）严把审图、监理、工程监督从业人员质量关。一是施工图审查机构审查人员从业要求除了符合国家注册要求和最低从业年限要求以外，还应同时满足本科或以上的学历要求；二是施工现场总监理工程师需具备《注册监理工程师》资格，并具备本科或以上学历；三是建设工程质量安全监督管理人员除需满足规定的从业年限及专业资格外，还需取得省政府颁发的行政执法证，在2020年2月11日后新入职的质量安全监督人员必须具有本科或以上学历。

（5）提升建设工程合同争议处理能级。将广州仲裁委员会党组增挂为"中国广州建设工程仲裁院"，受理建设工程合同纠纷事件。

三 广州"办理建筑许可"得分分析

目前,广州在审批社会投资简易低风险工程建设项目上已然达到上述理想状态下的要求,真正实现"零成本,建筑许可6步走、28天全搞定",如表3-6所示。

表3-6 广州市社会投资简易低风险工程建设项目"办理建筑许可"表现

序号	手续（个）	时间（自然日）	费用
1	建设工程规划许可证与施工许可证合并办理（含施工图设计文件审查）	7	0
2	工程质量监督检查（首次）	1	0
3	工程质量监督检查（建设过程中）	1	0
4	竣工联合验收（含建设五方验收）	5	0
5	获取供水与排水连接服务	13	0
6	不动产登记	0	0
合计	6	28	0

资料来源：根据广州市相关政策文献整理。

表3-7 广州市与国内外城市办理建筑许可指标的情况对比

经济体	手续（个）	时间（天）	费用（占仓库价值比例）	建筑质量控制（0—15）
广州	6	28	0	15
北京	18	93	3.5	15
上海	18	125.5	2.3	15
香港	8	69	0.3	15
新加坡	9	35.5	3.3	13
世界最优水平	广州（6）	韩国（27.5）	广州（0）	广州、香港等（15）

从横向比较看,当前广州社会投资简易低风险工程项目

"办理建筑许可"所需手续数量（6个）远低于国内平均水平持平（18个），略低于香港（8个），并已取代丹麦（7个）成为新的世界最优水平。从时间耗费看，广州仅需28天，直逼韩国等4个经济体（27.5天），较广州一般项目（94.5天）节约了66.5天，远优于香港和新加坡。从企业成本看，该政策实现了真正的企业零成本，并已取代蒙古（0.1%）成为世界最优水平。就建筑质量控制而言，广州得分将保持在15分，与国内平均水平以及香港得分一致，并列世界最优水平。

第三节　广州"办理建筑许可"目前存在的问题和短板

在改善"办理建筑许可"营商环境便利度上，广州市政府部门做出了许多努力，但目前仍存在以下问题，主要从政策受众群体、政策覆盖面、政策知晓度、政策示范性等方面展开详述。

一　政策条件限制严格，落地性有待加强

目前，为改善"办理建筑许可"营商环境便利度，广州市针对性地出台了一系列政策，基本形成了"1+30"政策体系。对于上述政策可从两方面进行分析，对外，能够较好地对应世行评估标准，获取更好的分数；对内，政策与广州市本土的结合情况仍存在较大不确定性，这种不确定性来源于严格的政策限制条件和政策实际落地性问题。（1）政策条件限制严格，具体表现为"1+30"政策体系的前提条件均为简易低风险建设社会投资项目，各政策中明确对建筑企业的企业性质、建设项目规模，项目用途等作出了严格的限制，理论上能够极大地便利民营企业对于简易低风险项目的建筑许可申办。（2）政策实际

落地性问题，具体表现为"1+30"政策体系的文件集中于2019年底和2020年初出台，截至2020年5月，广州市的社会投资简易低风险项目报建仅有一个在番禺区落地。

二 政策宣传意识稍弱，政策宣传力度不足

政策宣贯的受众群体主要包括政府审批人员、建筑企业、第三方专业机构等，结合线下企业实地调研、政府部门座谈的调研情况以及线上政策的宣传情况，课题组发现"办理建筑许可"政策存在政策宣传意识稍弱，政策宣传力度不足问题，具体表现为：（1）缺乏针对性的政策宣传意识。政府部门以及各相关行业协会等非营利性组织对于政策的重视程度不足，未及时针对政策更新开展相应的培训宣传。（2）缺乏普遍性的政策宣传意识。据了解，与"办理建筑许可"等政策的相关信息鲜少在非专业人员、建筑企业员工外的人群中出现，主要系宣传方式单一，其次是社会专业分工高度细分化下，非专业人士的关注圈有限。

三 政策受众群体有限，整体申办便利性不足

根据广州市对社会建设项目（与世行评估"办理建筑许可"假设一致）的分类，按项目复杂程度，社会投资项目可分为一般项目、中小项目、简易低风险项目。"1+26"政策体系（见表3-5）主要针对简易低风险社会建设投资项目对"办理建筑许可"的手续、时间、费用以及建筑质量控制四个方面进行优化。由于项目复杂程度以及广州市现阶段办理建筑许可的实际情况，未能充分覆盖中小项目、一般项目。

因此，与世行评估内容以及问卷调查内容相对应，广州市现阶段的政策优化覆盖面有限，惠及受众群体有限，导致办理建筑许可的整体便利性不足，并增加了广州市在世行"办理建

筑许可"营商环境便利度的评估中获取高分的不确定性。

四 示范性案例少，缺乏世行营商环境答辩经验

为使全球调研数据具有可比性，世行对于"办理建筑许可"的评估主要从建筑公司、项目情况、关于接通公用设施三个方面来作情景假设，分别设定了8条、10条、6条假设条件，在北京、上海两地也未能找到完全满足假设条件的社会建设项目来反映"办理建筑许可"营商环境便利度，广州亦是如此。另外，北京、上海已经连续多年参与世行《营商环境报告》的评估，对于整个评估流程较为熟悉，而广州在此方面的经验相对缺乏，特别是缺乏世行营商环境现场答辩经验，在向世行团队全面展示广州"办理建筑许可"指标方面存在一定困难。

第四节 国内外经济体在优化"办理建筑许可"环节成功经验及启示

一 "办理建筑许可"得分领先的国内外经济体的成功经验介绍

（一）总体分析

总体来看，"办理建筑许可"的营商环境便利度得分排名前十的经济体，综合得分可分为两个层次，其中，中国香港得分（93.5分）居世界第一，同时也是该项得分在90分以上的唯一经济体，手续、时间以及建筑质量控制指标方面表现突出是中国香港综合得分的主要因素，其余9个经济体得分均处于80—90分。从地区分布来看，"办理建筑许可"得分排名前十的经济体的分布为亚洲（5个）、欧洲（3个）、大洋洲（1个）、非洲（1个），扩展到得分前20的经济体，亚洲经济体个数仍然占据45%（见表3-8）。

表3-8 "办理建筑许可"得分排名前十的经济体与中国得分基本情况对比表

经济体	手续（个）	时间（日历天）	成本（人均收入的%）	建筑质量控制指标（0—15）	排名
中国香港	8	69	0.3	15.0	1
马来西亚	9	41	1.3	13.0	2
阿拉伯联合酋长国	11	47.5	2.2	15.0	3
丹麦	7	64	0.6	11.0	4
新加坡	9	35.5	3.3	13.0	5
中国台湾	10	82	0.4	13.0	6
新西兰	11	93	2.2	15.0	7
毛里求斯	12	95.5	0.4	14.0	8
塞尔维亚	11	99.5	1.4	14.0	9
立陶宛	13	74	0.3	13.0	10
样本平均数	15.06	156.41	4.86	10.38	—
样本中位数	15	138	2.4	11	
世界最优水平	7	27.5	0.1	15	
中国	18	111	2.8	15	33

由表3-8，从各个二级指标来看，(1) 手续个数。"办理建筑许可"综合得分前十城市的程序个数均小于样本的程序个数的算术平均数（15.06个）以及中位数（15个），其中中国香港手续个数（8个）与世界最优水平（7个）差距较小。(2) 时间天数。"办理建筑许可"综合得分前十城市与中国的耗费时间均低于样本的耗费时间（算术平均数为156.41天，中位数为138天）。以上两项指标越小，对应的二级指标的得分越高，其主要受各国（地区或经济体）的建筑技术法规制度约束

以及建设工程市场完善程度影响,呈现非规则性的正相关关系。(3)成本(人均收入的百分比)。中国以及新加坡超出了样本中位数(2.4%),但小于样本算术平均数(4.86%),其余9国均低于样本中位数和算术平均数。该项指标计算为相对指标,主要与所在地区的人均收入相关,如中国香港特别行政区的仓库估值为18292763.1651元(按汇率0.9127算),新加坡的仓库估值为20091301.5335元(按汇率4.9471算),对应的成本分别为0.3%、3.3%。从实际费用绝对数来看,新加坡(663013元)是香港(54878元)的12倍。(4)建筑质量控制。"办理建筑许可"综合得分前十城市与中国的建筑质量控制指标的得分均高于样本中位数和算术平均数。其中,中国与中国香港、阿拉伯联合酋长国、新西兰四个经济体在该项的得分为满分。

(二)各经济体改革经验

各经济体为改善"办理建筑许可"营商环境方面做出不少努力,主要从信息获取、程序申请、费用、时间以及建筑质量控制5个方面来提升"办理建筑许可"营商环境便利度(见表3-9)。

表3-9　2016—2019年各国(地区或经济体)关于"办理建筑许可"改革措施

采取国家	类型	措施	效果
埃斯瓦蒂尼、中国、印度、尼日利亚等20个经济体	信息获取	在网上发布与建筑相关的免费法规	提高了处理施工许可的透明度
中国、科特迪瓦、加蓬等12个经济体		采用新建筑条例	办理施工许可证变得更加容易

续表

采取国家	类型	措施	效果
阿根廷、印度、中国、中国台湾等16个经济体	手续申请	建立或改善程序和实施建设许可证申请的电子平台	简化了建筑许可证的处理
中国、摩尔多瓦		简化了对低风险建设项目的要求	减少了供排水系统的时间
科威特、毛里求斯、马来西亚、阿拉伯联合酋长国等26个经济体		简化了办理建筑许可的手续	使处理建筑许可证的工作更加容易
巴基斯坦、白俄罗斯、中国等8个经济体		引进或改进"一站式"服务	获得建筑许可证更加容易和迅速
丹麦、尼泊尔、塞尔维亚等21个经济体	费用	降低建筑许可的费用	降低了办理建筑许可证的成本
阿塞拜疆、博茨瓦纳、中国等19个经济体	时间	缩短办理许可申请时间	获得建筑许可证更加迅速
中国、卢旺达、多哥等13个经济体	建筑质量控制	对建筑师和工程师实施了严格的资格要求,规范施工期间的检查	加强了建筑质量控制
墨西哥、阿根廷等8个经济体	—	提高了获得建筑许可证的费用	使得办理建筑许可证更加困难
汤加	—	取消了有关建筑规范、建筑费用和所需预批准的网上公共信息	降低了建筑许可证交易的透明度
斯威士兰、危地马拉		新增程序	使建筑许可证的处理更加复杂

注:
1. 新加坡加强其基于风险的检查方法,改善公众获取土壤信息的途径。
2. 巴林将申请审查流程委托给有资质的工程公司,简化了申请流程。
3. 毛里求斯外包污水连接工程的设计和施工,缩短了办理许可申请时间。

各经济体采取的具体措施如下:(1)信息获取透明化。在申请信息获取阶段，各经济体采用新条例以及将其透明化处理，可以使得"办理建筑许可"更容易。（2）手续申请简单化。在手续申请阶段，各经济体通过建设电子平台、简化办理手续、提供"一站式"服务来简化"办理建筑许可"申请程序，其中中国、摩尔多瓦对于低风险项目简化了要求。以上两个措施的改革，对世界银行《营商环境报告》评估中二级指标——"程序"形成正向影响。（3）缩短办理时间。在"办理建筑许可"耗费时间方面，各经济体通过缩短办理时间，以及前述简化手续申请手段，使得企业"办理建筑许可"更加迅速，对世界银行《营商环境报告》评估中二级指标——"时间"形成正向影响。（4）降低办理费用。在"办理建筑许可"所需费用方面，各经济体通过降低所需费用，来降低企业"办理建筑许可"的成本，普遍采取直接降费、间接转移企业承担成本两种方式，对世界银行《营商环境报告》评估中二级指标——"费用"形成正向影响。（5）质量控制规范化。在事后质量控制阶段，各经济体对建筑师和工程师实行严格的资质要求，并规范施工期间的检查，对世界银行《营商环境报告》评估中二级指标——"建筑质量控制指数"形成正向影响。除此之外，墨西哥、阿根廷等10个经济体也通过增加办理费用、新增申请程序，减少申请信息透明度来使"办理建筑许可"更加困难。

二 对广州的启示

（一）流程优化：减环节、压时间

"办理建筑许可"的流程优化的前提是企业知晓办理相关事宜，包括不限于需提交材料、办理时间、办理费用、办理途径、结果查询等。为使建筑企业充分了解办理手续，消除企业不必要的间接成本（如寻求中介机构代办等），可采取线上和线下相结合的宣传方式，提高建筑技术信息透明度，从而进一步在办理手续、时间、费用上来进行流程优化，具体措施如下。

一是采用集中受理模式。办理建筑许可的过程往往涉及多个部门机构，涵盖了多个审批环节，以及需提交资料众多。在近年来的营商环境改革中，北京、上海两地先后引进了"一站式"服务来应对需办理建筑许可的建筑公司，即由建筑公司提交办理建筑许可的相关资料到政府部门统一的网上受理窗口，资料流转由各审批部门内部完成，真正实现"一次申报、一口受理、一网通办、一次发证"。

二是缩减不必要环节，压缩时间。办理建筑许可的手续和时间是世行指标评价体系的关键性指标，得分权重占比50%，同时也是企业办理建筑许可中需耗费的经济成本和时间成本。缩减环节包括两类，一是对最终"办理建筑许可"结果不形成关键性作用的审批环节，二是不能有效推进"办理建筑许可"流程流转的审批环节。

三是环节融合，压缩时间。办理建筑许可的"多手续，多部门"特性，决定了一个部门多环节流转的情形，积极探索部门内部多环节打包一体化操作制度，进行环节融合，减少总手续个数，达到进一步压缩总办理时间的目的。

（二）缩短时间：压缩审批天数，探索手续"由串改并"审批模式

从审批时间上来看，"办理建筑许可"的手续过多必定会增加审批时间，那么在上文中提出审批手续"瘦身"的前提下，针对必要的、不可压缩且前后衔接关系不大的环节，建议进行"由串改并"审批模式的探索，即将前后衔接关系不相关联的审批环节由原来的串联改为并联（同时进行），能够在环节简化的基础上，真正实现"办理建筑许可"所需花费的时间上的最优化。

按照手续是否归属于同一部门，分为单部门多环节并联以

及多部门环节并联,在实际新模式探索改革中,不同部门"由串改并"模式的探索一般会更加普遍。2019 年 4 月,上海市青浦区审批服务中心开展工程建筑审批专区,拥有区发改委、区建管委等十多个部门的 12 名工作人员,承诺"企业办理当天,即可发放施工许可证和竣工备案证"。

(三)压缩成本:消除隐性代理成本,探索主要成本降低可能性

上述提及的成本不仅仅指世行《营商环境报告》中对费用的定义,还包括企业端承担的除法定费用的代理成本,这种代理成本产生于在实际操作中建筑企业寻求代理机构来代办"办理建筑许可"。因此,压缩成本主要可从以下两方面进行。

一是消除隐性代理成本等间接成本。从代理成本产生原因入手,主要是对审批手续不清晰,或是知晓审批手续,但基于时间成本考量,需要借助代理机构进行申请,提升建筑技术信息透明度,采用集中受理,来消除建筑企业对于时间成本的顾虑。

二是探索主要成本(直接成本)降低可能性。"办理建筑许可"的各环节收费标准取决于相关建筑文件规定,为真正实现为建筑企业减负,可采取以下两种方式:(1)直接减负。转移企业端承担的费用到政府购买服务。(2)间接减负。规范化管理"办理建筑许可"涉及的相关细分行业,实现收费标准化、服务标准化。

(四)加强建筑质量控制,落实建筑责任制

根据世行《营商环境报告》中关于建筑质量控制方面要求,参照先进经济体建筑质量控制经验,结合广州实际情况,可从施工图审查程序入手,原因有二:一是施工图审查程序是办理建筑许可环节的重要前置条件,广州办理时长为 10 个自然日,

占比总耗时10.6%；二是施工图审查程序有利于明确建筑工程质量责任主体。

新加坡与广州类似，审图机构均为政府主管部门下设机构，但新加坡审图程序（见图3-1）中，资质人员[①]在设计审查申请中居于核心位置，须同时对建筑公司、政府以及认可审核工程师负责，以上机制能够有效保障工程设计质量，明确了设计审查的责任主体。同时，保障以上审查制度模式的运行也依赖于资质人员的专业认证，即世行《营商环境报告》中建筑质量控制指标下设三级指标——专业认证指标。

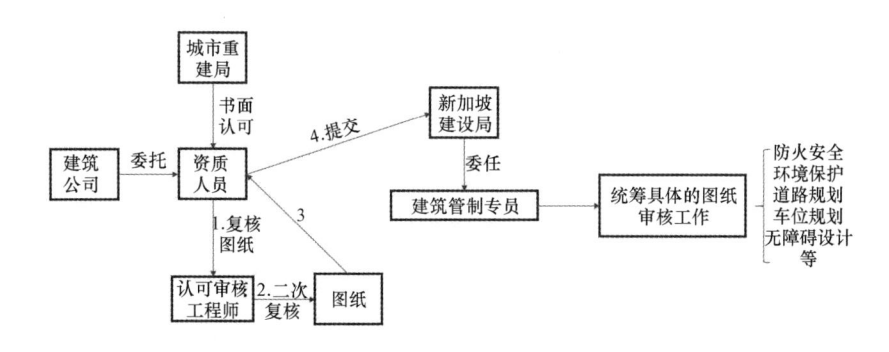

图3-1 新加坡施工图审查制度模式

（五）平衡指标得分，最优化综合得分

办理建筑许可由四个指标进行衡量，其中手续个数、时间天数和费用三个指标存在高度相关性和一致性，而手续个数与建筑质量控制存在一定的冲突性，在缩减办理流程环节时要充分平衡流程个数和质量控制两大环节的得分情况，以四大环节得分最高为最终目标，兼顾手续个数、时间天数、费用和建筑质量控制四个二级指标得分。

---

① 资质人员是已经在新加坡注册为建筑师或专业工程师的人员（如注册结构工程师、注册造价工程师等），是新加坡设计审查制度的被审查主体。

第五节　提升广州"办理建筑许可"环节的得分值的政策建议

针对广州市社会投资简易低风险工程建设项目而言，从政策规划上看，广州"办理建筑许可"指标已经达到了全球最优水平。课题组认为，当前广州最重要的任务不再是继续加大力度优化"办理建筑许可"指标，而应该将工作重点放在推动"1+26"政策体系顺利落地，以及获得世行团队的认可。

一　推动政策实施效率，提升政策落实稳定性

一是发挥市住建局推动优化广州市"办理建筑许可"的作用，督促各相关部门把这些好政策尽快制定细则，丰富和完善"1+26"政策体系，并将其尽快落实到地。

二是进一步督促广州各区"办理建筑许可"工作协调机制发挥作用，能够结合各区实际情况，为全市"办理建筑许可"制定和完善提供实践参考，推动广州市层面的政策体系能够落地见效。

三是加强对案例企业"办理建筑许可"全流程调研分析，及时发现企业在各环节遇到的问题，并对造成问题的原因进行深入分析，通过对现有政策进行调整，提升政策落地效率。

二　线上线下培训相结合，加大政策宣传推广力度

一是定期开展线上线下全覆盖宣传培训工作。培训主要对象为市住建系统专业技术和服务人员、各类管理人员、建筑企业相关业务人员、相关行业协会从业人员以及相关第三方中介服务机构等，并将改革政策融入专业技术人员继续教育必修内容，逐步形成定期的常态化培训。不仅要重视政策需求方的培

训，更要重视市住建系统专业技术和服务人员的培训，尤其是对一线窗口服务人员的专业培训，良好的服务意识和专业的技术水平是宣传最直接、最高效的途径。

二是充分利用以现代通信手段，扩大政策体系传播覆盖面。尝试推动与广州中国移动、广州中国联通、广州中国电信以及163邮箱、网易邮箱等通信企业类合作，借助它们的通信平台，通过短信和公开邮件形式不定期将最新政策信息向社会推送。

三是利用先进科技服务平台，提升新政策传播效率。由市住建局牵头探索与百度、网易、今日头条等主流媒体网站合作，依靠主流网站大数据挖掘技术，准确定位对"办理建筑许可"有信息需求的用户，并不定时将最新政策信息推送过去。

四是成立对外宣传小组，整理政策创新及成功案例信息文章，并将文章发表在广州日报、知名智库的微信公众号，甚至知名网红等流量较大的宣传平台上，向外部传播最新消息。

三 扩大政策覆盖范围，提升政策经济效应

探索低风险项目改革从2500平方米向5000平方米甚至10000平方米审慎推进。当前，政策对简易低风险项目附加条件相对较多，导致政策对广州市企业"办理建筑许可"的推动作用相对有限，课题组建议相关部门应当在政策效果较好且较为政策落地效率相对稳定时，进一步放开政策实施对象的限制，扩大政策的覆盖范围。

考虑到该政策出台时间较短，尚不能确定政策实施的效果，保障政策落地的稳定性，且政策扩面之后可能会面临多加审批手续和时间、政府财政承担企业费用转移压力激增以及项目监管风险增加等问题。课题组建议现阶段应进一步增加案例项目数量，加强政策实施效果考察，在实践中发现问题、解决问题，进一步完善政策体系，不断提升政策实施效率和稳定性。

四 加强与世行沟通联系，增加成功项目案例数量

一是建议相关部门在充分了解世行关于"办理建筑许可"营商环境评估的目的、基础、内容等信息基础上，以当地建筑企业和相关从业人员的"办理建筑许可"实操反馈为基本资料，有针对性地、有条理地向世行团队全面展示广州"办理建筑许可"指标的手续、时间、成本以及质量控制具体表现，以及改革创新情况，以便让他们准确了解广州真实情况。

二是充分利用现场答辩环节以及协助世界银行专家评判组的实地调研机会介绍营商环境建设实际情况，对他们提出的疑问提供翔实的证据资料，并进行详细、准确的反馈。在现场答辩环节，应充分利用展示案例、播放视频、系统演示等多种形式的汇报展示，并就可能存在的疑问环节准备翔实的证据材料。在安排世行团队实地走访调研之前，加大广州营商环境建设宣传力度，让本地企业和中介机构的相关人员充分了解情况，以便世行团队能够获取真实数据。

三是推进企业案例落地，加强案例素材宣传。真实案例是向社会和世行证明广州营商环境的最直接材料，也是检验政策改革创新效率的最有效方法。早在2020年3月，广州市首个社会投资简易低风险项目报建已经在番禺区落地，从企业"办理建筑许可"表现上看，企业申报后仅用时3个工作日就取得了工程规划许可证和施工许可证。考虑到个别成功案例并不具有代表性，因此应进一步增加案例数量，并持续跟踪案例项目进展情况，不断优化和提升政策实施效率和稳定性。

第四章 获得电力

第一节 世行《营商环境报告》获得电力指标与方法理解

对"获得电力"(Getting Electricity)而言,企业都有追求便捷性、经济性和可靠性三个核心诉求,这些诉求反映了企业获得电力获得感的不同侧面。便捷性指企业希望在接通电力时方便和快捷;经济性指企业希望在接通电力时成本低,包括后续使用电力时低成本和明明白白消费电力;可靠性指企业希望接通电力后能够持续稳定地获得电力供给。世界银行(以下简称"世行")获得电力的四个二级指标:手续、时间、成本、供电可靠性和电费透明度直接影响企业在便捷性、经济性和可靠性三个方面的获得感。

一 获得电力指标构成

"获得电力"是世行《营商环境报告》衡量一个企业获得永久性电力接入的营商环境绩效指标。分为手续、时间、成本以及供电的可靠性和电费透明度四个二级指标。

(一)手续

获得电力手续指标反映接入电力所需的环节总数。企业员工或其主要电气技师或电气工程师(即可能已经完成内部布线的人员)与公共电力配送公司、供电公司、政府机构、电力承包商等外部各方之间的任何互动,即为手续,每互动一次,即为一个手续(环节)。

(二)时间

接入电力所需时间以完成一项手续所需时间的中间值计算。该时间是电力公共事业公司和专家指出的在实践中需要的时间,而不是法律规定的完成手续的时间。这是从企业角度来看待接入电力所耗费的时间,而不是政府承诺的电力接入所需的时间。

(三)成本

完成仓库接通电力手续的所有相关成本和费用之和,包括在政府机构办理审批手续、申请电力连接、接受现场和内部布线检查、采购材料、实施实际接线作业以及缴纳保证金,但不含增值税。

(四)供电可靠性和电费透明度

停电持续时间和频率等反映供电的可靠性,电费透明度从另一个侧面反映供电企业提供电力服务时的诚信程度,具体见表4-1。

表4-1 供电可靠性和电费透明度指标分解

二级指标	三级指标	测量标准
供电可靠性和电费透明度	供电可靠性	停电持续时间和频率 停电检测工具 恢复供电工具 监管部门对供电部门表现的监督 限制停电的处罚
	电费透明度	电费透明度和可查性

二 对世行评价方法论的理解

世行为了使190个经济体取得的数据具有可比性，必须保障样本的一致性，对此，世行对获得电力的市场主体进行了严格案例研究假设，接电对象为用于存放货物的新建仓库，共有地上两层，总面积约为1300平方米，占地929平方米。世行对仓库的电力连接也进行了严格假设，必须是永久性连接线路，必须是三相、四线Y形连接等。

世行之所以在案例假设中选择仓库，且是普通的没有制冷等特殊设备的仓库作为案例对象，主要基于普通中小型仓库是190个经济体，包括世界上最不发达农业国都可以找到的获得电力指标的企业样本；如果选择加工业为样本，就可能在有些经济体找不到代表性案例样本；仓库用电需求相对简单，接电等复杂程度也较低。

未来，广州作为世行营商环境案例城市之一，要在世行评估中取得好成绩，一方面，要严格按照世行评估方法对标国际最优标准，查找差距，提出对应措施；另一方面，要超越世行指标的局限性，以营造世界一流电力营商环境为目标，不断提升广州企业电力营商环境的获得感。

第二节 广州推出获得电力营商环境新政

对标世行最佳获得电力绩效指标，2018年以来，广州市工业和信息化局与广州供电局有限公司政企密切合作，推出一系列提升获得电力指标绩效的政策举措（见表4-2）。

表 4-2　2019—2020 年广州出台的优化电力营商环境的主要政策文件

年份	文件名称	发文日期	发文部门	核心要点
2019	《关于实行低压小微企业"三零"服务及承诺办电时限的公告》	11月14日	广州供电局有限公司	1. 零上门、零审批和零投资"三零"服务 2. 无外线工程、有外线无行政审批工程和有外线有行政审批工程分别 3 天、8 天和 13 天完成接电
2020	《广州市持续深化获得电力改革实施方案》（穗工信函〔2020〕1号）	1月27日	广州市工业和信息化局	1. 聚焦服务流程，丰富办电服务模式 2. 着力推进"四减一优"（减流程、减成本、减材料、减时间、优服务）
2020	《广州市进一步优化社会投资简易低风险项目电力接入营商环境实施办法（试行）》	1月27日	广州市工业和信息化局	1. 社会投资简易低风险工程建设项目供电企业主动服务，不需要提出申请 2. 企业零申请、零上门、零审批和零投资"四零"获得电力接入服务
2020	《广州市进一步优化电力接入营商环境实施办法》（穗工信函〔2020〕9号）	2月26日	广州市工业和信息化局	1. 低压非居民用户申请电力接入，供电局一口受理、办理手续 2 项 2. 不涉及外线施工用时 3 日，涉及外线施工不超过 8 日 3. 电力接入零成本，政府行政零审批

资料来源：根据广州工业和信息化局官网（http://gxj.gz.gov.cn/zt/dlys）公开政策文本整理，2020 年 4 月 6 日。

从 2018 年以来，广州对标国内外在"获得电力"指标上最高最好最优标准，致力于打造全国最优的电力营商环境。从表 4-2 的政策颁布的时间线看，可以明显看到如下三个趋势。

一是审批逐步归零。广州电力新政有一条主线，就是从提高审批效率到实行并行审批，再到减少审批，最后实现一部分办电过程的零审批。

二是接入电力的时间越来越短。2019 年在《关于实行低压小微企业"三零"服务及承诺办电时限的公告》中将无外线、有外线和有外线有行政审批三种情况办电时间分别定为 3 天、8 天和 13 天，在 2020 年出台的《广州市进一步优化电力接入营商环境实施办法》中，承诺将不涉及外线施工的电力接入时间统一为 3 天，将有外线施工的统一为 9 天，将有外线有行政审批的外线接入时间统一为 13 天。很显然，这是将 2019 年只针对小微企业的电力接入时间标准推广到所有企业。

三是接入电力的成本越来越低。2019 年提出的政策目标是降低成本，2020 年提出的目标是零成本。从政策追求的目标看，广州"获得电力"已经达到了国际最优指标水平。

第三节　广州获得电力营商环境新政的成效

随着广州市电力新政推进，广州在世行"获得电力"四项二级指标方面都取得了较好成绩（见表 4-3），更进一步分析，广州在"获得电力"指标上取得了六大成效。

表 4-3　广州"获得电力"指标与北京、上海及世界最优水平比较

城　市	获得电力手续（个）	获得电力时间（天）	获得电力成本[占当地人均收入比（%）]	供电可靠性和电费透明度指数（0—8）
世界最优水平[①]	2	7	0	8
北京	2	32	0	7
上海	2	32	0	7
广州	2	13[②]	0	7

注：广州获得电力时间13天非世行认定的天数。北京、上海获得电力时间32天为世行认定天数，这两个城市自评的天数为5—8天，远低于世行认定天数。

资料来源：世界最优水平、北京、上海数据来源于世界银行《2020年营商环境报告》；广州数据来源于普华永道思略特2020年3月发布的《广州市对标世界银行营商环境试评价报告》。

一　简化环节，实现接电零上门、两环节

低压电（220伏/380伏）非居民客户办理环节，只需申请签约和施工接电2个环节。推行网上全流程办理，电力合同在线网上签约、预约上门服务、让办电企业足不出户即可办电。办电只需两个环节与北京、上海一致，已达到全球最优水平。

二　减免审批，压缩接电时间

在全面推广电力外线工程5个工作日审批办结的基础上，推出了简易低风险项目电力外地工程"零审批"，大大压缩了接电时间。在无外线工程情况下3天通电；有外线工程情况下8天通电。在无外线工程情况下只需3天，优于DB2020版国际最优的7天；在有外线工程情况下，通电时间为8天，仅比国际

---

① 根据《世界银行营商环境报告（2020）》，获得电力手续指标世界最优水平为中国等28个经济体，获得电力时间指标世界最优水平是阿联酋，获得电力成本指标世界最优水平为中国等3个经济体，供电可靠性和电费透明度指数世界最优水平为阿联酋等26个经济体。

② 广州获得电力时间中的13天，取的是有外线施工工程和行政审批情况下的数据。无外线工程的接入时间为3天，有外线工程施工无行政审批的接入时间为8天。

最优的 7 天多 1 天。

三 减免接电费用，实现接电零成本

广州对标国际先进和国内最优，持续完善"三零"供电服务品牌。承诺企业接电零投资，凡是接入红线的外线工程免费。

四 建立赏罚机制，保障供电高可靠性

2020 年 2 月 27 日，广州市工业和信息化局与广东电网有限责任公司广州供电局签订了《关于供电可靠性管制计划的协议》，明确规定在年度用户平均停电时间（英文写 SAIDI）在 1 小时 < SAIDI ≤ 1.2 小时、1.2 小时 < SAIDI ≤ 1.5 小时，SAIDI > 1.5 小时三种情况下，广州供电局需分别赔偿广州工信局指标不达标金额 10 万元、50 万元、100 万元。

在年度用户平均停电时间 0.8 小时 < SAIDI < 1 小时、0.5 小时 < SAIDI ≤ 0.8 小时、SAIDI ≤ 0.5 小时三种情况下，广州工信局分别奖励广州供电局指标达标金额 10 万元、50 万元、100 万元。协议确立了通过财务遏制机制限制停电时间的制度。奖罚机制的建立，有利于进一步巩固广州已经非常出色的供电可靠性成果。2019 年全市城区年平均停电时间小于 0.6 小时，达到世界一流水平。

五 公开电价信息，提升了电价透明度

2019 年，广州市发出了《关于优化电价政策发布机制的通知》（发改办价格〔2019〕487 号）、《关于进一步做好电价政策发布有关事项的通知》（粤发改价格函〔2020〕31 号）。这些文件规定，提前一个月向社会公告电价调整信息。

六　节省投资和电费,实实在在降低了企业成本

低压电计量表、表箱及电源侧线路全部由电网企业投资、用户接电"零投资"。自2017年以来,降低社会用电成本61.94亿元,通过市场化交易降低用户支出共31.82亿元。[①]

以上六大成效让广州企业在获得电力时的便捷性、经济性和可靠性得到了很大提升。

第四节　广州获得电力新政的短板

分析广州市出台的优化获得电力营商环境新政策可以看出,获得电力新政策设计的目标已经达到全国最优和国际领先水平,但要使广州出台的全国最优国际领先的获得电力政策落地到位,需要突破四个短板。

一　电力规划与城市发展规划衔接不够导致电力工程滞后

城市发展对电力需求的不断增长是总趋势。及时接入电力是任何一个企业启动发展的必要条件。电力无法接通,企业其他一切活动都无从谈起,因此,获得电力在企业发展中具有"一夫当关万夫莫开"的阀门地位。

调研发现,在广州一些区域,由于国民经济和社会发展规划、城市总体规划和土地利用规划三规合一结合尚不紧密,特别是城市非重点区块的发展定位不明确,致使供电企业对这些区域的电力需求不明确,导致电力外线建设工程无法提前展开。另外,广州每年启动许多重点建设项目,有的项目建成投产后电力需求量巨大,原有供电线路负荷无法满足需要,如果不提

---

① 2017年以来广州地区降低社会用电成本的数据由广东电网广州供电局提供。

前进行电力外线建设，就会导致企业需要电力时无法及时接入，影响项目按时投产。世行标准假定外网已经建设到了企业的门口，在这种情况下，通过简化申请程序，就可以在极短时间内接通电力。但电力规划滞后，电力外网没有准备就绪，则会导致企业电力接通的时间延迟。

二 外线工程建设导致接入时间承诺无法完全兑现

广州市在低压非居民电力接入上的政策目标是无外线施工情况下 3 天完成接入，有外线施工情况下 8 天完成接入，有外线工程和有行政审批情况下，13 天完成接电。这些接电时间承诺都有一定的假设前提。但在现实操作过程中，无外线施工情况下，3 天接入的确定性比较大，而一旦有外线施工，受外界各种不确定性因素影响，在 8 天内实现电力接通的不确定性就会增加。叠加行政审批因素，就增加了实现电力接入目标的不确定性。

三 电力服务发展不平衡导致透明化指标受影响

广州作为超大城市，内部发展具有不平衡的特点，既有高度发达的中心城区，也有欠发达的周边区域。即使像海珠区和天河区这样的中心城区，也仍然存在一些发展相对滞后的城中村。调研发现，在城内欠发达区域，供电服务水平与发达的城区相比存在一定差距。例如，广州供电局致力于电力收费透明化，但在广州的一些城中村，尚未做到供电企业直接与村内的企业和居民的电力用户的"一户一表"用电计量系统建设，电力企业只依据村社的总表读数与村社进行结算，由村社对辖区内企业和居民进行电力"零售"。由于技术等方面因素，经常存在偷电和漏电等现象，导致村社总表与各户的电表读数总和存在差异，每年村社都要补贴大量电费。由于"一户一表"没有完全实现，导致一些终端电力用户电力费用的扭曲。

四 办电新政策宣传力度不够，可能导致失分

广州电力新政出台后，虽然进行了一些宣传，但毕竟时间短，导致还有一些办电企业并不知悉新政内容，这一方面会影响企业电力接入的效率；另一方面，在广州将来入选世行样本城市的评估中，新政取得的成绩可能不被世行采纳。

第五节 各地获得电力创新做法和改革亮点

近年来，中国各地在获得电力营商环境方面推出了许多创新做法，呈现一系列亮点。

一 优化办电服务

优化办电服务方面的改革亮点见表4-4。

表4-4　　　　　　　　优化办电服务改革亮点

提升办电便捷度	用户可通过互联网、手机App等渠道提出报装申请、签订合同、上传装表位置、实现网上预约、上门服务、移动作业、现场办结。
减少办电审批	简易低风险工程建设项目附属电力外线接入工程免除行政审批。其他项目电力外接工程将行政许可从串联前置审批改为并联同步操作。
降低办电成本	延伸投资界面到客户红线，表箱及以上工程由电力的公司投资建设，电力外线投资工程全免费。
双经理负责任	客户经理负责项目整体推进，项目经理负责外线工程，实现"受理业务、施工准备、工程实施、计划排定"责任到人。

二 低压小微企业用电报装"三零"服务

低压小微企业用电报装服务方面的改革亮点见表4-5。

表4-5　　低压小微企业用电报装服务方面改革亮点

零上门	实行线上用户报装服务，用户可以在线提出用电需求，签订电子合同，供电企业委派专人上门服务，用户无须往返营业厅，用电报装"一次都不用跑"。
零审批	供电企业精简办电资料，一次性收取所有材料，代替用户办理电力接入工程审批手续，地方政府有关部门优化审批服务，实现一窗受理，并行操作，限时办结。
零投资	供电企业延伸投资界面到客户红线，报装容量在160千瓦及以下通过低压方式接入，计量装置及以上工程由供电企业投资建设。

三　高压用户用电报装"三省"服务

高压用户用电报装方面的改革亮点见表4-6。

表4-6　　高压用户用电报装方面改革亮点

省力	推广互联网+线上办电服务，推动政企办电信息互联互通，供电企业直接获取用户办电证照所需信息，用户在提交用电申请、查询业务办理进程、评价服务质量、实现办电最多跑一次。
省时	地方政府有关部门简化电力接入工程审批程序、压减审批时限；供电企业实行业务办理限时制，加快业务办理速度，确保用户及时接电。
省钱	供电企业优化供电方案，实行就近就便接入电网，降低用户办电成本。

四　提升供电可靠性

提升供电可靠性方面的改革亮点见表4-7。

表4-7　　提升供电可靠性方面改革亮点

加强电网建设	将电网规划纳入城市总体规划、区域控制性详细规划等市政规划。将重大项目用电需求纳入电网建设规划，提前开展电网骨干网架建设，确保重大项目建设稳定供电。加强配电网基础建设，提升配网转供电能力和自动化水平。

续表

提升智能化水平	应用现代信息技术对电网进行灾前预测、灾害评估、故障诊断分析。应用机器人、无人机等智能设备，实现对供电设备的全时段巡视，及时发现和排除隐患问题。
推广不停电作业	推广不停电作业，减少用户"停电通知"。推出停电地图服务，对每一单故障提供类似物流包裹的实时查询服务。

五 加强与政府部门信息互联互通

加强与政府部门信息互联互通方面的改革亮点见表4-8。

表4-8　加强与政府部门信息互联互通方面改革亮点

系统互联互通	建立外线工程并联审批平台，打通供电业务系统与政务服务平台互联互通数据接口，实现规划、绿化、交通、占掘路灯评审环节并联审批。
数据贡献交换	加强政务数据共享交换应用，实现身份证、营业执照、不动产证、建设工程规划许可证等用电业务办理信息实时获取。
政企业务联办	在办理工程建设项目审批、企业开办、不动产权变更等企业过程中，提前获取客户用电需求，由政府直接推送至供电企业，实现业务联动。

中国各地获得电力营商环境新政的不断推出，为广州市进一步优化获得电力营商环境提供了有益借鉴。

第六节　进一步优化电力营商环境的行动建议

为了在190个经济体之间进行横向比较，世行获得电力指标舍去了一些重要而高级的电力营商环境服务内容，如电力企业对电力用户的增值服务等内容，只保留了获得电力的手续、时间、成本、供电可靠性和电费透明度四项最基本的二级指标。广州要营造中国最优、国际领先的电力营商环境，应对标世行四项最基本指标的全球最佳成绩，致力于提升企业获得电力的便捷性、经济性和可靠性。同时,还应针对广州电力新政落地存在的短板,在世行获得电力指标最佳成绩基础上,根据广州实际有所突破,在更广视野下优化电力营商环境。

一 强化电力建设规划,让电力工程走在企业需求前面

2020 年是"十四五"规划年,广州市级和 11 个区级都在紧锣密鼓研究和编制国民经济和社会发展"十四五"规划。在"十四五"规划过程中,应根据国民经济与社会发展各项建设计划,做好"十四五"时期的用电需求预测,根据用电需求预测,制定《广州市"十四五"电力发展规划》,广州 11 个区也应该与电力供应部门合作制定各区的《"十四五"电力发展规划》,做到提前谋划,适度超前推进电力基础设施建设,让电力企业提前将外网建设到企业可能需要接入的最近地方,为企业随时接入电力做好准备。

二 完善常态化政企沟通协调机制,让电力更好支撑经济发展

目前,在广州市级层面,广州市工业和信息化局(政府部门)与广州供电局(企业)已经建立了良好政企沟通协调机制,2018 年以来出台的电力新政就是政企密切合作的结果。但在操作层面,基层政府和供电企业之间的沟通协调机制不完善。由于区级政府,特别是街镇一级基层政府直接对接各种企业建设项目,对企业电力需求具有最直接的了解,因此,建议镇街政府应与供电企业建立常态化的沟通协调机制,定期召开对接会议,让供电企业了解镇街经济发展计划,特别是了解产业园区和重点企业建设的电力需求,尽早开展电力网络建设,以期在企业需要接电时,能够快速完成电力的接通。

三 配合城市更新计划，消除电力服务不平衡现象

广州作为超大城市存在发展不平衡问题，在电力服务领域也存在不平衡问题。与发达的中心城区和新社区相比，一些周边区和城中村的电力服务水平有待提升。近年来，广州各区均在大力推进城中村改造，原有城中村经济正在迅速转变为城区经济，在这个过程中，新企业不断创立或迁入，电力接入和后续服务需求不断增长。建议广州供电局在城市更新项目层面主动对接地方政府，特别是区政府和街道办，协调城市更新项目计划和电力工程建设计划，按照成熟城区的标准，提前建设和配置好电力基础设施，逐步消除电力服务不平衡现象，实现全市各区电力服务水平的普遍提升。

四 创建"我要办电"端口，提高人性化办电服务水平

新冠肺炎疫情对广州的生产和生活产生了许多不利影响，但同时也加速了各种基于互联网的各类新产业和新业态的发展。广州市、区两级政府在疫情期间不断推出许多"不见面"的办事方式。在企业办电方面广州市已经推出了移动 App，还在有关文件中公示了网上申报地址、现场申报地址，公布了广州市和各区政务服务中心受理窗口地址、服务时间等信息。但这些信息都比较繁杂，增加了办电者的信息搜寻成本。建议借鉴"饿了么""坐车网"等商业网站的做法，建立统一的"我要办电"互联网端口。只要企业输入"我要办电"四个字，就可以自动进入相关受理页面，提高企业办电的便捷化程度。

五 利用5G与大数据技术，提供更广泛的电力增值服务

对企业而言，便捷和零成本接入电力仅仅是开始。由于企业在运行过程中持续使用电力，如何让企业在稳定使用电力的

同时，能够经济地使用电力，降低电力使用成本是所有客户持续的需求。

智慧电网是世界电力发展的大趋势。智慧电网不仅可以提高电网的数字化运营管理水平，而且有利于通过对用户电力使用过程监控和大数据分析，对企业电力能耗的状况进行深度分析，从而为企业更经济地使用电力提供解决方案。这不仅可为企业创造实实在在的经济效益，也是为广州的绿色发展做贡献。

六 协同发挥媒体矩阵力量，擦亮广州电力营商环境品牌

政府电力主管部门和供电企业，应该综合使用各种媒体手段，大力使用App、网站、微博、短视频、地铁广告、产业园区广告等各种媒体手段，加大对企业办电新政策新流程的宣传和解读，让企业更方便地了解广州电力新政。建议采取动漫和短视频等当下人们喜闻乐见的形式，对电力新政进行推广，将广州"三零"（接电零上门、接电零审批、接电零投资）电力服务品牌擦得更亮。

第五章　登记财产

近年来，广州大力优化营商环境，"登记财产"服务提升取得显著成绩，已实现"在一个窗口、交一套材料、与一人互动、当场办结"。按照世界银行营商环境报告指标体系计分标准，根据课题组模拟评测，广州"登记财产"指标分数达 91.5 分，模拟测算成绩排名位列世界第 6 名。但到目前为止，广州未经历过世界银行营商环境专题组的正式考察评估，"登记财产"指标要真正获得高分值仍面临问卷调查目标人群对"登记财产"存在认知偏差，职能部门间信息共享度不足等困难和挑战。因此，广州应通过强化对世行问卷调查目标人群的宣传和与世界银行的沟通，提高各相关职能部门间信息共享度和优化线上服务质量等多种途径继续深入优化"登记财产"服务品质，以更充足的筹备工作迎接世界银行营商环境专题组的考察，为中国营商环境品牌提升贡献鲜活的广州力量。

第一节　世界银行登记财产指标的评分标准

"登记财产"是世界银行对世界各地营商环境评价的重要指标之一，主要用于衡量企业从二级市场购买土地、房产等不动产所需的流程、时间及办理费用，并从信息透明度、土地争议解决指数等角度评估土地管理质量。评价涉及的财产登记程序、时间和费用包括与不动产交易、税务、登记等政府部门之间的各项事务以及法务、公证等中介服务机构的尽职调查等事项。

一　世界银行对"登记财产"标的财产的主要假设

为便于量化评估和对比排序，世界银行对企业间交易的不动产标的进行了统一设定，即进行了一系列的假设限定。

（1）财产价值是人均收入的50倍，等于其销售价格。

（2）财产完全为卖方所有。

（3）财产之上未设定抵押权，最近10年内一直属于同一个所有者；

（4）财产在土地登记机关或地籍簿或两者都有登记注册，而且所有权没有争议。

（5）财产位于市区边缘的商业区，没有重新选区的要求。

（6）财产由土地和建筑物构成。土地占地面积557.4平方米（6000平方英尺）。总面积929平方米（10000平方英尺）的2层仓库坐落在这块土地上。仓库建成已有10年，处于良好状态，没有供热系统，并符合所有的安全标准、建筑规范和其他法律要求。该财产（包括土地和附着于建筑物的财产）将全部完整转让。

（7）财产购买完成以后将不需要改建或扩建。

（8）没有树木、自然水源、自然保护区或者历史纪念物等需要特别考量的财产。

（9）财产将不被用于特殊目的；没有特殊许可的要求，比如用于居住、工业厂房、废物储存或者某些农业活动。

（10）没有被占用（无论是合法还是非法占用），没有其他方在其中拥有法定权益。

二 "登记财产"评估指标的主要构成

世界银行《营商环境报告》"登记财产"指标下的二级指标共有四个,分别是"程序""时间""成本""土地管理质量指数",按照其属性,可以划分为如下两部分。

一是评估买方企业从卖方企业购置不动产所需的程序(计量方式:个)、时间(计量方式:自然日)及成本(计量方式:交易费用占交易财产价值的百分比)。

二是评估"土地管理质量指数",该指数由基础设施可靠性指数、信息透明度指数、地理覆盖指数、土地争议解决指数、平等获得财产权指数等5个部分组成,旨在衡量被评估地区的登记财产规章制度对登记信息保存、公开及产权争议解决等方面的控制力度。

手续及时间是指买方或者卖方与完成登记所需的外部人员(政府机构、检查人员、公证人员和律师等)互动的流程及每个流程花费的时间,企业内部之间的互动不考虑在内。成本主要是指法律要求的在财产登记环节花费的各项税目(此项专指印花税、契税)及费用(见表5-1)。

表5-1　　　　　　　"登记财产"评估指标构成

二级指标	定义	三级指标	计量方式
程序	买卖双方及其代理人与外部当事人之间的任何互动	—	个数
时间	财产律师、公证人员或者登记官员指出的完成一个程序所需要的时间的中值	—	天数(自然日)

续表

二级指标	定义	三级指标	计量方式
成本	官方费用（包括各种费用、转让税、印花税和任何其他交给财产登记部门、公证人员、公共机构或律师的费用）	—	花费成本占交易财产价值的百分比
土地管理质量	各个经济体的土地行政管理的优劣	基础设施可靠性指数	0—8 分
		信息透明度指数	0—6 分
		地理覆盖指数	0—8 分
		土地争议解决指数	0—8 分
		平等获得财产权指数	-2—0 分

第二节　广州指标测算及和京沪等地区的对比

一　程序、时间及成本指标情况

一是关于程序和时间问题。广州对"登记财产"环节中的程序和时间要求进行了大幅度的优化，取得了显著成绩。2020年1月10日，广州市规划和自然资源局、国家税务总局广州市税务局印发了《关于落实企业间不动产转移登记"一个环节"办结有关事项的通知》，提出企业间不动产转移登记，全部纳入企业专窗服务范围，享受全流程绿色通道服务，并明确企业申请不动产登记受理、核缴登记费和税费、领取不动产权证书等全流程"在一个窗口、交一套材料、与一人互动、当场办结"。广州市企业申请不动产登记和缴纳税费可以当场领证，即企业持自行签订的买卖合同等全部申请资料在各不动产登记大厅企业服务专窗对一个人提交，办理人员即时核征相关税费后将案件核准登记，并在专窗当场发放不动产权证书。广州市企业间存量非住宅不动产转移登记服务只需要一个程序，办理时间压缩到仅需1小时，按照世行标准，不满一天按照一天计算，则为一个程序，一天时间。在程序和时间两项指标上，广州已经达到世界一流水平。

二是成本问题。广州"登记财产"指标中的成本主要包括两项，即税费和登记费。按照世行假设案例情况预估，税费共计92274.68元，占交易财产价值的3.1%。其中的税费包括契税（由买方应支付，占财产价值的3%），印花税（买卖双方分别支付财产价值的0.05%，合计占财产价值的0.1%）；非住宅类不动产登记费为每件550元，每增加一本证书加收证书工本费10元，该项成本在不动产交易成本中占比很低，可近似忽略。在世行《营商环境报告》中，京沪登记财产成本中还有重要的一项，即律师费，按照世行假设案例情况预估，律师费为44649.04元，占交易财产价值的1.5%。广州市规划和自然资源局等相关部门深入优化"登记财产"环境，明确广州市不动产登记办理过程不需要聘请律师调查，由此为不动产交易企业省去律师调查环节，大幅降低了不动产交易成本。此外，广州2020年又进一步推出新的优惠政策，规定2020年3月4日至2020年12月31日，免收不动产登记费和证书工本费。

表5-2　广州2020年程序、时间、成本指标与前沿经济体比较

广州			全球最佳		
程序	时间	成本	程序	时间	成本
1个	1天	3.1%	1个（格鲁吉亚、挪威、葡萄牙）	1天（格鲁吉亚、卡塔尔）	0（沙特）

资料来源：全球最佳数据来源为《世行营商环境2020（英文版）》中的TABLE 6.1 "Which economies set the best regulatory performance?"，2020年3月21日。

二　土地管理系统质量指数

在土地管理系统质量指数上，根据课题组评估，广州仅有两个失分项，其他均为满分。两个失分项是"地理覆盖指数"中的两项指标，分别是"经济体中的一切私人所有土地是否登记在不动产登记册中"和"是否对经济体中的所有私人持有的地块都进行了测绘"。这两项指标中的"经济体"指中国（不含港澳台地区）全境，即中国（不含港澳台地区）全境的土地是否登记在册和进行了测绘。对于土地是否登记在册问题，广州自1988年起就要求国有土地使用者、集体土地所有者，以及集体土地建设用地使用者，均向土地所在地的县级政府土地管理部门提出土地申报登记，经审核后才能发放土地证书；对于土地测绘问题，广州2009年完成第二次土地调查，自2010年起，不间断更新地籍数据库，2017年完成全市农村权籍调查，实现全市土地测绘全覆盖。2018年开展第三次国土调查，完成对全市土地利用现状及变化情况、土地权属及变化情况进行调查。简言之，广州在"土地管理系统质量指数"中的两个失分项均为国家事权范畴，而非广州自身原因导致（见表5-3）。

表5-3　　　　　广州土地管理系统质量指数拟评分表

一级指标	二级指标	评价标准	分值设定	二级指标得分	一级指标得分
基础设施可靠性指数（0—8）	大部分的所有权或契约记录是用什么形式保存的	全数字化保存	2.0	2.0	8.0
		扫描登记保存	1.0		
		纸质形式登记保存	0.0		
	是否有电子数据库用于检查产权负担	有	1.0	1.0	
		无	0.0		
	大部分的土地分区地图是用什么形式保存的	大部分地图全数字化保存	2.0	2.0	
		大部分扫描登记保存	1.0		
		大部分纸质形式登记保存	0.0		
	是否存在用于记录界线、查询计划和提供地籍信息（地理信息系统）的电子数据库	有	1.0	1.0	
		无	0.0		
	不动产登记机构和地籍测绘机构记录的信息是否保存在不同但相互关联的数据库或单独的数据库中	保存在不同但相互关联的数据库或单独的数据库中	1.0	1.0	
		保存在不同且不相互关联的数据库中	0.0		
	不动产登记机构和地籍或测绘机构是否为房产使用相同的财产识别号	是	1.0	1.0	
		否	0.0		
信息透明度指数（0—6）	谁能获得关于土地所有权的信息	任何人都能获取土地所有权的信息	1	1.0	6.0
		信息获取受到限制	0		
	要完成财产交易都需要公开的文件清单吗？如果是的话，需要怎么做	有文件清单，在线完成	0.5	0.5	
		公众无法获取抑或只能当面获取该清单	0		

续表

一级指标	二级指标	评价标准	分值设定	二级指标得分	一级指标得分
信息透明度指数（0—6）	完成任何类型产权交易的费用表是否公开	费用表可以从网上或者公告栏中获取	0.5	0.5	6.0
		公众无法获取抑或只能当面获取该费用表	0		
	不动产登记机构是否承诺交付一份具有法律约束力的文件，在特定的时间框架内证明财产所有权？如果是，它如何告知服务标准	服务标准可以从网上或公告栏中获取	0.5	0.5	
		公众无法获取抑或只能当面获取服务标准	0		
	对于不动产登记出现的问题，是否有专门且独立的投诉机制	有可供人们提出投诉的特定且独立的机制	1	1.0	
		只有一般性机制或没有机制	0		
	是否有追踪不动产登记机构登记的交易数量的官方统计数据公开	有公开的官方统计数据	0.5	0.5	
		没有这类统计数据公开	0		
	谁能查阅地块图	任何人都能可以查阅	0.5	0.5	
		获取受到限制	0		
	获取地图的费用表是否公开	费用表可以从网上或公告栏免费获取	0.5	0.5	
		费用表不公开抑或只能当面获取	0		
	地籍或测绘机构是否承诺在特定的时间框架内交付更新后的地图？如果是，它如何告知服务标准	服务标准可以从网上或公告栏获取	0.5	0.5	
		服务标准不公开抑或只能当面获取	0		

续表

一级指标	二级指标	评价标准	分值设定	二级指标得分	一级指标得分
信息透明度指数（0—6）	对于地籍或测绘机构发生的问题，是否有专门的独立投诉机制	有可供人们提出投诉的特定且独立的机制	0.5	0.5	6.0
		只有一般机制或没有机制	0		
地理覆盖指数（0—8）	经济体［这里特指中国（不含港澳台地区）］中的一切私人所有土地是否登记在不动产登记册中	经济体中所有私人持有的地块都在土地登记机构进行了正式登记	2	0.0	4.0
		未登记	0		
	最大商业城市中每块私人所有土地是否登记在不动产登记册中	城市中所有私人持有的地块都在土地登记机构进行了正式登记	2	2.0	
		未登记	0		
	是否对经济体［中国（不含港澳台地区）］中的所有私人持有的地块都进行了测绘	经济体中所有私人持有的地块都进行了测绘	2	0.0	
		未测绘	0		
	是否对最大商业城市中所有私人持有的地块都进行了测绘	所有私人持有的地块都进行了测绘	2	0.0	
		未测绘	0		
土地争议解决指数（0—8）	法律是否要求所有产权交易在不动产登记部门进行登记以使其能对抗第三方的产权异议	是	1.5	1.5	8.0
		否	0		
	不动产登记制度是否有国家或私人担保	法律要求国家或私人对不动产登记提供担保	0.5	0.5	
		不要求	0		

续表

一级指标	二级指标	评价标准	分值设定	二级指标得分	一级指标得分
土地争议解决指数（0—8）	是否有特定的赔偿机制，以弥补因不动产登记处提供的错误资料，而给本着诚信原则进行房产交易的人士造成的损失	有	0.5	0.5	8.0
		无	0		
	法律是否要求对产权交易所需文件的法律效力加以核实	有	0.5	0.5	
		无	0		
	法律是否要求对产权交易各方进行身份核实	有	0.5	0.5	
		无	0		
	是否有国家数据库验证身份文件的准确性	有	1	1.0	
		无	0		
	假设两家本地公司发生土地争议，一审法院作出决定需要多长时间	不到一年	3	3.0	
		一年到两年	2		
		两年到三年	1		
		三年以上	0		
	关于一审土地纠纷的数目，是否有统计数字公开	是	0.5	0.5	
		否	0		
平等获得财产权指数	未婚男性和未婚女性是否平等拥有财产的所有权	两方不享有平等的所有权	−1	0.0	0.0
		两方平等享有所有权	0		
	已婚男性和已婚妇女是否平等拥有财产的所有权	两方不享有平等的所有权	−1	0.0	
		两方平等享有所有权	0		
合计					26.0

三 广州指标分数测算及与京沪和前沿经济体的对比

广州"登记财产"指标的分值测算采用世界银行《营商环境报告》的一贯计算方法：前沿距离法。

其测算公式为：

(测算经济体指标 – 最差表现经济体指标) / (最佳表现经济体指标 – 最差表现经济体指标)

最佳表现经济体指标代表了自2005年或该指标数据收集的第三年以来，所有经济体在该指标上的最佳表现。同理设定最差表现经济体指标。最佳表现经济体指标和最差表现经济体指标都是每五年设定一次，并在五年之内保持在该水平，而不考虑中间年份的数据变化[①]。本研究中采用的最佳表现经济体指标和最差表现经济体指标相关资料来源于《世行营商环境2020（英文版）》中的 TABLE 6.1 Which economies set the best regulatory performance。

表5–4 广州"登记财产"指标模拟评测及与京沪的对比

	中国		广州		上海		北京		世界	
	指标	得分	指标	得分	指标	得分	指标	得分	最佳	最差
程序	4	78.8	1	100	4	75	3	83.3	1	13
时间	9	96.2	1	100	9	96.2	9	96.2	1	210
成本	4.6	69.3	3.1	79.3	4.6	69.3	4.6	69.3	0	15
土地	24	79.8	26	86.7	23.5	78.3	24.5	81.7	30	0
总分	81	91.5	79.7	82.6	—	—				

表5–5 广州"登记财产"模拟评测分数的拟世界排名

国家或地区	排名	总分	程序（个）	时间（天）	成本（%）	土地管理系统质量（0—30）
卡塔尔	1	96.2	1	1	0.3%	26
新西兰	2	94.6	2	3.5	0.1%	26.5

---

① 正是因为这一点，可以解释表5–2和表5–5中部分数据之间的"冲突"。表5–2中"成本"的全球最佳只有沙特一个经济体，表5–5中则又增加了格鲁吉亚和斯洛伐克两个国家，这是因为DB2020数据中的"成本"的全球最佳表现在2020年前确定以沙特为样本，五年内不再进行最佳表现的数据更新。

续表

国家或地区	排名	总分	程序（个）	时间（天）	成本（%）	土地管理系统质量（0—30）
卢旺达	3	93.7	3	7	0.1%	28.5
立陶宛	4	93	3	3.5	0.8%	28.5
格鲁吉亚	5	92.9	1	1	0	21.5
广州	6	91.5	1	1	3.1%	26
爱沙尼亚	7	91	3	17.5	0.5%	27.5
吉尔吉斯斯坦	8	90.3	3	3.5	0.2%	24
斯洛伐克	9	90.2	3	16.5	0	25.5
瑞典	10	90.1	1	7	4.3%	27.5

注：广州数据为2020年模拟评测数据，其他地区为世行DB2020数据。

按照世界银行《营商环境报告》指标体系的计分标准，广州"登记财产"指标下的四个二级指标"程序""时间""成本""土地管理质量指数"得分分别为100分、100分、79.3分和86.7分，四个二级指标得分的平均分即广州"登记财产"指标模拟测算分数，为91.5分，该成绩高于京沪在世界银行DB2020中的分值（见表5-4），模拟世界排名达到全球第六位（见表5-5）。从表5-5中与其他前沿经济体的对比中可以发现，广州在"程序"和"时间"指标上已经取得优异成绩，"土地管理质量指数"达到较高水平，"成本"指标广州虽已为企业免除了律师费用[1]，但因不动产交易环节中的税费成本偏高，广州相对于世界一流水平还存在一定差距。

---

[1] 该项成本在世行为京沪确定的值中占企业办理"登记财产"环节花费总成本的32.5%。

第三节　广州继续深入优化登记财产指标存在的短板和不足

一　世行问卷调查目标人群对"登记财产"存在认知偏差

世行调查城市营商环境水平高度重视企业的实际获得感，而企业的获得感具有显著的主观性。为调查企业对广州市"登记财产"服务质量的主观感受情况，课题组制定了一份由30个问题构成，涵盖"登记财产"业务全流程的调查问卷，对广州市各类企业进行了问卷调查，回收有效问卷共计321份。

表5-6　部分企业对广州"登记财产"服务存在认知偏差

问题：您在办理"登记财产"业务的过程中需要办理哪些手续？（多选）

选项	选择该选项的企业数量	选择该选项的企业占比
（1）律师准备买卖协议，并对财产和当事人进行尽职调查	240	74.77%
（2）买卖双方向不动产登记处申请办理财产过户登记	291	90.65%
（3）买卖双方缴纳税费	256	79.75%
（4）在上交材料和缴纳各项税费后，等待获取新的产权证	250	77.88%
（5）其他	1	0.31%

问题：您认为以下哪个手续是"登记财产"过程中耗时最长的环节？（单选）

选项	选择该选项的企业数量	选择该选项的企业占比
（1）律师准备买卖协议，并对财产和当事人进行尽职调查	85	26.48%
（2）买卖双方向不动产登记处申请办理财产过户登记	89	27.73%
（3）买卖双方缴纳税费	25	7.79%
（4）在上交材料和缴纳各项税费后，等待获取新的产权证	121	37.69%
（5）其他	1	0.31%

资料来源：课题组专题问卷调查《广州登记财产（或称不动产登记）情况调查问卷》。

从对回收问卷进行的数据分析中可以发现一个值得高度关

注的问题：虽然政府各部门在广州市营商环境的优化及宣传中做了许多工作，但世行问卷调查目标人群对"登记财产"仍存在显著认知偏差。广州市在对企业的宣传教育方面做了大量的工作，相关政府部门和央广网、《羊城晚报》、《南方都市报》等多家新闻媒体合作，仅2020年上半年就累计发布不动产登记相关改革举措及成效等工作情况信息约550条，组织培训27场近8000人次，组织线上测评2轮1310人次，发放各类宣导资料约4万份，在各类媒体平台发布改革信息600余条。但从问卷调查反馈的情况看，宣传的实际效果还不够理想，如：广州市企业间非住房不动产"登记财产"环节无须律师介入，这为企业降低了时间成本和可观的律师费用成本，但在问卷调查中仍有75%的企业答卷人认为企业在广州办理"登记财产"需要律师准备买卖协议，并对财产和当事人进行尽职调查，有26%的企业甚至还认为律师服务环节是整个"登记财产"业务中耗时最长的程序。律师是世行问卷调查另一重要的目标人群。一般而言，律师是一个知识素养和专业水准较高的精英群体，并因此享有更高的可信赖度。但在实地调研中，课题组发现广州市律师群体对世行的问卷调查也同样存在认识偏差问题，其对广州"登记财产"指标的主观评价显著低于实际情况。

导致这些问题的主要原因如下。

第一，市场主体对"登记财产"指标的主观评判受到营商环境中其他程序服务水平的影响，如果营商环境中的其他一些环节的主观感受不佳，会直接影响市场主体对"登记财产"指标的评分。部分评卷人甚至是凭借多年前办理个人不动产业务时留下的模糊的主观感受进行评分，而这并不直接涉及世界银行调查的营商环境。这种情况下，答卷人给出的分数，实际上不仅限于对营商环境中部分指标的评价，而往往是对政府政务服务整体便利度的主观评判。

第二，导致广州市律师群体对世行营商环境指标认识产生偏差的主要原因包括，一方面，企业出于工作习惯和惯例基本都是选择自行办理相关业务，企业认为物业交易转让对企业事关重大，多是自己办理，极少委托律师和中介办理。另一方面，中国的商业实践和国外一般做法存在一个较大差别，企业的厂房等办公生产空间以租赁为多，购置物业比例较低，多数企业并无不动产登记的相关需求。因为这种种原因，在广州市极少有企业会通过委托律师或中介办理该业务，很少有律师实际办理过企业间"登记财产"业务，很多律师仅凭模糊的印象进行答卷，甚至是按照办理居民间住宅类不动产手续的情况进行答卷[①]。

第三，政策更新频率高。最近两年广州优化营商环境力度大，政策变化密集而频繁，广州市规划和自然资源局等主要相关部门2019年出台18项相关政策文件，2020年出台20份。政策更新频率高，一些最近更新的政策在出台后的短时间内，在相关领域办理业务的企业数量还不多。同时，企业也多没有时间精力随时跟进政策的新变化。多数企业在不办理相关业务的时候不会去关注相关内容。一些办理过相关业务的企业，对广州"登记财产"情况的印象仍停留在多年前的状态。

第四，国家发改委营商环境指标对职能部门也有考核压力，国家发改委制定的指标和世行指标对比，有其一定优势，如国家发改委指标更符合中国的实际情况，更有利于优化营商环境工作的具体落实。但是在各职能部门进行宣传时，对企业和社会群体而言，容易造成和世界银行营商环境指标的混淆。建议在对社会宣传工作中，更多强调世行指标，减轻企业认知成本

---

① 真正处理过企业间不动产交易的律师很少，一些接触过不动产相关业务的律师，仅是作为房地产开发企业的合作伙伴，做一些法律咨询和基层业务来往工作，即房地产开发企业在房产销售时，律师协助购房客户进行登记工作，办理的实际上还是私人业务。

和压力。

第五，部分概念存在一定认知难度，宣传难度大。如"居间服务费"和"政府收费"概念对市场主体造成的认知难度问题。"居间服务费"和"行政收费"是两个完全不同的概念。企业在寻找符合自身要求的目标不动产的过程中可能会运用了中介和律师服务，但该部分成本是居间服务费，而非行政收费。同时也不是为了办理"登记财产"而支付的成本，但是企业对此进行主观评判的时候容易出现混淆。因此，必须和世界银行营商环境调查组做好沟通，要世行更好了解到在国外通行的律师费在中国的实践中有一部分是居间服务费，而非行政收费，即居间服务费既不是政府部门收取的行政性收费，也不是办理登记财产过程中发生的律师委托代理费，这其中有本质性区别。在宣传中，这部分内容也需要进行明确。

二 部分办理流程仍存在优化空间

第一，分项收费问题。广州"登记财产"已经实现了"四个一"，即一个环节、一个窗口、一个工作人员、一个小时办结。企业可以在一个企业服务专窗进行登记和缴费，中途不需要跑动到其他窗口办理业务，但收费环节仍有优化空间，企业在缴费环节还不能通过一次刷卡完成全部缴费，如纳税环节必须在税务局的设备上进行刷卡缴税。

第二，页面跳转问题。广州市已经实现一网通办，但在网页上办理业务的过程中还会出现页面跳转的环节，如从不动产登记交易系统到税务或住建系统，在网页上仍需要进行跳转和登录。再如，在办理不动产交易的过程中，按照国家住房和城乡建设部要求，需要进行刷脸等身份验证，并有签名页必须进行确认等。

三 职能部门间信息共享度不足

各职能部门间的数据信息存在一定程度的"碎片化"和"数据孤岛"问题，部门间数据信息衔接还不够顺畅，如对不动产登记部门出具的部分电子印章，还存在少数机构的认可不及时、不充分问题，有企业仍被要求出具加盖公章的纸质版材料。导致部门间信息共享度不足问题的主要原因如下。

第一，信息共享的协议标准不统一。由于与数据共享相关的技术指标和安全协议不兼容，职能部门间数据传输障碍问题时有发生。各部门基于自身业务需要，已开发建设信息化系统和平台，这些系统和平台虽然满足了早期电子政务建设的需求，积累了大量信息资源，但由于各个系统和平台在设计开发之初的标准各不相同，使得数据库与信息平台之间的互联互通面临许多技术难题，形成"数据孤岛"。

第二，信息共享缺乏顶层设计和上位支持。部分信息资源事权是广东省事权乃至国家事权，仅凭广州市职能部门无法完成信息协同。如在深化推进一网通办工作中，跨部门协同中最难的一点是身份认证信息统一问题。现有版本中虽然已经将税务、住建、工商等重要部门聚集在一起，但不同部门之间还必须分别进行身份认证。

第三，各职能部门间信息共享的动力不足。一方面，因历史原因大量纸质版原始资料难以进行数据化处理；另一方面，数据共享机制的不健全，导致各部门无法清晰界定彼此在数据共享过程中的权利和责任；数据共享需要本部门投入更多的人员和经费，但相应工作成果难以体现在绩效考核体系中等。

四 上海世行评分低于其模拟评测成绩对广州的启示

世界银行对营商环境指标评测标准和规则的严格程度可能

会超过参评城市的预期，上海的经验可以为广州提供重要启示。2018年上海通过"只找一个窗口、办理时限缩短""网上申请办理、最多跑一次""信息互通共享、避免重复提交"等一系列改革举措对"登记财产"营商环境进行优化提升，程序由2017年的4个变为2018年的3个；时间由2017年的28天大幅压缩到5天；成本由2017年的3.6%降低为3.1%。上海市不动产登记局牵头对上海"登记财产"指标进行了模拟评测，但世界银行对上海2018年的考核评测分数却全面低于上海的自测值（见表5-7），其中世行认定的"程序"为4个，比上海自测值多1个；世行认定的"时间"为9天，接近上海自测值的2倍；世行认定的"成本"为4.6%，甚至不及2017年度的评测值（3.6%）。

表5-7　上海"登记财产"自测值和世行评分的对比

	程序	时间	成本	土地管理质量指数
世行值（DB2018）	4	28	3.6%	19
上海自测值（2018）	3	5	3.1%	24.5
世行值（DB2019）	4	9	4.6%	23.5

上海的经历，为广州纳入世界银行《营商环境报告》计分城市的准备工作提供了重要启示。导致上海这一落差的原因是多方面的，其中主要包括：一是政策的具体落实可能还不够细化；二是改革红利存在一定传导时滞；三是和世界银行的沟通还不够充分；四是对答卷者的宣传和教育不足等。

在广州，类似上述上海出现的问题，课题组在实地调研、问卷调查和研究分析过程中一定程度上也有发现。广州也面临和上海类似情况的压力和挑战，必须引起广州的高度重视。

第四节 优化和巩固广州"登记财产"指标的政策建议

一 强化对世界银行调查目标人群的宣传引导

首先，必须将对世界银行问卷调查目标人群的宣传和教育摆到更加重要的位置上，换位思考，从问卷调查答题者的角度重新审视优化宣传工作。由于2019年以来广州市的政策优化力度大，政策文件更新频率高，对宣传造成了一定的困难，但这些困难具有阶段性和暂时性，随着前期政策调整的逐步到位和营商环境较大幅改善，后续营商环境政策优化将进入精细化阶段，政策波动幅度会显著降低，这有利于更好地开展集中宣传工作。要突出宣传，持续引导，以服务对象和第三方机构为重点持续开展对各级各层各类人员的宣讲服务和对接发动。强化同广州市律师协会、广州市房地产评估专业人员协会、广州市房地产行业协会等专业协会的沟通联系，不仅要管理层和综合部门的领导同志了解广州市的新政策，更要确保将宣传工作覆盖到一线工作人员。对于宣传资料，要压缩文字性材料占比，提高简明扼要、层次分明的图表比例，做到可以让受众一目了然。为避免分散宣传和反复宣传造成受众疲劳和认识混淆问题，可以针对不同的协会或群体组织开展专场宣传，既要有电子宣传资料，也要保障纸质资料发送到每一位人员。

二 增进相互理解，强化与世界银行的沟通合作

高度重视和世界银行的联系沟通工作。力争协助世界银行通过调研和评测得出的得分真正反映广州"登记财产"工作的实际情况和水平。如协助世界银行了解广州的企业间不动产交易不需要律师环节，企业在该环节也并不存在律师费支出成本；

请世界银行专家注意到问卷调查目标人群容易混淆居间服务费和行政收费：一些企业在寻找符合自身要求的目标不动产的过程中可能会运用了中介和律师服务，但该部分成本是居间服务费，而非行政收费。企业该项支出不是为了办理登记财产而付出的成本，但企业对此进行主观评判的时候容易出现混淆误判。通过良好的沟通让世界银行了解到在国外通行的律师费在中国的实践中有一部分是居间服务费，而非行政收费。

三　提高各相关职能部门间信息共享度

广州应以优化营商环境改革为契机，从方便市场主体办事的角度出发，构建更加高效的政务信息共享机制。

第一，强化顶层设计，提高政务数据统筹层次。顶层设计的强力推动是保障优化营商环境改革能不断取得成效的关键因素之一。加强和省级层面的政务数据管理机构沟通，统筹各部门信息系统的重组优化、破解数据壁垒，从体制机制上打破跨部门信息共享的障碍。从更宏观的层次看，还需要积极争取同各部委乃至国家的更多支持。

第二，建立激励和监督问责机制，明确信息共享权责。建立政务信息共享的奖惩和监督机制。应尝试建立兼具激励和惩罚机制的考核体系，将信息采集归集的质量、跨部门政务信息的共享应用水平等纳入政府绩效考核体系，激发各部门进行信息共享的内生动力。此外，可以考虑建立终端服务评价机制，构建科学合理的评级指标体系，将企业和群众在政务申办过程中的真实体验作为检验政务信息共享应用水平的标尺，真正建立"以人民为中心"的工作机制。

第三，统一数据标准，破解信息共享的技术壁垒。统一数据标准和相关的技术协议，是破解"数据孤岛"问题的首要前提。制定的数据标准和技术协议，必须符合国家数据标准，避免不同职能部门之间的信息障碍，逐步解决由于历史原因遗留的各部门数据系统之间兼容性不高的问题，提高数据传输质量。

第四，保障企业和公民的信息安全。不能因对于数据共享的迫切需要而弱化对信息安全的制度建设。在政务数据的采集、流转和销毁的全过程实行安全管理，对因各部门工作失误而造成的企业和公民个人信息泄露进行相应的处置和问责，不仅要实现营商环境的便捷性，也要保障安全性。

四　优化和提升线上服务

广州"登记财产"业务的线上服务质量已具备良好基础，相关职能部门以最大权限为企业提供查验信息等线上服务，企业在办理不动产交易登记业务时甚至不需要带营业执照原件就能完成办理。但从当前的企业实际需求看，因其一直以来的交易习惯，企业更多倾向于选择线下的实体窗口办理"登记财产"业务。因此，在短期内政府部门的线上便利度还不能替代线下现场服务的便利度。但营商环境的系统化改革需要立足当下，着眼未来，必须看到线上办理业务已是大势所趋，企业办理流程的改革路线图将是从以"一窗受理、集成服务"的线下服务为主的模式逐步走向线上线下并重，再逐步发展到以线上服务为主、线下服务为辅的模式。特别是在新冠肺炎疫情防控常态化压力下，企业对线上办理业务的需求上升，办理流程线上化的趋势已更加凸显。广州要继续提升企业服务的积极性主动性，提高营商环境改革的前瞻性，做到提前谋划，及时部署。

第六章 获得信贷

世行营商环境评估中，中国获得信贷指标成绩多年连续下跌，暴露了较多问题，在债权人和债务人合法权利保护、深化信贷信息公开渠道和范围深度两大考核方面仍有较大的提升空间。广州要深入研究获得信贷指标，尊重并理解世行方法论，推动完善相关法律法规和政策体系，推动建立全国统一的动产登记系统，细说法理，以求突破。

第一节 世行获得信贷评估指标与具体方法剖析

根据对全球129个经济体关于私人信贷的调查结果[①]，世界银行从法律框架和根源出发，分析不同国家或地区的法律体系对债权人和债务人的保护程度，并探索各地信贷信息共享机制完善程度，包括机构在信息的覆盖面、范围及开放度的表现情况，以此对企业获得信贷便利度进行衡量。

世界银行《营商环境报告》通过四个二级指标来衡量获得

---

① 在设计"获得信贷"指标时，世行很大程度上参考了世界银行首席经济学家西梅昂·詹科夫教授等在《金融经济学杂志》上发表的文章《129个国家的私人信贷》，文章通过对全球129个国家的债权人权力和信息共享机制的调查，得出以下主要结论：一是法律对债权人权利完善的保护和信贷登记机构的存在一定程度上提高了私人信贷占GDP的比重；二是影响私人信贷因素，在发达国家，对债权人权利保护较为重要，而非发达国家则更加注重信贷登记。

信贷的便利度："合法权利力度指数"指标衡量担保交易中借方和贷方的合法权利，该指标描述的是担保法和破产法是否有效保护债权人和债务人权利，从而使贷款更加便利；信贷信息深度指数、信贷登记机构覆盖率、信用机构覆盖率三个指标衡量信贷信息覆盖程度，分别代表通过信贷登记机构和信用机构所提供的信贷信息的覆盖面、范围和开放程度（见表6-1）。

表6-1　　　　　　　　　获得信贷二级指标

二级指标	定义	计量方式
合法权利力度指数	衡量担保法和破产法对借方和贷方权利的保护，也就是为借贷提供更大程度的保障	12分（判断题）
信贷信息深度指数	衡量影响信贷信息覆盖面、范围和开放程度的规则和做法	8分（判断题）
信贷登记机构覆盖率	记录纳入公共信贷登记部门系统的人数及其近五年来的借款历史信息及信用被查询的记录	成年人口百分比
信用机构覆盖率	记录纳入私营信用机构的人数及其近五年来的借款记录及信用被查询的记录	成年人口百分比

一　合法权利力度指数

衡量"合法权利力度指数"数据是通过向金融律师问卷收集，并与第三方联系、查询公开资料，以及通过对受访者的几轮跟进沟通对问卷回答进行验证。所有经济体的问卷数据都通过远程会议或现场考察确认。合法权利力度指数对担保法和破产法中关于借贷双方的合法权利保护程度进行衡量。指数范围从0到12，得分越高，说明相关法律对借、贷双方的合法权利保护越完善，也越有利于活跃信贷市场，具体解析如下。

第一，经济体是否存在统一的担保交易法律体系，对功能

第六章　获得信贷

等同于动产担保的所有权受托转让、融资租赁、应收账款转让与保留所有权等信贷活动的权益创设、公示、执行等在相关法律框架中有完善的法律规定？

第二，法律是否允许企业在转让持有单一类别动产的不转移占有的担保权益如应收账款或仓单等，可以只对担保物进行一般描述，不需要进行具体描述？

第三，法律是否允许企业在转让持有所有动产的不转移占有的担保权益如应收账款或仓单等，可以只对担保物进行一般描述，不需要进行具体描述？

第四，担保权益是否局限于原始担保物，是否可以延伸到未来获得的资产，包括原始担保物通过加工、销售等经济活动产生的产成品、收益、替代品？

第五，担保协议和登记文件是否可以不需要对各项债务和付款义务进行详细描述，担保协议描述的各项债务和付款义务直接产生担保效力，同时担保协议可以对担保资产的担保额度设定最大上限？

第六，经济体是否拥有一个正常运营的法人与非法人主体皆可登记使用的动产抵押登记处或登记机构，登记的地理位置、资产类别相统一，并设置以担保债务人姓名和资产类别等为索引的电子资料库？

第七，市场主体是否通过抵押登记机构自助办理担保权利（包括与担保权利功能等同的权益）的登记和查询，登记机构不对登记内容进行实质审查和审批登记？

第八，抵押登记机构是否具有信息化和数字化功能，担保权人及其代表可以直接在线完成注册、修改、赊销、搜索等相关操作？

第九，当债务人进入破产程序时，担保债权人是否在缴纳税款和支付员工工资之前获得赔付？

第十，当债务人进入清算程序时，担保债权人是否在缴纳税款和支付员工工资之前获得赔付？

第十一，当债务人进入由法院监督的重组程序时，债务人资产按相关规定自动冻结或延期支付，法律规则是否规定了资产自动冻结的期限，以及担保债权人在特定依据下是否可以申请担保动产免予自动冻结或延期支付，以保护担保债权人？

第十二，法律是否允许债务人和债权人在担保协议中约定庭外行使担保权益。担保债权人是否可以通过公开拍卖或者私下交易的方式将担保物售出，或担保债权人直接自行保有担保物以实现其债权？

二 信贷信息深度指数

信贷信息深度指数主要衡量信贷活动相关信息的覆盖范围和开放程度，此类信息不论是由公共信贷登记机构还是由私营信用服务机构提供，经济体均可得分。信贷登记机构或信用服务机构（或两者一起）共有 8 个方面纳入评价范围。指数范围从 0 到 8，分值越高，说明市场上可以获得的信贷信息越多，不论这些信息是从信贷登记机构获得，还是从信用服务机构获得，均无不可，均有助于贷款决策。

第一，法人和非法人主体的信息都会发布。

第二，原贷款额，未偿贷款的数量和准时还款的情况等正面信息，拖欠还款与欠款发生的数量和欠款额等负面信息都会发布。

第三，金融机构、公共事业单位、市场交易主体等相关数据信息都会发布。

第四，发布至少 2 年的历史数据，发布超过 10 年的负面信贷信息或者欠款一旦还清信贷登记机构或信用服务机构就抹去相关信息的，该项得分为 0。

第五，即使低于人均收入1%的贷款额数据也会发布。

第六，债权人和债务人有权利取得他们在登记机构的数据。如果信用服务机构和信贷登记处要收取借款人1%以上的人均收入作为检查相关数据的费用，则该项得分为0。

第七，银行和非银金融机构通过网上平台、系统之间共享信息等方式可以在线访问借款人的信用信息。

第八，信用服务机构或信贷登记机构的信用分数，是一项增值服务，旨在帮助银行和其他金融机构评估借款人的信用。

信贷登记机构覆盖率衡量的是纳入公共信贷登记部门系统的人数及其近五年来的借款历史信息及信用被查询的记录。

信用服务机构覆盖率指数衡量的是信用服务机构在信贷业务中的覆盖面，也就是说，纳入私营信用服务机构的人数及其近五年来的借款记录及信用被查询的记录。

信贷信息深度指数、信贷登记机构覆盖率、信用机构覆盖率三个指标的数据是通过两个阶段建立起来的。首先，对银行业监管机构和公共信息来源地进行调查，以核实是否存在信贷登记机构或信用机构。其次，在可行的情况下，由公共或者私营信贷登记机构自己先对登记内容、流程、机制及它们的相关法律法规和规定进行梳理，之后世行再采用远程电话会议或者实地调查等方式，与调查对象进行多次后续沟通，同时也会联系第三方以及咨询公共信息源，对调查收到的情况进行验证。

三　前沿距离法

需要注意的是，获得信贷虽然衡量了4个方面内容，但最终分数根据合法权利力度指数（0—12分）和信贷信息深度指数（0—8分）两方面分数得出，其中合法权利力度指数得分越高，表示担保法、破产法等为获得信贷提供更大保障；信贷信息深度指数得分越高，表示可以从信贷登记机构或信用机构获取更多信用资料以保障科学、合理贷款决策。世行再通过前沿距离法①，将指标得分与表现最好和最差的经济体指标进行对比，得出"获得信贷"标准分与排名。例如，表现最好的经济体获得信贷得分为20分，而最差的经济体为0分，目标经济体指数得分为15分，则最终标准分为（0－15）／（0－20）＝75分。

第二节　京沪排名不进则退，连年突破未果原因分析

世行营商环境评估中，获得信贷是中国较不理想的一项指标，近五年来一直徘徊于第70名上下，而且近四年来呈现逐渐下滑的态势。从《2020年营商环境报告》的情况看，中国这一指标仅得分60分，北京与上海保持一致，排名下滑到第80名（见表6－2）。

表6－2　　　　DB2020② 获得信贷分项指标评估结果

项目	中国	北京	上海	备注
总得分	60	60	60	中国此项指标连续四年下跌，北京和上海的评估结果完全一致
合法权利力度指数（0—12）	4	4	4	
信贷信息深度指数（0—8）	8	8	8	
信贷登记机构覆盖率（占成年人百分比）	100	100	100	
信用机构覆盖率（占成年人百分比）	0	0	0	

---

① 前沿距离法是世界银行评价营商环境指标的算分方法，可用于环节和时间计算。其公式为DTF＝（w－d）／（w－f），DTF为前沿距离值，w为该指标的最差值数据，d为被评对象实际值，f为最优值（取决于自己选取的最优值数据，实际项目中选择排序第一的实际数据）。

② DB2020为Doing Business 2020（《2020年营商环境报告》）的缩写，本书后面部分都以DB来代替世行的营商环境报告。

得分指标合法权利力度指数中国得 4 分，北京和上海都只得到 4 分。中国丢失的 8 分有两个原因，第一，由于中国相关法律法规尚不完善，需要国家顶层设计来推动改革；第二，因为中国法律与世界银行的评估指标不相适应，动产担保立法例不同[①]，相关规定散见于物权法、担保法及有关司法解释之中，以及世行问卷与中国法律的语言风格存在差异，参与受访的专家未正确理解世行问题，导致对一部分问题产生理解偏差以致回答错误（见表 6-3）。

得分指标信贷信息深度指数中国得分为满分 8 分。信贷信息深度指数衡量影响信贷信息覆盖面、范围和开放程度的规则和做法。按照世行评估标准，只要信贷登记机构或者信用服务机构有一方能满足信贷信息深度指数提出的信息公开要求，即可得分。目前中国人民银行征信中心对于信贷信息深度指数的各项信息公开要求均已实现，因此，北京和上海在信贷信息深度指数上获得了满分即 8 分。

参考指标信贷登记机构覆盖率为 100%，是因为中国公共信贷登记系统对成人已基本实现全覆盖。按照世行的定义，在中国公共信贷登记机构即为中国人民银行征信中心，该中心征信系统已建成全国统一的企业和个人信用信息基础数据库，并在金融机构信用风险管理中广泛应用。DB2019 报告显示，征信中心企业征信系统共收录企业和其他组织 2510 万户，个人征信系统共收录自然人 9.5 亿，占成年人口的 98.1%；在 DB2020 中"信贷登记机构覆盖率"进一步提升至 100%。

参考指标信用机构覆盖率为 0，是因为目前中国还没有私营信用机构。世行评估体系规定，如果私营信用机构不运转或覆

[①] 立法例，是指在立法过程中，参考各国颁布的法律中，对某个具体问题是如何规定的。我国目前现行民事法律都是单行法，《民法典》颁布在即，将改变各单行法出现法条重复和法律规定矛盾的现象。

盖不到5%的成年人人口（15周岁以上），那么则认定"信用机构覆盖率"为0，而中国第一家私营信用机构2020年4月才刚刚备案①。

表6-3　　DB2020合法权利力度指数分项指标京沪评估结果

编号	合法权利力度指数（0—12）	4分
①	经济体是否存在统一的担保交易法律体系，对功能等同于动产担保的所有权受托转让、融资租赁、应收账款转让与保留所有权等信贷活动的权益创设、公示、执行等在相关法律框架中有完善的法律规定？	否
②	法律是否允许企业在转让持有单一类别动产的不转移占有的担保权益如应收账款或仓单等，可以只对担保物进行一般描述，不需要进行具体描述？	否
③	法律是否允许企业在转让持有所有动产的不转移占有的担保权益如应收账款或仓单等，可以只对担保物进行一般描述，不需要进行具体描述？	是
④	担保权益是否局限于原始担保物，是否可以延伸到未来获得的资产，包括原始担保物通过加工、销售等经济活动产生的产成品、收益、替代品？	否
⑤	担保协议和登记文件是否不需要对各项债务和付款义务进行详细描述，担保协议描述的各项债务和付款义务直接产生担保效力，同时担保协议可以对担保资产的担保额度设定上限？	是
⑥	经济体是否拥有一个正常运营的法人与非法人主体皆可登记使用的动产抵押登记处或登记机构，登记的地理位置、资产类别相统一，并设置以担保债务人姓名和资产类别等为索引的电子资料库？	否
⑦	市场主体是否通过抵押登记机构自助办理担保权利（包括与担保权利功能等同的权益）的登记和查询，登记机构不对登记内容进行实质审查和审批登记？	否
⑧	抵押登记机构是否具有信息化和数字化功能，担保权人及其代表可以直接在线完成注册、修改、赊销、搜索等相关操作？	否
⑨	当债务人进入破产程序时，担保债权人是否在缴纳税款和支付员工工资之前获得赔付？	是

---

① 2020年4月1日，中国人民银行深圳市中心支行发布公告，对百行征信有限公司企业征信机构备案进行公示，这是中国第一家，也是目前唯一一家获得个人征信业务经营许可的市场化公司。

续表

编号	合法权利力度指数（0—12）	4分
⑩	当债务人进入清算程序时，担保债权人是否在缴纳税款和支付员工工资之前获得赔付？	是
⑪	当债务人进入由法院监督的重组程序时，债务人资产按相关规定自动冻结或延期支付，法律规则是否规定了资产自动冻结的期限，以及担保债权人在特定依据下是否可以申请担保动产免予自动冻结或延期支付，以保护担保债权人？	否
⑫	法律是否允许债务人和债权人在担保协议中约定庭外行使担保权益。担保债权人是否可以通过公开拍卖或者私下交易的方式将担保物售出，或担保债权人直接自行保有担保物以实现其债权？	否

第三节　广州提高获得信贷指标得分的举措

广州获得信贷指标评估面临的问题与京沪一致，涉及全国人大常委会立法、修法以及国家市场监管总局、中国人民银行建立统一的动产担保登记系统等相关事项，因此应该根据DB2020北京、上海的得失分情况来分析广州应该采取的措施。特别是广州应根据北京、上海在合法权利力度指数失分情况，细致研判评估指标，找出失分原因，与世行评估组加强沟通。通过沟通，细说法理，表6-3中第一、二、四项评估项应能得分；第十一项和第十二项虽然存在法律体系和国情差异，但保护债权人权利宗旨一样，在充分与世行协商后，有希望能得分；第六、七、八项目前确实不能满足世行评估基本要求，不能得分。通过努力作为，广州在合法权利力度指数指标应可获得7—9分，具体见表6-4。

表6-4　　合法权利力度指数分项指标广州可能得分情况

编号	合法权利力度指数（0—12）	7—9分
①	经济体是否存在统一的担保交易法律体系，对功能等同于动产担保的所有权受托转让、融资租赁、应收账款转让与保留所有权等信贷活动的权益创设、公示、执行等在相关法律框架中有完善的法律规定？	是
②	法律是否允许企业在转让持有单一类别动产的不转移占有的担保权益如应收账款或仓单等，可以只对担保物进行一般描述，不需要进行具体描述？	是
③	法律是否允许企业在转让持有所有动产的不转移占有的担保权益如应收账款或仓单等，可以只对担保物进行一般描述，不需要进行具体描述？	是
④	担保权益是否局限于原始担保物，是否可以延伸到未来获得的资产，包括原始担保物通过加工、销售等经济活动产生的产成品、收益、替代品？	是
⑤	担保协议和登记文件是否不需要对各项债务和付款义务进行详细描述，担保协议描述的各项债务和付款义务直接产生担保效力，同时担保协议可以对担保资产的担保额度设定上限？	是
⑥	经济体是否拥有一个正常运营的法人与非法人主体皆可登记使用的动产抵押登记处或登记机构，登记的地理位置、资产类别相统一，并设置以担保债务人姓名和资产类别等为索引的电子资料库？	否
⑦	市场主体是否通过抵押登记机构自助办理担保权利（包括与担保权利功能等同的权益）的登记和查询，登记机构不对登记内容进行实质审查和审批登记？	否
⑧	抵押登记机构是否具有信息化和数字化功能，担保权人及其代表可以直接在线完成注册、修改、赊销、搜索等相关操作？	否
⑨	当债务人进入破产程序时，担保债权人是否在缴纳税款和支付员工工资之前获得赔付？	是
⑩	当债务人进入清算程序时，担保债权人是否在缴纳税款和支付员工工资之前获得赔付？	是
⑪	当债务人进入由法院监督的重组程序时，债务人资产按相关规定自动冻结或延期支付，法律规则是否规定了资产自动冻结的期限，以及担保债权人在特定依据下是否可以申请担保动产免予自动冻结或延期支付，以保护担保债权人？	可能
⑫	法律是否允许债务人和债权人在担保协议中约定庭外行使担保权益。担保债权人是否可以通过公开拍卖或者私下交易的方式将担保物售出，或担保债权人直接自行保有担保物以实现其债权？	可能

一 细说法理，确保应能得分点得分

（一）评估项一

经济体是否存在统一的担保交易法律体系，对功能等同于动产担保的所有权受托转让、融资租赁、应收账款转让与保留所有权等信贷活动的权益创设、公示、执行等在相关法律框架中有完善的法律规定？

这项失分点又包括以下三个小问题。

1. 过去一年是否有关于担保交易和破产程序有哪些已更新和即将更新的规制性文件？

世界银行营商环境评估每一项指标的问卷，首要问题都是"改革更新"，考察的是受访经济体过去一年来相关规则的变迁。获得信贷问卷的第1部分即是关于担保交易和破产程序有哪些已更新和即将更新的规制性文件，对于已更新文件，需详细列明发布日期、生效日期、电子版本链接、规制性文件描述等内容以便查阅。

根据问卷原文内涵，世界银行认可的是法律法规（laws or regulations），部分受访者通过字面解释认为此处仅限于全国人大颁布的法律（laws）、国务院颁布的行政法规及受访地颁布的地方性法规（regulations）。事实上，此处的regulations应当做广义解释，是指具有拘束力的"规制性文件"，即指对担保交易具有反复适用性与普遍适用性的一切"规制性文件"。因此最高院司法解释、中国人民银行、银保监颁布的政府监管规章、市场监管总局等发布的关于担保交易和破产程序的管理办法，也应当包括在内。如果受访者遗漏了其中的部分内容，极有可能因援引法律渊源不完整而误答错答。

过去一年（2019年5月至2020年4月）中国出台了系列与获得信贷指标相关的规制性，主要有：2019年6月22日，国家发改委、最高院等13个部委联合印发《加快完善市场主体退出制度改革方案》[①]；2019年11月8日最高人民法院印发《全国法院民商事审判工作会议纪要》[②]；2019年11月29日，央行发布修订后的《应收账款质押登记办法》[③]。此外，《中华人民共和国民法典（草案）》即将颁布实施[④]。虽然其审议通过程序受新冠肺炎疫情影响而推迟，但其生效将为包括合同、物权等在内的民事权利的各个方面提供依据和保护，并对改善中国营商环境起到积极作用。

2. 是否存在调整让与担保的法律法规？如果有的话，指出法律法规的名称

许多受访者将"fiduciary transfer of title"理解为"信托财产权的转让"，在DB2018问卷中，有受访者对此问题的回应是"由于法律体系的不同，设立信托并非中国法下的担保方式"，因此直接给了否定性回答。最终使得我国在DB2018与DB2019中的回答均为"否"，未能得分[⑤]。

---

① 该方案在规范市场主体退出方式、健全清算注销制度、完善破产法律制度、完善特殊类型市场主体退出和特定领域退出制度、健全市场主体退出甄别和预警机制、完善市场主体退出关联权益保障机制、完善市场主体退出配套政策等方面对各地区、各部门提出要求，加快完善市场主体退出制度，促进市场主体优胜劣汰和资源优化配置。

② 《会议纪要》对于目前我国民商事审判中的绝大部分领域的前沿疑难争议进行解读，其中就有专门针对担保、破产问题的章节。例如，第71条正式明确了让与担保的概念和效力。

③ 本次主要修订内容包括：在附则中增加其他动产和权利担保交易登记的参照条款，满足市场主体自发开展动产担保交易登记的需求，加强对各类登记行为的正面引导；取消登记协议上传要求，提高登记效率；将初始登记期限、展期期限下调为最短1个月，使登记期限的选择更加灵活便利；增加融资各方法律纠纷责任义务条款，明确由登记方承担保证信息真实性的责任；以及修订或新增债权人与质权人名称、注销登记时限、撤销登记、解释权限等其他条款，使表述更加规范、明确。

④ 2019年12月28日上午，十三届全国人大常委会第十五次会议表决通过了全国人大常委会关于提请审议民法典草案的议案，决定将民法典草案提请2020年召开的十三届全国人大三次会议审议。

⑤ DB2020未公布得失分细节，但中国在"获得信贷"指标上连续四年评估得分一致，失分点相同，因此引用DB2018与DB2019具体失分情况分析，效果一致。

结合世行评估的方法论和规则综合分析，在中国"fiduciary transfer of title"应是指"让与担保"。而 2019 年 11 月 14 日，最高人民法院发布《全国法院民商事审判工作会议纪要》，首次在正式文件中明确了"让与担保"的概念，并对让与担保的效力问题进行了相应的说明①。

3. 融资租赁是否必须登记才能对第三方产生法律效力？如果是，请注明登记机构的名称

世界银行和联合国贸易法委员会大力推行现代动产担保制度，中国目前则尚未建立起统一的公示对抗效力规则，也未构建统一的登记机构和登记系统，但中国正构建相关机构，相关部门也已出台相关规定，可根据实际情况争取得分。

目前，中国人民银行征信中心下设的动产融资统一登记平台（在线登记机关）已可办理融资租赁登记。虽然在中国登记并非融资租赁合同的生效要件，但融资租赁登记会产生对抗效力。实践中，根据《中国人民银行关于使用融资租赁登记公示系统进行融资租赁交易查询的通知》〔银发（2014）93 号〕的有关规定，鼓励融资租赁公司在开展融资租赁业务时，在融资租赁登记公示系统办理融资租赁登记，公示融资租赁物权利状况，避免因融资租赁物占有与所有分离而导致租赁物权属冲突。此外，《最高人民法院关于审理融资租赁合同纠纷案件适用法律问题的解释》第九条规定，承租人未经出租人同意转让租赁物或者在租赁物上设立其他物权，第三人依据《物权法》第一百零六条的规定取得租赁物的所有权或者其他物权，如果第三人

---

① 让与担保，即债务人或者第三人与债权人订立合同，约定将财产形式上转让至债权人名下，债务人到期清偿债务，债权人将该财产返还给债务人或第三人，债务人到期没有清偿债务，债权人可以对财产拍卖、变卖、折价偿还债权的，人民法院应当认定合同有效。合同如果约定债务人到期没有清偿债务，财产归债权人所有的，人民法院应当认定该部分约定无效，但不影响合同其他部分的效力。

与承租人交易时,未按照法律、行政法规、行业或者地区主管部门的规定在相应机构进行融资租赁交易查询的,出租人可以主张第三人物权利不成立。

结合1、2和3分析,通过梳理解释规制性文件,问卷第一项应能得分。

(二)评估项二

法律允许企业在转让持有单一类别动产的不转移占有的担保权益如应收账款或仓单等,可以只对担保物进行一般描述,不需要进行具体描述?

受访者援引中国《物权法》第210条[①]的规定,在DB2018与DB2019中回答为"否",导致失分。受访者误以为,《物权法》第210条关于质权合同条款的列举规定属于强制性规范,实际上它只是示范性规则,缺失其中的任一要素,并不会直接导致质权合同无效。而《物权法》第185条[②]规定,同样只是指引性而非强制性规范,其中若干要素的缺失,并不会直接导致抵押合同无效。按照《合同法》的相关规定,一项合同只要具备当事人名称、标的等构成合意基本要件的内容即可,缺乏"履行地点、方式、违约责任、解决争议的方法"等要素,并不会直接导致合同无效,相关内容还可以通过合同解释进行说明[③]。

中国相关法律法规的具体条款规定也可以佐证。《中华人民

---

① 《物权法》第210条规定,设立质权,当事人应当采取书面形式订立质权合同。质权合同一般包括下列条款:质押财产的名称、数量、质量、状况……

② 《物权法》第185条规定,设立抵押权,当事人应当采取书面形式订立抵押合同。抵押合同一般包括下列条款:……(三)抵押财产的名称、数量、质量、状况、所在地、所有权归属或者使用权归属。

③ 我国《合同法》第12条规定,合同的内容由当事人约定,一般包括以下条款:(一)当事人的名称或者姓名和住所;(二)标的;(三)数量;(四)质量;(五)价款或者报酬;(六)履行期限、地点和方式;(七)违约责任;(八)解决争议的方法。

共和国物权法》第 180 条规定，债务人可以仅给予担保债权人其有形动产作为非占有性担保权益，规定中列出了抵押担保品的范围，其中就生产设备、原材料、半成品和产品等动产。《物权法》第 181 条[①]规定可以浮动抵押，经营者可以将现有的以及将有的生产设备、原材料、半成品、产品抵押，这种抵押方式显然在合同签订时，是无法特定化抵押物的，更无法进行具体描述。《应收账款质押登记办法（2017 修订）》第 2 条规定，本办法所称应收账款，是指权利人因提供一定的货物、服务或设施而获得的要求义务人付款的权利以及依法享有的其他付款请求权，包括现有的和未来的金钱债权，其中"未来的债权"显然无法特定详细描述，在实践中也没办法一笔一笔地详细描述。此外，根据《应收账款质押登记办法》第 10 条规定，应收账款质押登记内容包括质权人和出质人的基本信息、应收账款的描述、登记期限，并没有对应收账款的描述作出限制性规定。在具体实践中，中国人民银行征信中心的动产融资登记系统支持对担保物进行概括性描述登记。

因此，问卷第二项通过向世行推演法规，应能得分。

(三) 评估项四

担保权益是否局限于原始担保物，是否可以延伸到未来获得的资产，包括原始担保物通过加工、销售等经济活动产生的产成品、收益、替代品？

有些受访者误认为此评估项首先要明确担保物存在哪些限制，于是援引《物权法》第 184 条的规定，认为学校、医院等公益事业单位、社会团体的教育设施、医疗卫生设施和其他社

[①]《物权法》第 181 条规定，经当事人书面协议，企业、个体工商户、农业生产经营者可以将现有的以及将有的生产设备、原材料、半成品、产品抵押，债务人不履行到期债务或者发生当事人约定的实现抵押权的情形，债权人有权就实现抵押权时的动产优先受偿。

会公益设施，不得设定抵押①。以此法律规范为依据答题，导致失分。

实际上，本题考查的是担保物的范围，即担保利益可以覆盖哪些资产，是否可以涵盖担保物从物、担保物替代物、担保物进一步加工之后的物等。中国对担保物的范围规定相对较宽泛。根据《最高院关于适用〈担保法〉若干问题的解释》〔法释（2000）44号〕第62条规定②，抵押物因附合、混合或者加工导致所有权变动的，不影响抵押权的效力。中国《物权法》第174条规定了担保物权物上代位性③，明确了担保权益可延伸至替代物，第213条④规定了质权人的孳息收取权。按照《物权法》第181条和第189条⑤规定，经营者可以将现有的以及将有的生产设备、原材料、半成品、产品抵押，抵押权及于担保物加工之后的物。

整合以上相关法律规定，应当足以支撑问卷第四项得分。

---

① 《物权法》第184条规定，下列财产不得抵押：（一）土地所有权；（二）耕地、宅基地、自留地、自留山等集体所有的土地使用权，但法律规定可以抵押的除外；（三）学校、幼儿园、医院等以公益为目的的事业单位、社会团体的教育设施、医疗卫生设施和其他社会公益设施；（四）所有权、使用权不明或者有争议的财产；（五）依法被查封、扣押、监管的财产；（六）法律、行政法规规定不得抵押的其他财产。

② 《最高院关于适用〈担保法〉若干问题的解释》（法释（2000）44号）第62条规定，抵押物因附合、混合或者加工使抵押物的所有权为第三人所有的，抵押权的效力及于补偿金；抵押物所有人为附合物、混合物或者加工物的所有人的，抵押权的效力及于附合物、混合物或者加工物；第三人与抵押物所有人为附合物、混合物或者加工物的共有人的，抵押权的效力及于抵押人对共有物享有的份额。

③ 《物权法》第174条规定，担保期间，担保财产毁损、灭失或者被征收等，担保物权人可以就获得的保险金、赔偿金或者补偿金等优先受偿。被担保债权的履行期未届满的，也可以提存该保险金、赔偿金或者补偿金等。

④ 《物权法》第213条规定，质权人有权收取质押财产的孳息，但合同另有约定的除外。前款规定的孳息应当先充抵收取孳息的费用。

⑤ 《物权法》第189条规定，企业、个体工商户、农业生产经营者以本法第一百八十一条规定的动产抵押的，应当向抵押人住所地的工商行政管理部门办理登记。抵押权自抵押合同生效时设立；未经登记，不得对抗善意第三人。依照本法第一百八十一条规定抵押的，不得对抗正常经营活动中已支付合理价款并取得抵押财产的买受人。

二 加强沟通，争取可能得分点得分

（一）评估项十一

当债务人进入由法院监督的重组程序时，债务人资产按相关规定自动冻结或延期支付，法律规则是否规定了资产自动冻结的期限，以及担保债权人在特定依据下是否可以申请担保动产免予自动冻结或延期支付，以保护担保债权人？

中国在 DB2018 与 DB2019 中均不得分，可以试着通过立法目的解释来争取得分。

《中华人民共和国企业破产法》第 75 条规定，在重整期间，对债务人的特定财产享有的担保权暂停行使，但是担保物有损坏或者价值明显减少的可能，足以危害担保权人权利的，担保权人可以向人民法院请求恢复行使担保权。重整程序限制担保权的行使，是在确保担保权人的基本利益不受损害的前提下推行的程序制度，通过限制担保权人行使权利为债务人提供更加便利地继续营业的财产基础。担保权行使的限制，仅具有程序上的效果，不影响担保权人对债务人财产中的特定财产所享有的实体民事权利或者利益。

因此，通过对相关法律立法目的的解释，问卷第十一项有希望得分。

（二）评估项十二

法律是否允许债务人和债权人在担保协议中约定庭外行使担保权益。担保债权人是否可以通过公开拍卖或者私下交易的方式将担保物售出，或担保债权人直接自行保有担保物以实现其债权？

这项失分点又包括如下两个小问题。

第一，法律是否允许债权人和债务人在设立担保权益时直接约定，当债务人违约，当事人可以在法庭外形式担保权益

（如债务人无法偿还债务，债权人是否可以直接占有担保物，或者通过拍卖、销售、交换等方式将担保物转换为金钱以抵偿债务）？

中国在 DB2018 与 DB2019 中均不得分。事实上，为提升法院工作和法庭审判效率，我国法律允许当事人在担保协议中约定庭外行使担保物权，但不能违反相关法律规定。因此，只要不构成流押或流质约定（即债权人直接获得抵押物或质押物所有权，此约定违反中国法律规定）[1]，庭外行使担保物权合法有效。

第二，在您的经济体中是否可能存在"流押约定"或"流质约定"？（债权人是否可在债务人违约后自动获得约定担保的资产？）债权人能否根据担保协议的约定直接获得担保物以抵偿全部或者部分债务？

中国在 DB2018 与 DB2019 中的回答均为"否"，没有得分。

中国多部法律明确禁止在担保协议中约定流质、流押条款[2]，即不得在担保协议中约定，债务人不履行到期债务时，债权人可以获得担保物。债权人需要通过法院拍卖、变卖担保物来实现担保物权，或者与债务人达成折价交易。在我国，禁止流质、流押条款主要是为了体现民法的公平、等价有偿原则，从而保护抵押人的利益。此外，抵押权是一种变价受偿权，抵

---

[1] 《物权法》第 186 条规定，抵押权人在债务履行期届满前，不得与抵押人约定债务人不履行到期债务时抵押财产归债权人所有。《物权法》第 211 条规定，质权人在债务履行期届满前，不得与出质人约定债务人不履行到期债务时质押财产归债权人所有。

[2] 《担保法》第 40 条规定，设立抵押权同时抵押权人和抵押人在合同中不得约定在债务履行期届满抵押权人未受清偿时，抵押物的所有权转移债权人所有。《最高法关于适用〈担保法〉若干问题的解释》第 57 条规定，当事人在抵押合同中约定，债务履行期届满抵押权人未受清偿时，抵押物的所有权转移为债权人所有的内容无效。该内容的无效不影响抵押合同其他部分内容的效力。债务履行期届满后抵押权人未受清偿时，抵押权人和抵押人可以协议以抵押物折价取得抵押物。但是，损害顺序在后的担保物权人和其他债权人利益的，人民法院可以适用《合同法》第 74 条、第 75 条的有关规定。

押财产未经折价或者变价，就预先约定抵押财产转移抵押权人所有，违背了抵押权的价值权属性。

对此，中国存在两项政策选择：一是维持现有规则，此项暂不得分；二是赋予当事人自由约定的权利，即可以在担保协议中约定，债务人不履行到期债务时，债权人可以获得担保物。但为了体现公平和等价原则，债权人须承担附加担保物清算义务，将债权人对担保物的行使权利限定在担保债务限额之内，以此保护债务人的正当权利。

从第一个问题可以得出，庭外行使担保物权合法有效的前提是不构成流押或流质约定，通过对第二个问题的分析，禁止流押或流质约定，符合我国国情。因此，问卷第十二项题目需世行充分了解并理解中国立法初衷，并判断是否符合世行基本方法论。在中国未修改相关法规之前，通过加强沟通，问卷第四项可能得分。

三 积极作为，推动完善暂时不能满足要求环节

世行评估中有几个评估项涉及登记机构的相关内容，主要是关于"经济体是否建立统一的登记机构和登记系统，以方便查询，降低信息收集成本"。

中国法律规定了部分动产的担保物权登记机构，但是登记机构并不统一，动产担保物权登记职责分散于不同的政府部门中。生产设备、原材料、半成品、产品的抵押权登记机关是市场监管部门[①]；船舶抵押权登记机关是交通运输部海事局[②]；民

---

① 《动产抵押登记办法》第二条规定，企业、个体工商户、农业生产经营者以《中华人民共和国物权法》第一百八十条第一款第四项、第一百八十一条规定的动产抵押的，应当向抵押人住所地的县级市场监督管理部门办理登记。抵押权自抵押合同生效时设立；未经登记，不得对抗善意第三人。

② 《船舶登记办法》第四条规定，交通运输部海事局负责全国船舶登记管理工作。各级海事管理机构依据职责具体开展辖区内的船舶登记工作，以下简称船舶登记机关。

用航空器抵押权登记机关是国务院民用航空主管部门[①]；机动车抵押权登记机关是公安机关交通管理部门[②]；应收账款质押权[③]和融资租赁[④]的登记机关是中国人民银行征信中心。

目前，北京、上海和广州正在建立当地统一的登记机构和登记系统。2019年4月30日，北京和上海均将市场监督管理部门动产抵押登记职能委托给中国人民银行征信中心代为履行，明确当事人在办理北京、上海地区的动产（航空器、船舶、知识产权、机动车等特例除外）担保业务时，可以在征信中心动产融资统一登记公示系统办理动产担保登记，并按照《中国人民银行征信中心动产融资统一登记公示系统操作规则》的规定，如实填写登记事项。自2020年4月28日起，广州市市场监管部门委托中国人民银行征信中心履行生产设备、原材料、半成品、产品等动产抵押登记职能。动产融资统一登记公示系统可对广州市绝大多数动产及权利担保进行登记，实现动产抵押登记"一站式"办理，有效保障信贷双方的合法权益，促进动产融资业务高速发展。

中国人民银行征信中心的动产融资统一登记公示系统作为北京、上海、广州的统一登记公示系统，对登记担保人和担保

[①] 《民航航空法》第十一条规定，民用航空器权利人应当就下列权利分别向国务院民用航空主管部门办理权利登记：……（四）民用航空器抵押权。

[②] 《道路交通安全法》第八条规定，国家对机动车实行登记制度。机动车经公安机关交通管理部门登记后，方可上道路行驶。第十二条规定，有下列情形之一的，应当办理相应的登记：……（三）机动车用作抵押的。

[③] 《应收账款质押登记办法》第四条规定，中国人民银行征信中心是应收账款质押的登记机构。征信中心建立基于互联网的登记公示系统，办理应收账款质押登记，并为社会公众提供查询服务。

[④] 《中国人民银行关于使用融资租赁登记公示系统进行融资租赁交易查询的通知》第一条规定，中国人民银行征信中心建立的融资租赁登记公示系统，通过互联网为全国范围内的机构提供租赁物权利登记公示与查询服务。各单位要充分认识利用融资租赁登记公示系统进行融资租赁交易登记与查询在明确金融资产权属状况、预防交易风险、保护交易安全方面的积极意义。

权人的身份没有任何限制，支持为法人和自然人主体提供所有动产担保的登记，且该登记系统覆盖全国（目前仅应收账款[①]），电子化运行，并允许以担保人的名称进行查询等；为市场主体提供统一、便捷、高效的动产抵押登记、变更、查询、注销等服务，有助于解决各项动产担保权益登记系统分散、登记规则不统一的问题。但世行评估的得分标准要求动产担保登记平台应该为全国统一平台，第六项评估项（⑥经济体是否拥有一个正常运营的法人与非法人主体皆可登记使用的动产抵押登记处或登记机构，登记的地理位置、资产类别相统一，并设置以担保债务人姓名和资产类别等为索引的电子资料库？）、第七项评估项［⑦市场主体是否通过抵押登记机构自助办理担保权利（包括与担保权利功能等同的权益）的登记和查询，登记机构不对登记内容进行实质审查和审批登记？］、第八项评估项（⑧抵押登记机构是否具有信息化和数字化功能，担保权人及其代表可以直接在线完成注册、修改、赊销、搜索等相关操作？）得分的前提皆为建立在全国统一动产担保登记平台基础上。因此，只有实现全国范围内的动产担保登记、查询、撤销等功能，这三项题目才能得分。

下一步，广州市可联合京、沪、渝相关部门，一同向中国人民银行总行、国家市场监管总局沟通汇报，争取加快建立全国统一的动产融资登记公示系统[②]。

[①] 动产融资统一登记系统最初是征信中心根据《物权法》第228条的授权建设的，为应收账款质押融资的当事人办理应收账款质押登记，并具有物权登记的法律效力。

[②] 在多方努力下，2020年12月29日，国务院发布《关于实施动产和权利担保统一登记的决定》，明确自2021年1月1日起，在全国范围内由中国人民银行征信中心动产融资统一登记公示系统实施动产和权利担保统一登记，此举将进一步提高动产和权利担保融资效率，促进金融更好地服务实体经济，同时，也有助于提升广州等城市在"获得信贷"指标的评估分数。

第四节 打造获得信贷新环境，助力提升广州经济发展质量

同时，广州应大力提升金融科技创新应用服务实体企业融资能力，落实纾解民营、小微企业融资困境政策支持，持续提升专业化服务科创企业能力，着力打造广州获得信贷新环境，为优化营商环境，推动广州经济高质量发展添砖加瓦。

一 金融科技创新应用满足企业融资需求

广州在金融科技方面具有较好的发展基础，据英国智库Z/Yen集团与中国（深圳）综合开发研究院联合编制的第27期全球金融中心指数报告（GFCI 27），广州金融科技总体水平排名全球第8，中国第4。广州在2018年出台了《广州市关于促进金融科技创新发展的实施意见》，明确提出加大对金融科技发展的扶持力度，成为中国首个实施金融科技发展战略的一线城市。广州在推进金融科技创新应用时，一方面，要把握金融科技发展方向，引导企业、金融机构根据自身技术储备、技术实力以及业务方向大力发展大数据、区块链、移动支付、人工智能等金融科技；引导金融科技应用，积极为各类金融机构创造条件，打造数据平台、云服务平台等，打造用户洞察、反欺诈、智能风控等模型，并形成支付业务、资产管理、交易服务、融资服务等线上重要产品线。另一方面，基于跨行业数据融合会催生出更多跨行业的应用以分析客户金融需求，借助机器学习、生物识别、自然语言处理等新一代人工智能技术，提升金融多媒体数据处理与理解能力，金融科技企业可以借此设计出更多基于场景的金融产品，更加准确地匹配企业和个人的金融服务需求，通过对消费金融、供应链金融等金融产品和服务改造升

级，促进金融服务与实体经济更紧密地融合发展，打造差异化、场景化、智能化的金融服务产品。

二 落实责任加强对小微企业信贷支持

国家及金融监管部门近期出台了系列支持小微企业的政策，广州也出台了系列举措。广州进一步落实对小微企业信贷的政策支持，必须加强与金融监管部门地方机构的沟通协调，从实处推动解决小微企业信贷困难。一是切实落实提高小微企业融资占比，落实对小微企业融资政策支持：增加信贷规模，灵活运用再贷款、再贴现等政策工具，落实普惠金融领域定向降准政策，增加对小微企业的信贷投放。二是切实降低信贷成本，进一步规范收费和信贷行为，保证总体收费水平控制在合理区间，取消和查处各类违规手续费，降低融资成本；压缩审批时间，针对同一类型小微企业客户实行信贷专业化分类、批量化营销、标准化审贷、差异化授权机制。三是加强互联网、大数据、云计算等信息技术运用，运用手机银行、网上银行、移动终端等开展线上信贷审批，进一步压缩信贷审批时间、减少申报材料，提高信贷审批效率。

三 提升专业化服务科创企业能力

鼓励银行在管理上和制度上全面创新，对科创企业的风险特征和发展特点有针对性识别、应对、控制、管理，推动金融机构基于科创企业成长周期前移金融服务，进一步完善投贷联动业务，积极开发"股权+债权"新模式，确定银行和股权投资资金方的分担补偿机制，带动科创企业投贷联动创新发展。充分发挥科技金融投贷联盟等联盟、平台作用，提升银行等金融机构专业化服务能力。一是优化项目筛查机制，利用联盟生态圈，扩宽自身获客渠道，捕获优质企业客户。比如银行可与联盟内风险投资基金、股权投资基金合作，互相推荐优质科创企业；通过对优质企业的产业链来对上下游潜在客户进行识别。二是提高对科创企业的风险承受度。提高对科创企业发展偏差的容忍度，比如通过尽职免责清单的方式，将因不可抗力等原因导致的信贷损失免责处理；适当延长信贷人员绩效的考核周期、根据不同行业的科创企业制定差异化的风险容忍政策。三是针对科创企业特点，降低银行贷款风险。比如通过担保公司适当扩大对银行贷款担保的覆盖面，提高银行潜在损失的保障比例。

第七章　保护中小投资者

按照国家关于做好世界银行全球营商环境评估工作部署及省市相关工作要求，广州正对标世界银行评估标准全面优化营商环境，积极打造全球企业投资首选地和最佳发展地。"保护中小投资者"（Protecting Minority Investors）是世行营商环境评估的十大指标之一，本研究对标对表世界银行"保护中小投资者"评估标准和规则，全面研判世行评估体系中的涉法问题，并根据世行测评体系和评估结果查找问题和不足，以评促改，以评促建，为全面优化营商环境提供工作建议和决策参考。

第一节　评估的方法论、具体指标体系和评估规则

世界银行《营商环境报告》（《Doing Business》）项目启动于 2002 年，首份报告发布于 2003 年，包括 5 项指标和 133 个经济体，到最新的《2020 年营商环境报告》（以下简称 DB2020）扩大到 11 项指标，囊括 190 个经济体。通过建立一套与企业经营相关的法律法规评价工具，持续对全球绝大多数经济体营商环境进行年度系统评价，从而鼓励各国提高监管效率，并为改革提供可比较的基准标准，世行指标已成为全世界范围内最具权威的营商环境评价机制。根据世行

的设计，企业全生命周期被划分为五个阶段：创业阶段、获得场地阶段、获得融资阶段、日常运营阶段以及问题阶段，共涉及 12 个指标，劳动力市场监管和政府采购指标不参与排名（如图 7 - 1 所示）。在《2021 年营商环境报告》将做部分调整，包括增加政府采购评价指标，调整最佳实践基准值，扩大评价城市范围。

开办企业 ➡ 获得运营条件 ➡ 财务 ➡ 处理日常经营业务 ➡ 在安全的环境中经营

开办企业　雇用员工　办理施工许可　获得电力　登记财产　获得信贷　保护少数投资者　纳税　跨国贸易　政府合同（下一年新增）　执行合同　办理破产

注：雇用员工和政府合同不计入营商环境评价排名。

图 7 - 1　企业全生命周期

评价指标侧重于微观企业运营，重视企业获得感，倾向法律法规高效、透明、可执行，形成的指标可量化、可比较。世行能够接受的是可普遍适用和可反复适用的规则体系，而不是各级领导讲话、政府临时管理措施等，因为后者往往因人而异，有可能朝令夕改，起不到长期稳定的改革效果。世行主要通过调研，收集各项指标所需的成本、手续和时间数据，并对企业运营适用的法律法规进行考察，经过赋分最后形成经济体排名。当然，世行营商环境评价方法也有一定的局限性：一是数据来源的局限性，多来源于法律法规和对政府官员、专业人士的访谈，对企业的调研还不够深入；二是评价指标的局限性，企业开办不只局限于上述五个方面，还包括税收优惠、产业政策、人才供给、基础设施、市场规模、社会稳定等方方面面；三是案例假设的局限性，其调查研究建立在严格的理论假设和案例设定上，并且把对受访者对调查项目有深入了解作为既定前提，这在很多情况下是不符合现实的。

保护中小投资者指标的方法论基础是发表于《金融经济学期刊》2008年第3期的《自我交易的法律经济学》，它构建了一个强化小股东保护以防范控股股东自我交易的指数体系。该论文认为，自我交易并不是自我违法，可以通过两种方式进行规制：一是强制私人采取善意行为，包括信息披露、交易审批程序，以及给予私人诉讼的便利。二是公权力执法，对自我交易行为人的不法行为通过罚款和判刑等进行惩处，提高违法的成本，从而遏制不法行为。通过"私人执法"与"公共执法"两大类变量衡量反自我交易的强度，"私人执法"又细分为"事前私人控制"与"事后私人控制"两类，每一类别又包括若干变量。

该指标拥有两个二级指标。（1）"纠纷调解指数"衡量利益冲突的调控能力，包括"披露指数""董事责任指数""股东诉讼便利度指数"等三个三级指标。（2）"股东治理指数"衡量股东在公司治理中的权利大小，包括"股东权利指数""所有权和管理控制指数"与"公司透明度指数"等三个三级指标。

第二节　保护中小投资者指标排名分析

近年来，党中央、国务院高度重视优化营商环境，以自由贸易试验区、自由贸易港建设为抓手推进对接国际高标准贸易投资规则，习近平总书记在多个重要场合庄严宣示中国改革不停步开放不止步的决心和信心，市场化、法治化、国际化的营商环境日臻完善。2018年以来，中国在世界银行营商环境排名中位次大幅上升，从2017年的第78位到2018年的第46位，进而上升到2019年的第31位（见图7-2）。中国在保护中小投资者分项指标排名中更是成绩斐然，2017年的排名仍在百名以外，2018年快速上升至第64位，2019年全球排名进一步提升36位至第28位，高于东亚及太平洋地区经济体平均排名第99位与经合组织高收入经济体平均排名第46位。

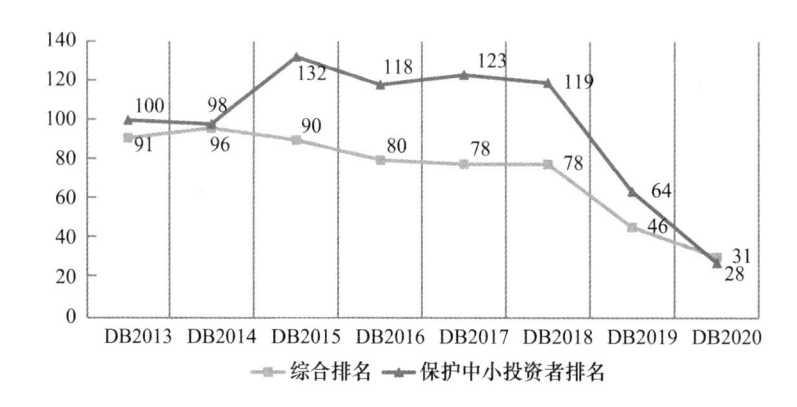

图7-2 中国营商环境全球排名（2012—2019年）

资料来源：历年世界银行《营商环境报告》。

从保护中小投资者指标总排名看，经济规模大的经济体并不占优势，全球经济20强经济体只有沙特阿拉伯（排名并列第3）、加拿大（并列第7）、英国（并列第7）、印度（第13）排名前20位，在前50位也只有11个全球经济20强（如表7-1所示）。从法系分布看，评分指标更偏向于英美法系的国家或地区，以排名前十位的11个经济体为例，其中有七个是采用英美法系的，除了近两年保持第一的肯尼亚，马来西亚、新西兰、新加坡、加拿大、中国香港、英国等六个经济体在最近五年的排名都稳定在前十名。

表 7-1 《2020年营商环境报告》保护中小投资者指标排名（前50位）

经济体	保护中小投资者排名	保护中小投资者前沿距离	中小投资者保护力度指数（0—50）	披露指数（0—10）	董事责任指数（0—10）	股东诉讼便利度指数（0—10）	股东权利指数（0—6）	所有权和管理控制指数（0—7）	公司透明度指数（0—7）
肯尼亚	1	92	46	10	10	9	6	6	5
马来西亚	2	88	44	10	9	8	5	6	6
新西兰	3	86	43	10	9	9	5	5	5
沙特阿拉伯	3	86	43	9	9	7	5	6	7
泰国	3	86	43	10	7	9	5	6	6
新加坡	3	86	43	10	9	9	5	5	5
加拿大	7	84	42	8	9	9	4	6	6
格鲁吉亚	7	84	42	9	8	9	5	5	6
哈萨克斯坦	7	84	42	9	6	8	6	6	7
中国香港	7	84	42	10	8	9	5	5	5
英国	7	84	42	10	7	9	5	5	6
北马其顿	12	82	41	10	9	5	5	6	6
印度	13	80	40	8	7	7	6	6	6
南非	13	80	40	8	8	8	5	6	5
爱尔兰	13	80	40	9	8	9	5	3	6
哥伦比亚	13	80	40	9	7	8	4	7	5
阿拉伯联合酋长国	13	80	40	10	10	4	4	7	5
斯洛文尼亚	18	78	39	5	9	8	6	6	5
毛里求斯	18	78	39	7	8	9	5	5	5
以色列	18	78	39	7	9	9	5	4	6
挪威	21	76	38	7	5	8	5	6	7
土耳其	21	76	38	9	5	6	6	6	6
中国台湾	21	76	38	9	5	7	4	6	7
塞浦路斯	21	76	38	9	4	7	6	5	7
保加利亚	25	74	37	10	2	8	6	4	7

续表

经济体	保护中小投资者排名	保护中小投资者前沿距离	中小投资者保护力度指数（0—50）	披露指数（0—10）	董事责任指数（0—10）	股东诉讼便利度指数（0—10）	股东权利指数（0—6）	所有权和管理控制指数（0—7）	公司透明度指数（0—7）
蒙古	25	74	37	6	8	8	2	6	7
韩国	25	74	37	8	6	8	4	5	6
巴基斯坦	28	72	36	6	7	6	5	7	5
冰岛	28	72	36	7	5	8	5	5	6
西班牙	28	72	36	7	6	6	6	5	6
丹麦	28	72	36	7	5	8	5	5	6
尼日利亚	28	72	36	7	7	7	4	5	6
斯里兰卡	28	72	36	8	5	7	5	6	5
瑞典	28	72	36	8	4	7	5	6	6
中国	28	72	36	10	4	5	5	6	6
美国	36	71.6	36	7	9	9	2	3	5
克罗地亚	37	70	35	5	6	6	6	7	5
奥地利	37	70	35	5	5	7	5	7	6
塞尔维亚	37	70	35	6	6	5	5	7	6
立陶宛	37	70	35	7	4	7	4	6	7
乌兹别克斯坦	37	70	35	8	3	7	4	7	6
希腊	37	70	35	9	4	5	5	6	6
摩洛哥	37	70	35	9	4	7	6	5	6
印度尼西亚	37	70	35	10	5	2	5	6	7
拉脱维亚	45	68	34	5	4	9	5	5	6
摩尔多瓦	45	68	34	7	4	8	5	4	6
法国	45	68	34	8	3	6	4	6	7
比利时	45	68	34	8	6	7	4	3	6
秘鲁	45	68	34	9	6	6	6	2	5
乌克兰	45	68	34	9	2	6	4	6	7

从具体分项指标看，披露指数满分（10分）的包括13个经济体：肯尼亚、马来西亚、新西兰、泰国、新加坡、中国香港特别行政区、英国、北马其顿、阿拉伯联合酋长国、保加利亚、中国、印度尼西亚、阿塞拜疆。董事责任指数满分（10分）的包括3个经济体：肯尼亚、阿拉伯联合酋长国、柬埔寨。股东诉讼便利指数满分（10分）的包括1个经济体：吉布提。股东权利指数满分（6分）的包括19个经济体：肯尼亚、哈萨克斯坦、英国、印度、斯洛文尼亚、土耳其、塞浦路斯、保加利亚、西班牙、克罗地亚、摩洛哥、秘鲁、智利、马耳他、阿拉伯埃及共和国、阿根廷、巴布亚新几内亚、巴拿马、津巴布韦。所有权和管理控制指数满分（7分）的包括9个经济体：格鲁吉亚、哥伦比亚、阿拉伯联合酋长国、巴基斯坦、克罗地亚、奥地利、塞尔维亚、乌兹别克斯坦、巴林。公司透明度指数满分（7分）的包括13个经济体：沙特阿拉伯、挪威、中国台湾、塞浦路斯、保加利亚、蒙古、立陶宛、印度尼西亚、法国、乌克兰、意大利、澳大利亚、科威特。

第三节 中国在保护中小投资者指标失分情况分析

保护中小投资者指标下设披露指数（0—10分）、董事责任指数（0—10分）、股东诉讼便利度指数（0—10分）、股东权利指数（0—6分）、所有权和管理控制指数（0—7分）、公司透明度指数（0—7分）等6个子指标，每个子指标下设计若干问题。中国在DB2020该指数得分36分（共计50分），还有很大提升空间。特别是"纠纷调解指数"失分较多，在满分均为10分的"股东诉讼便利度指数"和"董事责任指数"上，得分分别为5分和4分（见表7-2）。其一涉及《民事诉讼法》，小股东检查文件及法庭审理质询权能否获得保障，导致在"股东诉讼便利度指数"方面失分。其二涉及《公司法》,股东能否就交易损失追究其他董事乃至企业高管责任,主要影响"董事责任指数"得分。另外,"股东权利指数""所有和管理控制指数""公司透明度指数"方面失分,包括上市公司股东没有新股购买优先权,买方公司首席执行官是否可兼任董事长,股东未提前21天收到股东大会通知。

表7-2 《2020年营商环境报告》"保护中小投资者"指标中国失分情况

指标及得分	指标调查的问题	失分情况	所涉法律
董事责任指数（10分,得4分）	【问题8】如果有证据表明存在不公平、利益冲突或者损害,是否足以就该交易给公司造成的损失,追究董事会其他成员的责任	选否,扣2分	《公司法》
	【问题9】若股东在对詹姆斯先生提起的诉讼中胜诉,能够获得哪些救济?其一,詹姆斯能否对给公司造成的损害负赔偿责任。否,得分为0;是,得分为1;其二,詹姆斯是否返还从交易中获得的收益。否,得分为0;是,得分为1;其三,詹姆斯是否会被解除职务。否,得分为0;是,即意味着在一年及更长的时间内,他不能在任何公司担任管理职位,得分为1	其一选是,得1分;其二选否,扣1分;其三选否,扣1分	《公司法》
	【问题10】若不公平、利益冲突或损害得到证明,是否足以使交易无效/撤销交易? 1.根据该假定和事实,不可以; 2.不可以,还必须证明交易是重大过失、欺诈或者恶意的结果; 3.不可以,还必须证明该交易是过失或错误的结果; 4.可以	选2,扣2分	《合同法》

续表

指标及得分	指标调查的问题	失分情况	所涉法律
股东诉讼便利指数（10分，得5分）	【问题13】在民事审判中，原告可以请求法官从被告处收集哪些信息？在民事审判中，原告可以请求法官从不合作的证人处收集哪些信息？1. 原告有权独立（也就是根据公司法或者其他法律）获取的信息；2. 被告表明其答辩所要依赖的信息；3. 能够直接证明原告诉请中具体事实的信息；4. 与诉请有关的任何信息；5. 能够揭示相关信息的任何信息	法律规定诉讼当事方无权自行获取证据，证据收集申请须提请法庭决定是否予以批准。扣3分	《民事诉讼法》
	【问题14】民事审判中，若原告请求法院从被告或证人处收集证据，原告所提出的请求中必须包含哪些信息？1. 请求必须载明文件名称、作者、日期和内容；2. 请求只需载明文件类型，而无须载明具体内容	选1，扣1分	《民事诉讼法》
	【问题16】在股东对公司董事提起的诉讼中，公司或被告是否必须补偿股东支出的法律费用？（如诉讼费、律师费，以及相关费用）1. 是的，如果法院受理了案件，即使法院依据事实做出不利于股东的裁决；2. 是的，如果法院做了有利于股东的裁决，则法律费用的补偿数额由法院裁定；3. 法院有权决定是否补偿法律费用；4. 不是	选2，扣1分	《公司法》
股东权利指数（6分，得5分）	【问题23】股东对新股是否拥有优先认缴权（优先购买或优先拒绝）且简单多数表决无法剥夺该权利	选否，扣1分	《公司法》
所有和管理控制指数（7分，得6分）	【问题26】买方的首席执行官（如执行总裁，总经理）是否不得担任买方董事会主席（或董事长）	选否，扣1分	《公司法》

续表

指标及得分	指标调查的问题	失分情况	所涉法律
公司透明度指数（7分，得6分）	【问题36】买方是否必须至少提前21个自然日发布召开股东大会的通知，包括与远程参与和远程行使投票权相关的信息和截止日期（例如，通过代理投票、通过信件或电子方式）	选否，扣1分	《公司法》

一 披露程度指数（10分，获满分）

中国在DB2018、DB2019及DB2020中均获得满分。

二 董事责任指数（10分，扣6分）

中国在DB2018、DB2019均仅得1分，在DB2020得4分。

【世行问题八】如果有证据表明存在不公平、利益冲突或者损害，是否足以就该交易给公司造成的损失，追究董事会其他成员的责任？（选否，扣2分）

此题满分2分，中国在DB2018、DB2019及DB2020中均未得分。《公司法》第148条规定，董事、高级管理人员不得违反公司章程的规定或者未经股东会、股东大会同意，与本公司订立合同或者进行交易，其违反前款规定所得的收入应当归公司所有。第149条规定，董事、监事、高级管理人员执行公司职务时违反法律、行政法规或者公司章程的规定，给公司造成损失的，应当承担赔偿责任。这就意味着不存在利益冲突的其他董事，除非是违反了法律法规或公司章程的规定，否则是无法被追责的。

【世行问题九】若股东在对詹姆斯先生提起的诉讼中胜诉，能够获得哪些救济？其一，詹姆斯能否对给公司造成的损害负赔偿责任。否，得分为0；是，得分为1。其二，詹姆斯是否返还从交易中获得的收益。否，得分为0；是，得分为1。其三，詹姆斯是否会被解除职务。否，得分为0；是，即意味着在一年及更长的时间内，他不能在任何公司担任管理职位，得分为1。（其一选是，得1分；其二选否，扣1分；其三选否，扣1分）

此题满分3分，中国在DB2018、DB2019中均未得分，在DB2020中获得第一个小问题的1分。

【世行问题十】若不公平、利益冲突或损害得到证明，是否足以使交易无效/撤销交易？（1）根据该假定和事实，不可以；（2）不可以，还必须证明交易是重大过失、欺诈或者恶意的结果；（3）不可以，还必须证明该交易是过失或错误的结果；（4）可以。（选2，扣2分）

此题满分2分，中国DB2018、DB2019及DB2020中均未得分。《合同法》第54条规定，"下列合同，当事人一方有权请求人民法院或者仲裁机构变更或者撤销：（一）因重大误解订立的；（二）在订立合同时显失公平的。一方以欺诈、胁迫的手段或者乘人之危，使对方在违背真实意思的情况下订立的合同，受损害方有权请求人民法院或者仲裁机构变更或者撤销。当事人请求变更的，人民法院或者仲裁机构不得撤销。"只有在因重大过失，或欺诈、胁迫等手段达成的合同，才能被撤销。另外，《最高人民法院关于适用〈中华人民共和国公司法〉若干问题的规定（五）》第2条规定，"关联交易合同存在无效或者可撤销情形，公司没有起诉合同相对方的，符合公司法第一百五十一条第一款规定条件的股东，可以依据公司法第一百五十一条第二款、第三款规定向人民法院提起诉讼"。该条款并未明确合同无效或可撤销的具体标准。

三 股东诉讼便利指数（10分，扣5分）

【世行问题十三】在民事审判中，原告可以请求法官从被告处收集哪些信息？在民事审判中，原告可以请求法官从不合作的证人处收集哪些信息？（1）原告有权独立（也就是根据公司法或者其他法律）获取的信息；（2）被告表明其答辩所要依赖的信息；（3）能够直接证明原告诉请中具体事实的信息；（4）与诉请有关的任何信息；（5）能够揭示相关信息的任何信息。（扣3分）

此题满分3分，中国在DB2018、DB2019及DB2020中均未得分。按照中国法律规定，诉讼当事方无权自行获取与案件有关的证据，案件证据收集申请须提请法庭决定是否予以批准，法庭拥有自由裁量权。《最高人民法院关于适用〈中华人民共和国民事诉讼法〉的解释》（法释〔2015〕5号）第一百一十二条规定"书证在对方当事人控制之下的，承担举证证明责任的当事人可以在举证期限届满前书面申请人民法院责令对方当事人提交。申请理由成立的，人民法院应当责令对方当事人提交，因提交书证所产生的费用，由申请人负担。对方当事人无正当理由拒不提交的，人民法院可以认定申请人所主张的书证内容为真实"。此外，《民事诉讼法》《最高人民法院关于民事诉讼证据的若干规定》（法释〔2019〕19号）有关条款也对当事人获取证据进行规范。

【世行问题十四】民事审判中，若原告请求法院从被告或证人处收集证据，原告所提出的请求中必须包含哪些信息？（1）请求必须载明文件名称、作者、日期和内容；（2）请求只需载明文件类型，而无须载明具体内容。（选1，扣1分）

此题满分1分，中国在DB2018、DB2019及DB2020中均未得分。《最高人民法院关于民事诉讼证据的若干规定》（法释〔2019〕19号）第二十条规定，"当事人及其诉讼代理人申请人民法院调查收集证据，应当在举证期限届满前提交书面申请。申请书应当载明被调查人的姓名或者单位名称、住所地等基本情况、所要调查收集的证据名称或者内容、需要由人民法院调查收集证据的原因及其要证明的事实以及明确的线索"。

【世行问题十六】在股东对公司董事提起的诉讼中，公司或被告是否必须补偿股东支出的法律费用？（如诉讼费、律师费，以及相关费用）（1）是的，如果法院受理了案件，即使法院依据事实做出不利于股东的裁决；（2）是的，如果法院做了有利于股东的裁决，则法律费用的补偿数额由法院裁定；（3）法院有权决定是否补偿法律费用；（4）不是。（选2，扣1分）

本题满分2分，中国在DB2018未得分，在DB2019及DB2020均得1分。《最高人民法院关于适用〈中华人民共和国公司法〉若干问题的规定（四）》第二十六条规定，"股东依据公司法第一百五十一条第二款、第三款规定直接提起诉讼的案件，其诉讼请求部分或者全部得到人民法院支持的，公司应当承担股东因参加诉讼支付的合理费用"。

四　股东权利指数（6分，扣1分）

【世行问题二十三】股东对新股是否拥有优先认缴权（优先购买或优先拒绝）且简单多数表决无法剥夺该权利？（选否，扣1分）

此题满分1分，中国在DB2018、DB2019及DB2020中均未得分。《公司法》第34条规定，有限责任公司新增资本时，股东有权优先按照实缴的出资比例认缴出资。对于股份有限公司，《公司法》未有相应规定。对于上市公司公开发行新股，《证券发行与承销管理办法》第十九条规定，"上市公司向原股东配售股票（以下简称配股），应当向股权登记日登记在册的股东配售，且配售比例应当相同。上市公司向不特定对象公开募集股份（以下简称增发）或者发行可转换公司债券，可以全部或者部分向原股东优先配售，优先配售比例应当在发行公告中披露"。

五 所有和管理控制指数（7分，扣1分）

【世行问题二十六】买方的首席执行官（如执行总裁，总经理）是否不得担任买方董事会主席（或董事长）？（选否，扣1分）

此题满分1分，中国在DB2018、DB2019及DB2020中均未得分。中国法律在这方面没有做强制性规定。

六 公司透明度指数（7分，扣1分）

【世行问题三十六】买方是否必须至少提前21个自然日发布召开股东大会的通知，包括与远程参与和远程行使投票权相关的信息和截止日期（例如，通过代理投票、通过信件或电子方式）？（选否，扣1分）

此题满分1分，中国在DB2018、DB2019及DB2020中均未得分。《公司法》第102条规定，"股东大会会议召开股东大会会议，应当将会议召开的时间、地点和审议的事项于会议召开二十日前通知各股东"。

第四节 国内迎评工作举措

在DB2020中，中国在"保护中小投资者"指数排名进步明显，上升至全球第28位。通过以下举措提升了分值：一是经沟通使世界评估组认可了司法解释的效力，包括《公司法》司法解释五中关于股东可以要求实施关联交易的董事赔偿其造成的损失的规定；二是《上海证券交易所股票上市规定》中关于子公司禁止收购母公司股份的规定；三是《公司法》司法解释五、《上市公司章程指引》和《上海证券交易所股票上市规则》中对有关股东可以无理由撤销董事会成员的规定。

一　国家层面

（一）最高人民法院

结合审判实践，针对保护中小投资者领域存在的制度性短板，出台相关司法解释，进一步提升中小投资者的合法权益和话语权。2019年4月22日审议并通过，4月29日起施行《最高人民法院关于适用〈中华人民共和国公司法〉若干问题的规定（五）》，对包括关联交易、董事解聘、利润分配实施、有限责任公司股东分歧处理等问题作出规定，通过明晰所有权和控制结构，加强了对少数投资者的保护。一是关联交易损害公司利益的，履行法定程序不能豁免关联交易赔偿责任。"关联交易损害公司利益，原告公司依据公司法第二十一条规定请求控股股东、实际控制人、董事、监事、高级管理人员赔偿所造成的损失，被告仅以该交易已经履行了信息披露、经股东会或者股东大会同意等法律、行政法规或者公司章程规定的程序为由抗辩的，人民法院不予支持。"二是明确董事职务的无因解除与相对应的离职补偿，强调董事职务解除的随时性与无因性。"董事职务被解除后，因补偿与公司发生纠纷提起诉讼的，人民法院应当依据法律、行政法规、公司章程的规定或者合同的约定，综合考虑解除的原因、剩余任期、董事薪酬等因素，确定是否补偿以及补偿的合理数额。"三是明确公司至迟应当自作出分配决议之日起一年内完成利润分配。"决议没有载明时间的，以公司章程规定的为准。决议、章程中均未规定时间或者时间超过一年的，公司应当自决议作出之日起一年内完成利润分配。"四是建立有限责任公司股东重大分歧解决机制，强调法院在相关案件审理中强化调解，引导股东协商解决分歧，避免公司解散。

（二）中国证监会

为确保保护中小投资者指标在年度评价中得分进一步提升，

根据《公司法》司法解释（五）精神，证监会2019年4月17日发布第10号公告《关于修改〈上市公司章程指引〉的决定》，4月30日沪深证券交易所分别发布修改后的股票上市规则，并同步发布英文版，有效提升上市公司治理和经营管理水平，加大中小投资者权益保护力度：一是新增董事每届任期不得超过3年的规定，并且明确股东大会可在董事任期届满前解除其职务，《上市公司章程指引》第九十六条第一款修改为："董事由股东大会选举或者更换，并可在任期届满前由股东大会解除其职务。董事任期（年数），任期届满可连选连任。"二是规定上市公司控股子公司不得取得该上市公司发行的股份，因特殊原因持有股份的，子公司原则上也不得对其持有的股份行使表决权。修订后的沪深交易所《股票上市规则》规定："上市公司控股子公司不得取得该上市公司发行的股份，确因特殊原因持有股份的，应当在一年内依法消除该情形。"三是规定股东大会应当按规定设置会场和网络投票方式，为股东参加股东大会提供便利。《上市公司章程指引》第四十四条修改为：本公司召开股东大会的地点为：（具体地点）。股东大会将设置会场，以现场会议形式召开。公司还将提供网络投票的方式为股东参加股东大会提供便利。股东通过上述方式参加股东大会的，视为出席。此外，2019年6月，证监会派员赴美国就保护中小投资者指标问题与世界银行团队进行磋商，争取获得更高得分。证监会还设立"5·15全国投资者保护宣传日"，发布《投资者保护典型案例汇编》，引导中小投资者增强维权意识。

二 样本城市

（一）上海

《上海市优化营商环境条例》自2020年4月10日起施行。其中第十六条规定：本市加大对中小投资者权益的保护力度，完善中小投资者权益保护机制,保障中小投资者的知情权、表决权、收益权和监督权,发挥中小投资者服务机构在持股行权、纠纷调解、支持诉讼等方面的职能作用,提升中小投资者维护合法权益的便利度。对比国家《营商环境条例》,沪版条例多了"表决权、收益权和监督权"的表述,以及发挥中小投资者服务机构职能的内容。

上海金融法院自2018年8月20日成立以来,保护中小投资者利益成为其重要工作内容。法院积极推进群体性证券纠纷示范判决机制研究,引导当事人选择多元化解机制快速解决纠纷。2019年1月16日,法院发布了全国首个证券纠纷示范判决机制的规定,当年3月21日该机制首次被运用于原告潘某等诉被告方正科技集团股份有限公司证券虚假陈述责任纠纷系列案件的审判。采用"示范判决+委托调解+司法确认"的全链条机制,实现证券虚假陈述群体性案件的整体、全面化解。针对已立案的相关案件,发挥示范判决的示范效应,促使当事人委托调解;针对尚未立案的案件,促使当事人委派调解后,将根据当事人意愿,进行司法确认。

2019年2月,上海市委依法治市办发起成立了上海市优化营商环境法治保障共同体,致力于推动解决或落实跨地区、跨部门、跨领域的重大问题和重要事项,这是全国首家同类型组织。成员单位包括人大专门委员会、政协专门委员会、政府部门、司法机关和法学院校、人民团体、协会、商会等。在提升世界银行营商环境评估分数方面,共同体在2019年开展大量工作。包括:聚焦保护中小投资者、执行合同、办理破产等涉法指标,配合国家部门加强与世行磋商沟通;推动国家层面修法,参与《公司法司法解释(五)》的专家论证,为最高人民法院出台相关司法解释提供决策参考;受国家有关部门委托,对相关法律法规修订条款进行英译;组织专家对世行评估问卷进行翻译核验，组织撰写系列文章全面解读世行问卷等。

（二）北京

《北京市优化营商环境条例》自 2020 年 4 月 28 日起施行。该《条例》积极对标国际一流，立足北京市实际，坚持问题导向。其中第二十四条规定，"本市加大对公司中小股东权益保护力度。公司董事对公司负有忠实义务和勤勉义务；审议公司股东关联交易等事项时，应当维护公司利益和中小股东合法权益。经董事会决议的关联交易致使公司遭受损失的，董事应当承担责任。"2019 年 4 月 29 日，北京市高级人民法院下发《关于依法公正高效处理群体性证券纠纷的意见（试行）》（京高法发〔2019〕243 号）。该《意见》针对群体性证券纠纷，特别是其中最具代表性的证券虚假陈述责任纠纷的处理，在现行法律法规、相关司法解释规定的基础上，探索在管辖权异议处理、证据调取、确立示范案件、全程全方位调解、引入专业支持、降低诉讼成本等程序性环节中，为中小投资人建立便利、快捷、高效的绿色诉讼通道，及时化解矛盾，保护中小投资人的合法权益。

（三）广州

广州作为候选参评城市，面临着与北京、上海同样的工作任务。主要创新做法如下。

聚焦地方创新。在市司法局的牵头组织下，通过对"保护中小投资者"指标评估规则涉及的 46 个问题开展分类研究，全面梳理 10 个失分问题相关的法律法规和规范性文件、具体条款、典型案例和实践做法，提出了 16 条改革措施和建议。启动专项督导工作，分别赴深交所、广东证监局、市法院、市工商联和各区实地了解指标优化建议，了解市场主体真实感受，探索地方创新举措。

加强宣传引导。研究设计保护中小投资者相关政策的问答解读、图文解说材料，并梳理形成中、英文版政策集成专题，做好优化营商环境改革举措的宣传推介工作，加强与律师、会计师等专业人士的正面引导，争取得分。为推动广州地区上市公司合规经营，提升公司治理水平，维护中小投资者合法权益，市委依法治市办、市司法局、市工商联联合举办保护中小投资者权益以及企业合规培训会。此外，还于5月15日"全国投资者保护宣传日"，在广州塔塔身播放"心系投资者 携手共行到"公益广告。

搭建联动平台。搭建全市律师、会计师等行业协会协调联动平台，推动市社科院、《南方都市报》、市律协三方组建"广州法治化营商环境研究联盟"。

第五节 国外先进经验借鉴

总体而言，对中小投资者严格保护的经济体要求详细的信息披露，明确董事的职责，并提供广泛获取公司信息的渠道。它们还拥有运作良好的司法系统，以及合理的程序规则帮助中小投资者获取证据，并在合理时间内获得判决。在DB2020的报告期（2018年5月至2019年4月）有24个经济体实施了提升中小投资者保护的措施。其中，菲律宾的做法最为人称道，证券交易委员会于2019年4月25日发布的上市公司新规，在降低公司利益冲突风险方面取得重大进展。中国、巴哈马和塞尔维亚也显著加强了对少数投资者的保护。七个经济体（亚美尼亚、埃及、肯尼亚、摩洛哥、阿曼、乌兹别克斯坦和赞比亚）的股东在重大交易、发行新股和任命审计师等重大公司决策中发挥更为突出的作用，提高了指数得分。12个经济体（亚美尼亚、巴哈马、巴林、中国、科索沃、立陶宛、摩洛哥、阿曼、塞尔维亚、西班牙、乌兹别克斯坦和赞比亚）进一步明晰公司治理、所有权和控制结构。十个经济体（巴哈马、吉布提、希腊、科索沃、科威特、摩洛哥、缅甸、俄罗斯、塞尔维亚和乌兹别克斯坦）通过立法提高公司透明度要求。14个经济体（亚美尼亚、阿塞拜疆、巴哈马、中国、希腊、肯尼亚、科索沃、缅甸、菲律宾、沙特阿拉伯、塞尔维亚、乌克兰、阿拉伯联合酋长国和赞比亚）颁布法规，以减少与利益相关方的潜在滥用或损害性交易。其中，塞尔维亚修订了公司法，要求在批准交易后3天内对重大关联方交易进行外部审查和详细披露。

广州需要积极学习国际先进经验，特别是近年来进步明显的肯尼亚（指标排名全球第一）、沙特阿拉伯（并列第三）、哈萨克斯坦和格鲁吉亚等（如表7-3所示）。

表7-3　　　　　　　　保护中小投资者指标领先的经济体

经济体	DB2020排名	保护中小投资者指标排名				
		2020	2019	2018	2017	2016
肯尼亚	56	1	1	38	41	92
马来西亚	12	2	2	1	1	1
新西兰	1	3	3	2	1	1
新加坡	2	3	3	2	1	1
泰国	21	3	3	2	11	11
沙特阿拉伯	62	3	12	18	53	62
中国香港	3	7	6	5	4	4
哈萨克斯坦	25	7	6	5	11	28
加拿大	23	7	6	5	4	4
格鲁吉亚	7	7	6	5	11	33
英国	8	7	6	5	4	4

一　肯尼亚

在DB2016中，肯尼亚保护中小投资者指标只排在第92位，但随后几年进步神速，特别是DB2019、DB2020蝉联了该指标的第一名。过去五年肯尼亚采取了一系列改善公司治理的措施，通过了《公司法》《破产法》《商业登记法》《动产法》等法律。新《公司法》规定，董事对交易价值相当于公司资产的10%或以上并对该公司造成损害的关联交易负责，且参与损害公司利益交易的董事被要求支付损害赔偿金、返还利润，并可能被取消担任类似职务的资格长达五年。DB2017提到的具体措施包括：明确公司所有权和控制结构，对董事会披露关联交易提出更高要求，在存在不利关联交易的情况下更容易起诉董事，允许撤销已证明对公司有害的关联交易。DB2019提到的具体措施包括：增加披露要求，规范与利益相关方交易的批准流程，并在上述交易有损害的情况下增加可用补救措施，增加小股东在公司重大决策中的权利和作用，并要求提高公司透明度。在DB2020的报告期（2018年5月至2019年4月），通过加强对外部审计师的聘用和解聘管理，加大对中小投资者的保护力度。

二 沙特阿拉伯

近五年来，沙特阿拉伯在保护中小投资者指标排名稳步提升，从DB2016的第62位逐年提升至DB2020的第三位。近年来，在沙特阿拉伯"2030愿景"计划下，逐步取消传统制度对本土企业的过度保护，着力改善营商环境吸引外资。为更好保护中小投资者的权益，通过相关立法增强中小股东在重大决策中的权力和影响力，厘清公司所有权关系和控制结构，要求提高公司透明度，规范与利益相关方的交易披露，还通过立法要求公司提名独立董事和成立审计委员会。在DB2020的报告期，世界银行对沙特扩大起诉方在审判中获取证据途径的举措予以肯定。

三 哈萨克斯坦

建立良好的营商环境是哈萨克斯坦国家政策的重要内容，其营商环境排名遥遥领先于俄罗斯（第28位）、白俄罗斯（第49位）、乌克兰（第64位）、乌兹别克斯坦（第69位）、吉尔吉斯斯坦（第80位）等独联体国家或地区。目前，哈政府计划通过并实施第八套优化营商环境改革方案，启动"政府服务企业"项目，引入"智能"监管手段，不断提高营商便利化水平。近五年，哈萨克斯坦出台新规要求关联交易应立即公开披露，并在年度财务报告中进行详细披露；要求与股份相关的权利变更须经受影响股份2/3以上多数表决同意；禁止子公司收购其母公司发行的股份；要求披露董事会成员的其他董事职务及其主要工作的信息。增加股东在公司重大决策中的权利和作用，明确所有权和控制结构，要求提高公司透明度。扩大庭审取证方式，并允许在审判期间更便利获取公司信息。

第六节 工作建议

一方面，加强与国家部门沟通，学习上述城市的先进做法，围绕"评估问题、我方答案、作为支撑的法律法规或规范性文件、具体条文、实践做法与典型案例"准备磋商材料，并同步准备英文译本；另一方面，也积极借鉴近年来进步明显的肯尼亚、沙特阿拉伯、哈萨克斯坦等经济体先进经验。

一 迎评工作要体现最新法规政策

新的问卷答案设计和磋商材料应当体现国家最新出台的法律法规与政策文件。

一是国务院于2019年10月22日颁布、2020年1月1日施行的《优化营商环境条例》,该条例是国家层面首次出台的优化营商环境的行政法规,进一步加强了营造良好营商环境工作的顶层设计。其中,第二章第十六条规定,"国家加大中小投资者权益保护力度,完善中小投资者权益保护机制,保障中小投资者的知情权、参与权,提升中小投资者维护合法权益的便利度。"保障股东的知情权、参与权是维护中小股东合法权益,进而提升他们投资积极性的重要前提,是营造良好营商环境的必由之路。司法是确保中小股东参与权、知情权实现的最后一道屏障,为此,最高人民法院在《公司法》第32条规定的基础上,在《公司法司法解释四》中以五个条文就股东知情权相关诉讼问题作出详细规定,包括行使知情权主体的界定、行使权利的限制条件、禁止以章程或协议方式实质剥夺股东知情权、股东行使知情权后泄露公司商业秘密的法律责任等内容。我们认为,尽管司法解释的上述规定有力保障了股东参与权、知情权的实现,但是司法"不告不理"的被动性特征决定了股东参与权、知情权实现的滞后性和高成本性,因此,广州市应根据国务院《优化营商环境条例》的规定与精神,尽快制定更具针对性、可操作性的实施细则,尤其是应当构建高效的争议调处与行政处罚机制。

二是2019年12月28日修订、2020年3月1日施行的《证券法》及2020年2月14日公布实施的《上市公司证券发行管理办法》,均设专章规定信息披露制度,并于《证券法》第二十四条和第八十五条明确控股股东、实际控制人、董事、监事、高级管理人员和其他直接责任人员以及保荐人、承销的证券公司及其直接责任人员要按照"过错推定原则"对虚假记载、误导性陈述或者重大遗漏等行为承担民事赔偿责任,该归责原则可扩张适用于控股股东主导的关联交易归责问题。关联交易是控股股东损害公司和中小股东利益的常见行为方式,但实证研究表明，关联交易也具有降低交易成本的功效，法律不应禁止所有的关联交易，而是应禁止损害公司和中小股东利益的不公平的关联交易，因此，关联交易制度的规制重心应聚焦于不公平的关联交易上。为此，无论最高人民法院制定的司法解释、国务院相关部委制定的部门规章抑或各地制定的地方性法规，均应着重关注关联交易公平性的判断问题，应当积极借鉴域外成功经验，从市场环境、交易流程设计、信息充分与否等角度设计综合性的判断标准，从而更加契合商业交易的客观需要，避免单一标准导致的"一刀切"现象。

三是2020年4月发布的《中共中央 国务院关于构建更加完善的要素市场化配置体制机制的意见》提出"完善投资者保护制度，推动完善具有中国特色的证券民事诉讼制度"。证券民事诉讼是投资者保护制度体系的重要环节，目前，《证券法》已经就资本市场中常见的违法行为规定了民事赔偿条款，从而构成受害投资者寻求民事救济的请求权基础。但是，由于资本市场各种违法行为的特殊性，当前最高人民法院仅就证券虚假陈述民事责任制定有专门的司法解释，包括行为类型、损害事实、因果关系等关于责任构成要件判断的内容，其他类型的违法交易行为，如内幕交易、操纵市场等均尚未制定相应的司法解释。我们认为，当前证券市场集中竞价的交易方式以及市场环境自身的复杂性，共同决定证券交易民事责任相较于一般民事责任尤其是因果关系认定的特殊性。我们认为，相关民事责任规则的完善一方面应充分吸收司法实践经验，如"光大金手指案"当中采纳的推定因果关系，另一方面应参考借鉴域外成熟经验，设立专门用以填补受害投资者损失的"公平基金"，中国现行证券监管制度体系中设置有大量的以罚款为责任方式的行政责任条款，尽管具有一定的威慑作用，但罚款全额缴纳国家财政无疑等同于向资本市场"抽血"，不利于资本市场繁荣稳定，也无法为受害者提供充分的救济，为此，可以考虑将罚款的一部分集中设立"公平基金"专门用于受害投资者赔付，据此发挥遏制违法交易行为和弥补受害人损失的双重功能。

四是最高人民法院印发的《2020年人民法院司法改革工作要点》，提出立足司法职能持续优化营商环境，围绕"执行合同""办理破产""保护中小投资者"等评价指标，以完善破产制度机制、加强失信被执行人联合惩戒等具体改革任务为辐射点，带动审判管理、审判机制、审判质效的完善提升，营造稳定公平透明、可预期的法治化营商环境。首先，合同是现代市场经济运行的重要载体，合同能否得到切实的执行事关经济要素能否顺畅流通。但是，司法实践中长期存在着"执行难"现象，成为制约市场经济正常运行的一大"痼疾"，为此，中国已经建立起涵盖党政和司法机关在内的"多角度、多层次"执行强化机制，最高人民法院还持续开展多次破解"执行难"专项活动，并通过强化制裁，尤其是拒不执行判决裁定罪的适用，有效推进了合同执行工作的进展。我们建议，由中央政法委出面，组织协调相关行政与司法机关，对当前分散制定的各种涉及执行问题的规章制度、司法解释进行全面梳理归纳，适时提请立法机关制定专门法律，以凝聚执行合力为基本导向、以强化执行效果为基本目标，并强化案外人执行异议之诉的司法适用，据以保护案外人合法权益。其次，"优胜劣汰"的良性竞争是现代市场经济环境的内在要求，为此，要按照国家统一部署，不断优化以破产制度为核心的市场主体退出机制，一是要实现立法的科学化、精细化，进一步强化债权人和破产企业职工利益的保障力度，二是要畅通破产"入口"，坚决杜绝法院"立案难"问题，三是要积极运用重整、和解制度，将那些虽然符合法定破产条件，但仍然具有"起死回生"可能性的企业甄别出来,通过"放水养鱼"的方式积极为那些只是遭受暂时性困难的企业"输血",以便帮助其尽快焕发生命力。最后,中小股东权益保护是优化营商环境的客观需要,对于提升公众投资积极性至关重要,虽然现行公司法、证券法等法律、司法解释以及证监会制定的各种部门规章都将之作为重点内容加以规定,但目前仍然存在可操作性不强、实施效果不彰、维权渠道不畅和惩处力度不够等缺陷,从而有必要充分吸收借鉴域外立法、市场监管和司法实践先进经验,并结合中国市场客观现实,从体制机制等各个角度加大中小股东权益保护力度,尤其是确保中小股东参与权、知情权、盈余分配请求权等权益的切实实现。

二 适时修改完善相关法律法规

从前文分析可知,适时修法是进一步提高中国保护中小投资者指标得分的主要途径,重点是"董事责任"和"股东诉讼便利性"。要有效降低关联交易民事责任的认定门槛,加大对公司控股股东和董监高追责力度,加重赔偿责任。另外,在关联交易损害公司或中小股东权益时,赋予中小股东更简洁、更富有针对性的救济渠道,相关诉讼制度亦须适时修订。

《公司法》自1993年施行以来,已经历过多次修改,在公司的法律制度理念、逻辑和结构上都有很大改善。《公司法》修改应当重视全面落实公司法人独立地位和股东权利保护,处理好股东之间、股东和公司之间的权利义务关系。更加关注企业经营者真实感受,更多回应企业经营者的诉求,充分保护中小投资者的同时,平衡好中小投资者保护与控股股东交易激励之间的关系。第一,在第147条中细化勤勉义务,已知、应知和赞同关联交易的控股股东、董监高人员,要对因此给公司以及其他股东造成的损害承担连带赔偿责任。第二,将第22条第 2 款"股东会或者股东大会、董事会的会议召集程序、表决方式违反法律、行政法规或者公司章程,或者决议内容违反公司章程的,股东可以自决议作出之日起六十日内,请求人民法院撤销"修订为"股东会或者股东大会、董事会的会议召集程序、表决方式违反法律、行政法规或者公司章程,或者决议内容违反公司章程,或者议决事项显失公平、损害公司和股东利益的,股东可以自决议作出之日起六十日内,请求人民法院撤销"。第三,对第一百零二条简易修订为"召开股东大会会议,应当将会议召开的时间、地点和审议的事项于会议召开二十一日前通知各股东"。第四,对第151条股东派生诉讼制度,增加诉讼成本分担相关规定,亦即,如中小股东提起股东派生诉讼并最终为法院判决支持的,相关诉讼费用、律师代理费用由被告承担,法院判决支持的赔偿金额应按照一定比例由提起诉讼的中小股东分享,以此强化中小股东提起派生诉讼的积极性。第五,中国公司实践中存在大量董事长兼任总经理现象,显然不利于对经营管理阶层形成有效的监督制约,从而造成严重的"内部人控制"现象,为此,应增加董事长与总经理的分任制规定,强化董事会对经理层的监督。第六,增设对董事加重责任的内容,关联交易损害公司利益的,利害关系董事必须在其获益范围内承担损害赔偿责任。

三 联合参评城市形成问卷参考答案

尽管世行营商环境评估中的"保护中小投资者"指标设计具有较强的科学性与合理性,但是中国的成文法与英美以判例法为主要形式的商事法律体系存在较大差异,再加上中国相关制度散见于法律、行政法规、部门规章、地方性法规以及执政党政策文件之中,这在相当程度上制约了世行指标设计与中国现行各类规范性文件以及司法实践、行政执法实践的契合度,势必影响世行对于中国营商环境评估的客观性、全面性与准确性，进而对中国的招商引资工作带来负面影响。为此，有必要结合世行答卷，由市司法局牵头组织全市高校、律师等专业人士，形成一套能够全面反映中国中小投资者法律保护现状的标准答案，并通过各种渠道加以推广，供答卷人员参考。

四 建立专业高效应对工作机制

借鉴北京、上海已出台条例的内容并结合广州提升营商环境实践需要，尽早出台广州《优化营商环境条例》，将市场认可、行之有效的营商环境改革措施予以固化。建议由市司法局牵头，成立广州市优化营商环境法治保障共同体，统筹广州市营商环境涉法重大问题和重要事项的研究与应对，成员单位包括人大专门委员会、政协专门委员会、政府部门、司法机关和研究机构、商协会等。配合国家相关部委加强与世行磋商沟通，推动国家层面修法，组织开展世行评估问卷翻译核验和评估。尽管世行评估工作已经运作多年，各项评估指标的设置无疑都具有不容忽视的科学性与权威性，但是，中国现实国情的特殊性决定某些在其他国家行之有效的评价指标并不能充分反映中国营商环境的现状。比如，西方学术界通常对国有企业持负面评价，认为国有企业经营效率低下，公司治理效果较差，但是，中国国有企业在国民经济稳定发展过程中发挥着不容质疑的"压舱石"作用，由此实现的社会效益无疑具有为全民提供社会福利的重要功能。再者，中国的国有企业目前基本已经按照现代企业制度完成了公司制改革，已经基本不存在百分之百国家持股的公司企业，各级政府内部均已设立代表所有者权益的国资委，股东会、董事会和职业经理人机制也已经全面建立，董监高的经营决策行为不仅受到股东的法律约束，还受到各级党委政府实质性的政治约束，这种法律与政治相结合的

"双约束"机制无疑有利于改善董监高的经营决策品质，有助于提升公司经营绩效，它是中国的国有企业有别于西方国家公司治理机制的重要特色，但是世行设置的各项评估指标并不能充分体现中国国有企业特殊治理机制的有效性，从而有必要积极加强与世行的沟通，尽可能将中国现实国情下公司治理新经验、新进展纳入指标体系，有效提升对中国营商环境评估的针对性与客观性。

第八章 纳税

第一节 世界银行《营商环境报告》纳税指标评分标准与设计逻辑

一 指标体系

作为一个国家和地区营商环境的重要衡量指标之一,"纳税"自2006年纳入世界银行《营商环境报告》的指标体系以来,经过多年来不断的修改与完善,2022年2月发布新一轮营商环境评估指标体系,现已成为国际一流营商环境的重要组成部分,具有广泛的知名度与影响力。本研究在参考世界银行原有评价标准的技术上,采用了4个一级指标(包括"总税收和缴费率""纳税时间""纳税次数""报税后流程指数"等指标)和10个二级指标进行衡量,具体指标含义及数据口径如表8-1所示。

表8-1　　　　　　"纳税"评价指标体系

一级指标	指标含义	二级指标及数据口径
总税收和缴费率(%)	采用企业负担税费占公司税前利润的比重来衡量企业的纳税负担	该指标涉及的税费包括:企业所得税、城市维护建设税、土地增值税、教育费附加、地方教育附加、印花税、房产税、城镇土地使用税、财产转让产生的印花税等,以及企业为员工缴纳的社会保险费、住房公积金等费用

续表

一级指标	指标含义	二级指标及数据口径
纳税时间（小时）	包括企业在一个会计年度内准备、申报和缴纳主要税种，以及代扣代缴社会保险费所需要的时间之和	企业缴纳企业所得税所需要的时间
		企业缴纳增值税所需要的时间
		企业缴纳劳动力税费（包括个人所得税、社会保险费和住房公积金）所需要的时间
纳税次数（次）	包括公司申报及缴纳主要税种的方式及频率	纳入计算的税费种包括：企业所得税；增值税；日常经营缴纳的印花税；房地产交易缴纳的印花税；房产税；城镇土地使用税；土地增值税；由雇主支付的社会保险费和住房公积金；城市维护建设税；教育费附加；地方教育附加等
报税后流程指数（1—100）	包括增值税退税申请时间、获得增值税退税时间、企业所得税审计合规时间、完成企业所得税审计合规时间	企业向税局申请增值税留抵退税所需要的时间（小时）
		企业获得增值税退税所需要的时间（周）
		企业的企业所得税发生更正申报所需要的时间（小时）
		企业的企业所得税更正申报引发审计所需要的时间（周）

二 设计逻辑

世界银行主要采用设定虚拟样本企业、委托第三方代为取样、分项设定前沿标准、综合计算世界排名的方法，衡量各经济体的税收营商环境总水平。

为了便于经济体间的比较，世界银行采用虚拟"样本企业"的方法进行调查，即从一个虚拟"样本公司"的角度出发，在所有经济体中发生同样纳税业务的基础上，衡量一个企业缴纳税费的负担、时间与次数等。全部经济体使用同一样本公司，按照虚拟"样本企业"同一个纳税年度的相同纳税行为，在不考虑各经济体差异，也不考虑任何投资优惠和税收优惠的情况下,以该样本公司扣除若干税前扣除项目后的实际税负,作为各项税种的计算依据。

世界银行委托普华永道等第三方机构协助调查,根据问卷调查、电话调查、书面信函、团队访问等渠道,由被调查企业按照虚拟样本企业的假设,根据自身对所在国办税状况的了解,估计该样本企业办理各种涉税业务花费的时间和成本,形成基础数据。

世界银行采用"指标—前沿距离"得分法进行计算。按照这种测算逻辑,前沿距离得分表示该地区税收营商环境与最佳成绩之间的差距,分值在 0—100,分值越大,说明该地区的税收营商环境与最佳成绩之间的差距越小,排名也越靠前。

第二节 世界银行《营商环境报告》纳税指标的得分点与突破口分析

得分点一:"纳税次数"指标得分侧重于电子申报与税款缴纳便利

《世界纳税报告》特别侧重于一个国家和地区是否采用电子化的方式进行纳税申报,即便是该国家和地区在申报某一项税种和缴纳税款的流程十分复杂,但只要采用电子化的申报模式,就可以将该税种整一个纳税年度的纳税次数视同为一次进行统计。如果一个国家和地区对纳税人不同税种之间的合并申报,或者是对税基相似的税种进行合并申报,那么在指标得分的统计过程中,可享受相应的纳税次数减免。

突破口一:近年来,广州市税务部门聚焦税收营商环境指标主动作为,将信息化技术和系统引入税收征管过程中,不断推广电子化申报①，实现由"最多跑一次"向"一次不用跑"的模式转变，成效十分显著。但现阶段，广州市在纳税环节推出的各种信息化手段仍未在全市范围内运用和推广，同时在纳税人用户体验方面也存在继续完善的空间，下一步要继续扩大"一次不用跑"办税事项清单范围，同时注重电子税务局的进一步开发、升级、维护和优化，以提升纳税人的满意度与用户体验。

得分点二：注重区块链、人工智能等新技术在纳税环节的使用

《世界纳税报告》指出，受益于新技术发展，全球经济体大幅提升了企业纳税申报的便利度。在美国、英国、德国等发达国家的纳税办理过程中，区块链、人工智能等新技术在纳税环节的使用，大大提高了纳税人在纳税过程中的便利性。经过多年来的运用，区块链技术在保障纳税业务数据安全性和准确性、改善税收数据的质量方面，均取得了很好的成效；而人工智能技术在税收领域的主要用途，侧重于在电子审计或自动评估方面。

突破口二：近年来，广州市积极运用互联网、大数据、区块链、人工智能等技术，显著提高了纳税环节的便利度。例如，积极探索微信、支付宝等"云缴税"服务②；依托 i-Tax 智能机器人，提供全天候智能化咨询服务；打造区块链电子发票平台"税链"等。但广州市在纳税环节应用区块链、人工智能、

---

① 2014年广州市税务局出台《广州市国家税务局关于实行税务登记证电子化的公告》（2014年第3号）；2018年7月，广州市税务局出台《国家税务总局广州市税务局关于签订电子缴税（费）委托协议的公告》（2018年第3号）。

② 2018年8月广州市税务局出台《广州市税务局便民利企促发展33条措施》（穗税发〔2018〕20号），提出要应用移动支付"云缴税"，拓宽支付宝、微信等多元化税费缴纳渠道。

大数据等仍处于试点和探索阶段,下一步要注重各项新技术在纳税环节的使用,扩大在各领域、各环节、各区域的覆盖面与运用范围。

得分点三:"纳税时间"指标得分要关注纳税准备时间的压缩

按照原有标准,《世界纳税报告》对"纳税时间"指标的定义,主要包括了公司申报及缴纳主要税种的方式及频率,包括企业准备、申报、缴纳企业所得税、增值税、日常经营缴纳的印花税、房地产交易缴纳的印花税、房产税、城镇土地使用税、土地增值税、为员工支付的社会保险费和住房公积金、城市维护建设税、教育费附加、地方教育附加等税费的时间。很多国家或经济体在优化纳税流程的改革措施方面,侧重于上述税费在"申报""缴税""等候"这些环节所耗费的时间,但却容易忽略世界银行"纳税时间"指标包含的"纳税准备时间",因为这类时间对纳税人而言是一种"隐形"时间,不易引起有关部门的关注。

突破口三:近年来,广州市通过升级12366纳税服务热线,推行办税服务厅咨询导税岗"一站式"服务,推出税务企业号、掌上纳税人学堂[①]、税惠享等措施,大大缩短纳税准备时间,但仍存在进一步改善的空间,例如如何在系统上实现纳税申报表与财务报表的联网报送,以进一步方便纳税人申报纳税;在国家颁布税收政策时,如何更加有效地对纳税人进行税收政策的相关解读,并且对纳税人在缴纳税收过程中有疑问的地方进行咨询与辅导;如何参考美国等发达国家的经验,通过鼓励涉税

---

① 2018年8月广州市税务局出台《广州市税务局便民利企促发展33条措施》(穗税发〔2018〕20号),提出要利用网络微直播、音频微课堂、手机微课件,打造掌上纳税人学堂。

中介机构的发展，进一步提高纳税人在办理涉税业务的便捷性，都是下一步可重点思考和突破的方向。

得分点四："纳税时间"指标要关注纳税申报环节，进一步简化申报表填写

"纳税申报"是指纳税人按照税法规定的期限和内容向税务机关提交有关纳税事项书面报告的法律行为。在实际纳税过程中，如何进一步简化申报流程与申报表内容，如何协助企业纳税人准确、高效、合理地填报与提交纳税申报表，是缩短企业纳税人"申报耗用"时间的关键。

突破口四：为了进一步简化纳税申报流程，广州市税务局近年来积极推行和落实"一键申报"增值税和"一键申报"出口退税[①]等办税便利化改革，成效显著。下一步，广州市应从以下几个方面继续发力：一是推动网上自动预填功能，减少纳税人填报申报表的数据采集和整理时间并提高准确度；二是推行交互式情景填报，将目前机械的表格式填报变为灵活的交互式情景填报，减少纳税人的填报难度；三是提高错误提示精度，提升填报错误提示的精度，并提供较为准确的更正引导。

得分点五："总税收和缴费率"指标是纳税得分的关键，要特别注重简费降率

按照原有标准，"总税收和缴费率"指标采用纳税人负担的全部税费占其商业利润的份额来衡量，是影响中国样本城市税收营商环境纳税指标得分的关键指标。按照世界银行的解释，

---

① 2018年11月，广州市税务局推出"服务出口企业10条措施"，并向部分企业代表公开宣讲，其内容涵盖"简流程、助新业、防风险、送红利"四方面。

该指标涉及的税费包括：企业所得税、城市维护建设税、土地增值税、教育费附加、地方教育附加、印花税、房产税、城镇土地使用税、财产转让产生的印花税等，以及企业为员工缴纳的社会保险费、住房公积金等费用。从各个国家和地区纳税指标的得分情况，劳务社保税（雇主承担的五险一金部分）部分得分的高低，对样本地区"总税收和缴费率"指标的最终得分产生了至关重要的影响。

突破口五：2019 年以来，广州市深入贯彻落实国家减税降费政策[①]，重点推出一批小微企业普惠性税收减免政策[②]，降低制造业、交通运输业、建筑业等行业增值税率等，减税降费成果显著。对于广州，下一步除了要规范地方收费项目的立项审批、削减现存收费项目、严格控制甚至避免新增收费项目、在权限范围内考虑下调费率之外，还要重点关注劳务社保税（雇主承担的五险一金）的法定征收率部分，通过落实社保费减费降负政策，为企业创造宽松的税外收费环境。

得分点六："总税收和缴费率"指标得分并未考虑税收优惠、财政返还等因素

世界银行对于中国实施减税降费的效果给予了充分认可和积极评价。根据历年《世界纳税报告》，中国"总税收和缴费率"指标显著降低。值得注意的是，世界银行报告调查的是名义税率，并未考虑税收优惠和财政返还，例如鼓励研发的优惠

---

① 2018 年 1 月，广州市人民政府出台《关于落实广东省降低制造业企业成本若干政策措施的实施意见》；2019 年 3 月，广州市人民政府出台《关于建立广州市减税降费联席会议制度的通知》。

② 2019 年 1 月，广东省财政厅、广东省税务局出台《关于我省实施小微企业普惠性税收减免政策的通知》。

政策、个人所得税改革以及地方政府为招商引资制定的财政返还政策等，均不在考察范围内。

突破口六：由于世界银行纳税指标的计算方法并未考虑税收优惠、财政返还等因素，在提升纳税得分方面，诸如鼓励研发的优惠政策、个人所得税改革以及地方政府为招商引资制定的财政返还等政策实际起到的作用不大。在推行财税体制改革的当下，下一步广州市应该按照国家部署，以更加科学有效的手段简化并规范税制，通过全方位降低名义税率而非制定各类行业、地区类税收优惠政策的方式来减税降费，使企业承担的税负接近于实际税负，为税收营商环境提升排名创造空间，进一步减轻税收征纳成本、堵塞税收漏洞。

得分点七：及时跟踪纳税指标体系最新动态，提前考虑涉税争议指标得分

综观全球，不同经济体的税收体制千差万别，涉税争议在任何税收体系中都是不可避免的。当前，世界银行营商环境纳税分报告虽然暂时仍未将"涉税争议调处"这项指标纳入正式的评价范围，但这项指标一直处在世界银行的考察范围之内，并自2017年开始公布部分国家和地区的调查结果，这一个趋势需要引起高度的关注，需要样本城市重点关注并在这项指标上未雨绸缪和提前布局。

突破口七：考虑到世界银行对涉税争议方面的关注，且未来很可能将其作为一项正式指标纳入纳税营商环境评价指标体系，下一步广州市应在涉税争议领域建立健全独立、公正、公开和及时的涉税争议调处机制，超前布局，精心谋划，力争主动，主要侧重点在于：一是涉税争议流程在设计上宜采取"从简"原则，纳税人在这项业务整体上所耗费的时间不宜太长；二是尽量在税务部门内部进行解决，减少纳税人采用法律诉讼等其他方式解决涉税争议事项；三是尽可能在纳税人缴纳税费所在的基层税务部门内进行解决，尽量避免将涉税争议上报到上一层级的税务部门解决。

得分点八：积极参与世界银行纳税指标的讨论与修改，增加指标制定话语权

"纳税"自2006年纳入世界银行《营商环境报告》的指标体系以来，经过多年来不断的修改，其指标的设计与考量就处在不断完善之中。尽管世界银行纳税指标具有一定的科学性，但在评价规则方式与指标设计方面，有利于以所得税为主体税种的样本城市，而对于以增值税和所得税"双主体"税制体系的中国样本城市十分不利。

突破口八：作为被世界银行列入评价中国营商环境的样本城市，广州未来应该在纳税指标体系的构建和完善贡献更多的智慧。下一步，要充分发挥市社科院、市优化营商环境咨委会等机构的作用，利用上述机构与世界银行营商环境组的合作基础[①]，加强与世界银行在纳税指标的对接与沟通，尽可能将广州等样本城市在改善税收营商环境方面的做法表现在纳税各项指标的评估结果中，不断提升广州在纳税等营商环境指标体系的话语权。

---

① 广州市社会科学院组建专题课题组于2018年5月正式启动"广州营商环境评估与提升报告"项目的研究，并于2018年5月25日邀请世界银行营商环境组专家吉隆坡指标团队负责人Arvind Jain（阿尔温德·贾恩）等专家，召开《广州市营商环境评估与提升报告》工作方案研讨会；2019年12月4日邀请世界银行营商环境组专家艾尔申科参与"打造数字政府 共建活力湾区——推动现代化国际化营商环境出新出彩"学术研讨会，围绕粤港澳大湾区营商环境改革创新进行研讨交流。

第三节 广州与世界银行《营商环境报告》样本城市纳税指数的国际比较

一 样本城市

世界银行《营商环境报告》评价全球 190 个经济体，一般选取该经济体中最大的商业城市作为评价城市，但对 11 个人口超过 1 亿的经济体（孟加拉国、巴西、中国、印度、印度尼西亚、日本、墨西哥、尼日利亚、巴基斯坦、俄罗斯和美国），将数据采集范围扩大到第二大商业城市。例如美国是纽约和洛杉矶；中国（不含港澳台地区）是北京（权重45%）和上海（权重55%）。对人口超过 3 亿的经济体，下一步，世界银行还有意对评价城市进行扩围。其中既包括全球性顶级城市，也包括洲际代表性城市，还包括部分发展中国家的先进城市。本报告选取已纳入世界银行《营商环境报告》评价体系的 19 个城市为比较样本，既包括全球性顶级城市，也包括洲际代表性城市，还包括部分发展中国家的先进城市（见图 8-1）。

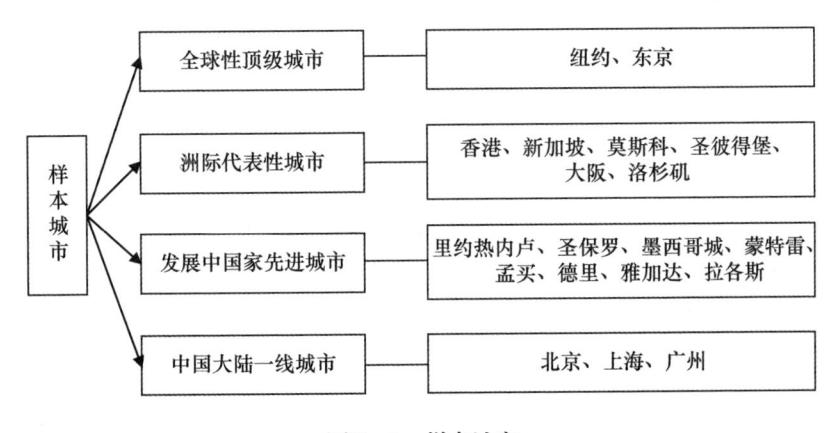

图 8-1 样本城市

二 数据来源

根据世界银行营商环境"纳税"指标的评价标准,课题组在咨询 PWC、KPMG 等会计师事务所注册会计师、注册税务师的基础上,对企业进行实地调研,获取纳税指标的原始数据。在获取原始数据后,通过向广州市发改委发函咨询以及赴广州市税务局实地调研,对所获取数据进行了修正,得到广州市最终测算数据。其他城市数据主要来源于世界银行《2020 年营商环境报告》及普华永道官方网站《2020 年世界纳税报告》数据库[①](见表 8-2)。

表 8-2　　各城市基础数据

城市	纳税次数（次/年）	纳税时间（小时/年）	总税收和缴费率（%）	税后流程指数（0—100）
新加坡	5	64	21	72.00
香港	3	35	21.9	98.90
雅加达	26	191	30.1	68.80
洛杉矶	10	175	33.2	94.00
拉各斯	48	349	34.8	47.50
纽约	11	175	38.9	94.00
莫斯科	9	159	46.2	73.30
圣彼得堡	9	159	46.2	88.10
东京	19	129	46.7	95.20
大阪	19	129	46.8	95.20
孟买	12	254	49.7	49.30

---

① 普华永道《世界纳税报告》为世界银行《营商环境报告》的子报告。详见普华永道官方网页，https://www.pwccn.com/zh/tax/paying-taxes-2020.pdf；财政部、国家税务总局与北京、上海等地财税部门多次参与由世界银行与普华永道联合举办《世界纳税报告》全球发布会，在公开场合发表观点认为《世界纳税报告》是世界银行《营商环境报告》的子报告，相关报道网址：https://www.sohu.com/a/276983197_170401。

续表

城市	纳税次数（次/年）	纳税时间（小时/年）	总税收和缴费率（%）	税后流程指数（0—100）
德里	10	250	49.7	49.30
北京	7	138	55.1	50.00
墨西哥城	6	241	55.1	40.50
蒙特雷	6	241	55.1	40.50
广州（测算数据）	7	138	54.9	50.00
上海	7	138	62.6	50.00
圣保罗	10	1501	64.7	7.80
里约热内卢	9	1501	65.7	7.80

三 计算方法

世界银行采用"营商环境便利度"得分法衡量一个经济体整体税收营商环境。营商环境便利度分数表示该经济体税收营商环境与最佳成绩之间的差距，分值在0—100，分值越大，说明该地区的税收营商环境与最佳成绩之间的差距越小，排名也越靠前。具体步骤如下。

第一，将收集到的参评地区的各项税收营商环境指标基础数据，量化为指标分值y当前[1]，将各数据中的最好成绩和最差成绩定为y最优和y最差。

第二，分项设定前沿标准，前沿标准就是各参评地区在各项指标上取得的最好成绩y最优，最差成绩y最差（见表8-3）。

---

[1] 值得注意的是，"总税收和缴费率"计算方法不同于其他指标，根据世界银行《2020年营商环境报告》，在计算此项指标前，应先对该指标进行非线性变换处理。

表 8-3　　　　　　　各指标前沿标准相关数值

指标	最优地区	最优分值（y 最优）	最差分值（y 最差）
纳税次数	中国香港	3	63
纳税时间	新加坡	49	696
总税收和缴费率	加拿大、丹麦、新加坡	26.1	84
税后流程指数	无	100	0

资料来源：世界银行《2020 年营商环境报告》第六章。

第三，计算每个参评地区的营商环境便利度分数，可以通过公式 Y 指标前沿距离得分 =（y 最差 - y 当前）÷（y 最差 - y 最优）×100% 得到。

最后，将该地区各指标的营商环境便利度分数做加权求和①，得到该参评地区的营商环境便利度分数。

四　总体比较

第一，19 个样本城市总得分可以划分为五个梯队。香港和新加坡属于第一梯队，这两个城市的总得分均在 90 分以上。洛杉矶、纽约、圣彼得堡、东京、大阪属于第二梯队，这五个城市的总得分介于 80—90 分。莫斯科、雅加达、广州、北京、上海、德里、孟买、墨西哥城、蒙特雷属于第三梯队，这九个城市总得分介于 60—80 分。拉各斯、里约热内卢、圣保罗属于第四梯队，这三个城市总得分低于 60 分。

第二，按照世界银行营商环境"纳税"指标的评价方法论与评价口径测算，广州"纳税"指标总得分 71.78 分，总排名第十位，属于第三梯队。广州的总得分在 19 个样本城市中属于中等水平，相对香港、新加坡、洛杉矶等城市而言，仍有较大的提升空间；与北京、上海相比，有一定优势，但不明显；但

---

① 参考世界银行评价标准，各指标权重采用均分法确定，四个一级指标权重均为 25%。

是与德里、孟买、墨西哥城、蒙特雷等城市相比，具有一定领先优势。在3个中国（不含港澳台地区）一线城市中，广州总得分高于北京和上海（见图8-2）。

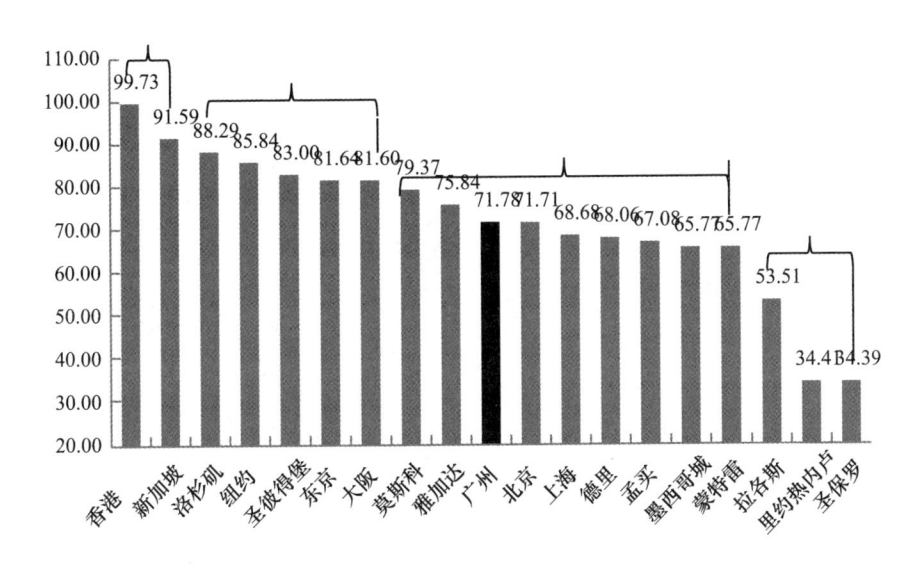

图8-2 各城市纳税指数总得分及排名情况

五 多维评价

（一）纳税次数：广州排名第五位，处于全球先进水平

在"纳税次数"的统计上，按照原有标准，《世界纳税报告》特别侧重于一个国家和地区是否采用电子化的方式进行纳税申报，即便是该国家和地区在申报某一项税种和缴纳税款的流程十分复杂，但只要采用电子化的申报模式，就可以将该税种整一个纳税年度的纳税次数视同为一次进行统计。可见，推广电子化申报和合并申报是减少纳税次数、提高得分的关键（见图8-3）。

近年来，广州将信息化技术和系统引入税收征管过程中，不断推广电子化申报和合并申报，成效十分显著。2019年，全市已实现所有税费100%网上申报，网上申报率高于97%；

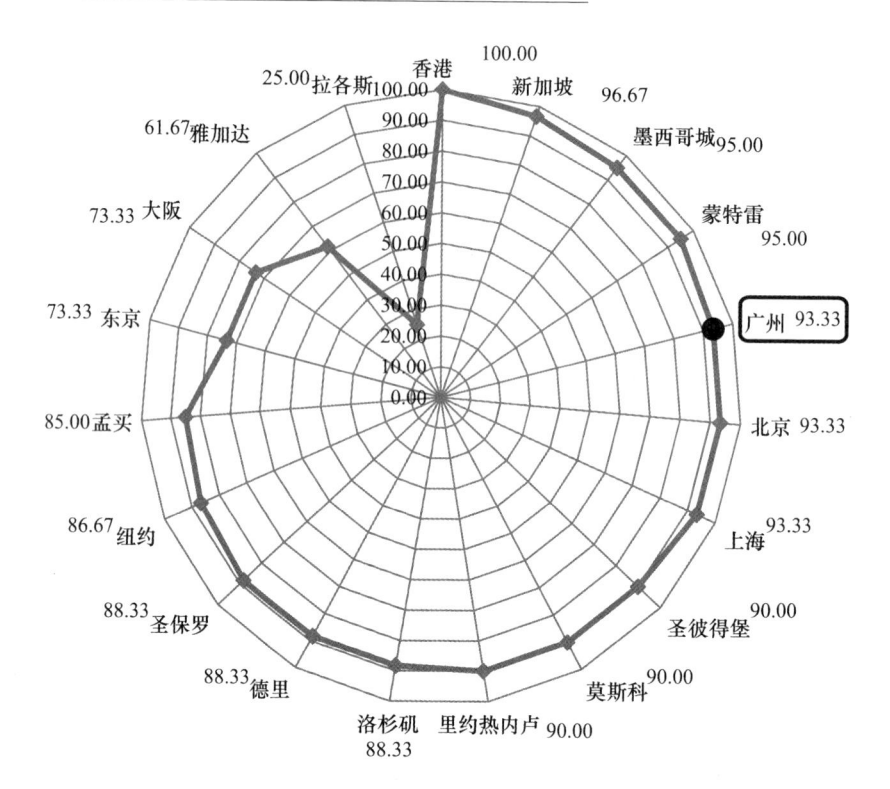

图 8-3 各城市"纳税次数"得分及排名情况

2019年10月，在网上申报的基础上，全市实现增值税、城市维护建设税、教育费附加和地方教育附加等税费的合并申报，此外，还实现城镇土地使用税和房产税的合并申报。当前，广州电子化申报和合并申报工作取得明显进展。

按照世界银行营商环境"纳税"指标评价方法论和评价口径测算，广州的纳税次数为7次，与《2020年营商环境报告》中国（北京、上海）的纳税次数一致；广州"纳税次数"指标得分为93.33分，在19个样本城市中与北京、上海并列第5位，处于全球先进水平，排名远高于洛杉矶、纽约、东京、大阪等城市。虽然广州纳税次数为7次，远低于全球23.1次的平均水平，排名较为靠前，但与香港（3次，100分，第1位）、新加坡（5次，96.67分，第2位）等城市相比，仍有略微差距。

（二）纳税时间：广州排名靠前，但与香港、新加坡仍有一定差距

按照原有标准，《世界纳税报告》对于"纳税时间"指标的定义，主要包括了公司申报及缴纳主要税种的方式及频率，包括企业准备、申报、缴纳企业所得税、增值税、日常经营缴纳的印花税、房地产交易缴纳的印花税、房产税、城镇土地使用税、土地增值税、为员工支付的社会保险费和住房公积金、城市维护建设税、教育费附加、地方教育附加等税费的时间。

近年来，广州对标世界银行评价标准，有针对性推行电子化无纸化办税，精简办税流程、优化电子税务局等便利化改革，全面压缩纳税准备时间、申报时间和缴款时间。在压缩纳税准备时间方面，广州积极推行"网上办、线上办、码上办、掌上办"，推动减少办税时间，244项税费业务实现全流程无纸化办理，全市网上办理率达到93.08%；率先推广应用"税链"区块链电子发票平台，推广增值税电子普通发票，2020年1—7月，广州共有12.64万户纳税人领用增值税电子普通发票，占领总用户数的55.24%，同比增长248%；共有2.74万户纳税人开具区块链电子发票85.5万张；探索推进财务报表与纳税申报表对接转换工作；推进可视化辅导和服务，推广运用"税视通"视频办税平台，为纳税人进行网上远程辅导；依托"广州税务企业号"推出"税惠通"和"税惠享"，精准推送减税降费减免体检等提示信息。在压缩纳税申报时间方面，全税费种实现网上申报，网上申报率97%以上；推行增值税"一键申报"，一般纳税人申报时间从20分钟缩短为约5分钟；推出165项"一次不用跑"办税事项清单；推行多税费种合并申报。在压缩缴款时间方面，积极推行网上缴税三方协议全程网签。通过多项措施，广州在压缩纳税时间方面取得显著成效（见图8-4）。

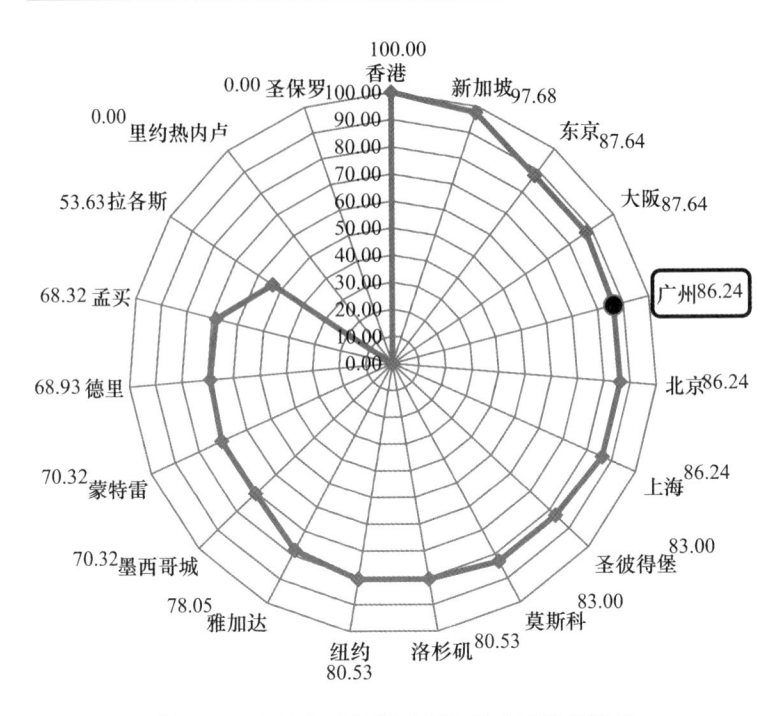

图 8-4 各城市"纳税时间"得分及排名情况

按照世界银行营商环境"纳税"指标评价方法论和评价口径测算,广州的纳税时间为 138 小时,与《2020 年营商环境报告》中国(北京、上海)的纳税时间一致;广州"纳税时间"指标得分为 86.24 分,在全球 19 个样本城市中,与北京、上海并列第 5,高于洛杉矶、纽约、莫斯科等城市,但仍低于香港、新加坡、东京、大阪四个城市。根据《2020 年世界纳税报告》,香港年均纳税时间仅 35 小时,新加坡仅 64 小时,广州虽然远低于全球平均 238 小时,处于全球较好水平,与香港和新加坡相比,仍有一定的压缩空间。

(三)总税收和缴费率:广州排名第 13 位,减税降费存在较大空间

"总税率和缴费率"是影响样本城市税收营商环境纳税指标得分的关键指标。近年来,广州深入贯彻落实国家减税降费政

策，重点推出一批小微企业普惠性税收减免政策，降低制造业、交通运输业、建筑业等行业增值税率等，减税降费成果显著。2019年广州新增减税621.7亿元，减少社保缴费67.81亿元。今年以来，广州市税务局坚持原有政策和新出台政策两手抓、两不误，落实2020年新出台支持疫情防控和经济社会发展的税费优惠政策，并不断扩大2019年更大规模减税降费政策在2020年继续实施形成的减税降费效应。同时，广州市税务局会同市人力资源和社会保障局、市医疗保障局和广州住房公积金管理中心继续严格执行过渡期广州"五险一金"较低费率政策，继续保持了广州较低费率优势。

按照世界银行营商环境"纳税"指标评价方法论和评价口径测算，广州的"总税收和缴费率"约为54%，比世界银行《2020年营商环境报告》中北京（55.1%）、上海（62.6%）的"总税收和缴费率"低［主要原因是广州市单位缴纳的养老保险费率（14%）比北京、上海低2个百分点，广州单位缴纳的医疗保险费率（5.5%）比北京（10%）、上海（9.5%）分别低4.5个和4个百分点］；广州的"总税收和缴费率"得分为57.56分，高于北京和上海，排第13位；但与新加坡、香港、雅加达、洛杉矶等城市相比，广州的总税收和缴费率仍然偏高，在样本城市中处于中等偏下水平，其主要原因是单位缴纳的社会保险费和公积金较多，负担较大（见图8-5）。

（四）报税后流程指数：广州目前得分较低，但提升潜力较大

报税后流程指数主要从申请增值税留抵退税时间、增值税留抵退税到账时间、企业所得税更正申报时间、企业所得税更正申报引发审计时间四个二级指标进行衡量，每个二级指标分值占比25%。

在世界银行《2020年营商环境报告》，中国（北京、上海）

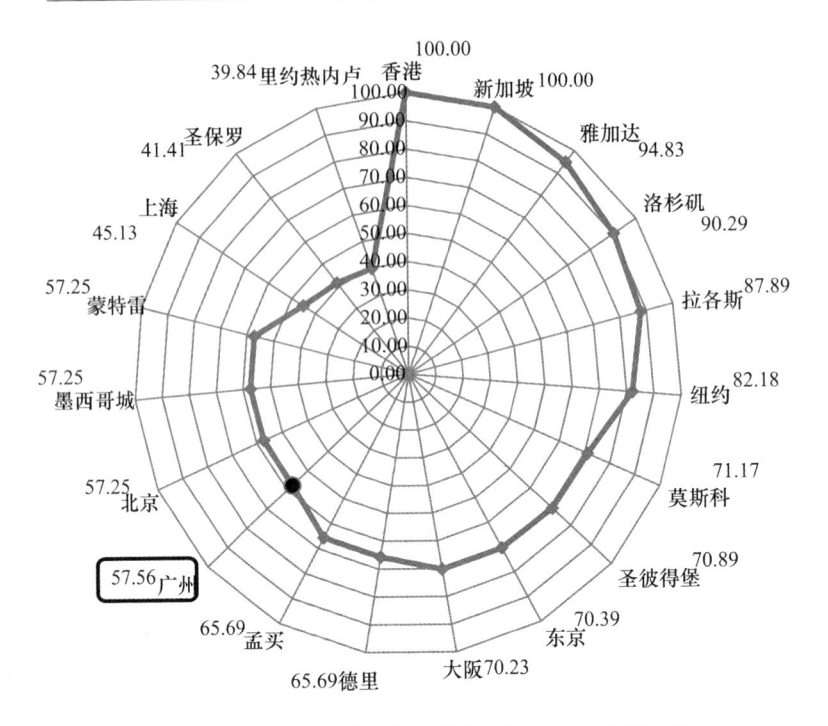

图 8-5　各城市"总税收和缴费率"得分及排名情况

的报税后流程指数得分为50分，四个二级指标中，"企业所得税更正申报时间"和"企业所得税更正申报引发审计时间"得满分；"增值税留抵退税申请时间"和"增值税留抵退税到账时间"两项二级指标得0分，其主要原因是世界银行以获得增值税留抵退税的制造业中小企业数量少、中介机构填报数据少、难以计算增值税退税成绩为由，不认可中国增值税留抵退税改革成效（见图8-6）。

按照世界银行营商环境"纳税"指标评价方法论和评价口径测算，广州的报税后流程指数得分为50分，在19个样本城市中排第10位，属于中等水平。其中，"企业所得税更正申报时间"和"企业所得税更正申报引发审计时间"指标得分为满分，"增值税留抵退税申请时间"和"增值税留抵退税到账时间"两项二级指标得0分。

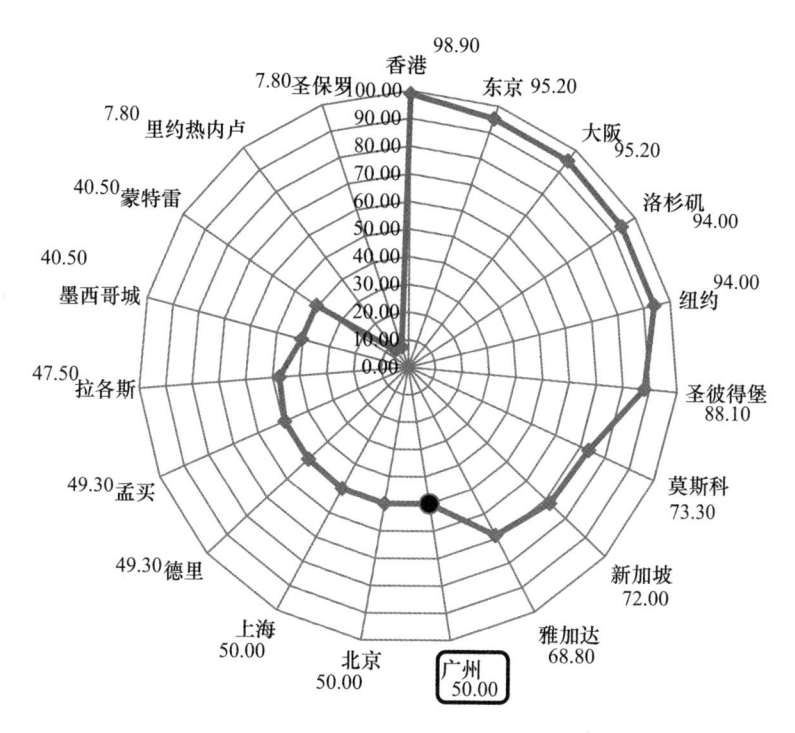

图8-6 各城市"税后流程指数"得分及排名情况

针对世界银行对中国在增值税留抵退税指标方面提出的问题，为了使其采信广州落实增值税留抵退税的改革成效，增值税留抵退税政策从2019年起覆盖全部行业，广州税务部门通过"一对一"逐户辅导符合条件的企业申请增值税留抵退税，使企业"应享尽享"，最大限度增加获得增值税留抵退税的企业数量。同时，会同中国人民银行广州分行，共同将退税办理速度加快至平均4天，最快的当天申请当天获得退税。此外，广州税务部门还通过广州税务微信、微博专题宣传，编印《增值税留抵退税政策宣传手册》，市税务局局领导带队上门辅导中介机构等措施，多渠道多形式广泛宣传广州增值税留抵退税政策、办理指引、已办理退税户数、已退税金额，进一步提高税务中介和社会公众对增值税留抵退税政策的知晓度和认可度。近年来，广州在落实增值税留抵退税政策的努力，将会进一步体现在报税后流程指数成绩中。

第四节 全面优化广州税收营商环境：系统谋划，重点突破

良好的税收营商环境是一个城市竞争力、软实力、吸引力、创造力与驱动力的重要体现。作为全国首批5个优化税收营商环境的试点城市之一，广州近年来对标世界银行《营商环境报告》纳税指标，先后出台多项优化税收营商环境、提高纳税服务水平的政策措施，推出了区块链电子发票等8项典型的改革经验做法及举措，但与国际先进城市相比，仍存在一定的改善空间。下一步，我们要切实增强使命感和责任感，适应新时代、新任务、新要求，对标世界先进做法，以优化税收营商环境为抓手，以纳税人需求为导向，先破后立、改革创新，担当作为，提质增效，立足发挥税收职能作用，不断推进纳税便利化改革，减少纳税人办税时间，降低办税负担，以纳税人的"合理需求"倒逼"改革创新"，全面加快推进税收工作高质量发展，奋力推进新时代营商环境再上新台阶。

一是探索实现多税种综合申报。参照上海市税务部门"五税种综合申报"的先进做法，探索实现企业所得税、城镇土地使用税、房产税、土地增值税、印花税等多税种综合申报，进一步减少纳税次数。

二是持续推进个人所得税、社保、公积金"三表合一"应用工作。不断完善"三表合一"功能，扩大应用覆盖面，提升申报缴纳个人所得税、社会保险费、住房公积金的便捷度。

三是推进主税附加税一表集成申报。在实现增值税、城市维护建设税、教育费附加、地方教育附加"同一界面，一次性

合并申报"的基础上，将消费税、文化事业建设费纳入合并申报，实现"主附税费合并申报"，进一步提高便捷度。

四是通过实现财务报表数据转换、优化推广电子税务局、充分发挥征纳沟通平台作用等方式节约纳税人纳税准备、申报和缴纳时间。

五是构建智能化电子税务局。推进"互联网+税务"建设，协助广东省税务局不断完善电子税务局业务功能，大力发展自助办税、移动办税，让纳税人足不出户，可通过网上、掌上、"码"上办理税费业务，进一步缩减纳税人平均办税时间。

六是通过严格落实各类减税降费政策降低总税收和缴费率，主要涉及企业所得税、由企业承担的社会保险费及住房公积金部分、土地增值税、房产税等。

七是降低广州工业用地城镇土地使用税标准。对标北京、上海，进一步降低广州工业用地征收城镇土地使用税年纳税额的最低标准。

八是对符合增值税留抵退税条件的企业，办理企业所得税网上自主申报更正的企业主动宣传、精准推送，积极引导纳税人在线申请、网上办理，实时跟踪报税后流程进度，进一步优化提升报税后各项业务流程。

九是构建全域数字化税收服务机制。通过"大数据"赋能，推行多缴税费免申请主动退、税费优惠政策点对点精准推送、"不来即享"、纳税人税收风险"大数据"精准体检和提醒服务，通过数字化手段优化改善报税后业务流程。

第九章　跨境贸易

第一节　世界银行跨境贸易营商环境评价方法

一　评价指标和评分方法

（一）评价指标

世界银行《营商环境报告》根据外贸企业办理各项货物进出口手续所需的时间和成本（不包括关税），共使用了8个具体指标来评估经济体的跨境贸易营商环境（见表9-1）。这8个指标的评估数据，决定了各个经济体的跨国贸易前沿距离，以及跨境贸易便利度的排名情况。虽然《营商环境报告》还收集和公布各个经济体国内运输的相关时间和成本数据，但在计算跨境贸易前沿距离时并没有采用这些数据。

表9-1　　　　　　　　跨境贸易营商环境评价指标

二级指标	定　义
出口边界合规时间（小时）	出口货物从抵达口岸到离开的耗时，主要包括抵港卸货、海关查验、货场理货、货物装船等环节的耗时。
出口边界合规成本（美元）	出口货物在口岸装卸和报关查验所产生等费用，主要包括报关代理费、码头操作费、设备交接单费、出口单证服务费、集装箱操作费、货物港务费、港口建设费、港口设施保安费等。

续表

二级指标	定义
出口单证合规时间（小时）	办理出口所需单证的耗时，主要包括准备合同、发票、出口报关单、海运提单等单证的耗时。
出口单证合规成本（美元）	办理出口所需单证的费用，主要包括船公司收取的文件费或提单费用。
进口边界合规时间（小时）	进口货物抵达口岸到提离的耗时，包括船舶抵港靠泊、货物卸船、海关查验、货场理货、装车离港等环节的耗时。
进口边界合规成本（美元）	进口货物在口岸装卸和报关查验所产生等费用，主要包括报关代理费、码头操作费、设备交接单费、进口单证服务费、集装箱操作费、货物港务费、港口建设费、港口设施保安费等。
进口单证合规时间（小时）	办理进口所需单证的耗时，主要包括办理合同、发票、进口报关单、海运提单等单证的耗时。
进口单证合规成本（美元）	办理进口所需单证的费用，主要包括船公司收取的文件费和代理报关企业收取的进口换单服务费。

（二）评分方法

世界银行主要通过向当地货运转运商、报关行、贸易商等外贸企业或机构发放调查问卷来收集跨境贸易数据，并根据所收集的数据计算各经济体的跨境贸易前沿距离。各经济体的跨境贸易前沿距离，等于上述8个指标得分的简单平均值。某一指标得分的计算公式如下：

某一指标的得分 =（评价经济体数据 - 最差经济体数据）÷（最优经济体数据 - 最差经济体数据）×100

上式中，最差经济体数据是指近五年得分最低经济体的平均值，最优经济体数据是指2005年以来该指标曾达到的最高水平。

二 贸易产品和运输方式

（一）标准贸易产品

世行评估进口贸易便利度，统一选择各经济体进口标准集装箱装运的全新汽车零部件作为标准贸易产品，中国为从德国进口的汽车零部件（HS 8708）；评估出口贸易便利度，则选择各经济体出口贸易额最大的商品，中国为出口至香港的中国海关 HS 编码清单中的第 85 章机电产品（HS 8500）。

（二）运输方式或进出口边境类型

世行《营商环境报告》把产品出口或进口边境类型分为两类，即海港口岸（port）和陆路口岸（land），分别对应海运和陆运两种运输方式。世行《营商环境报告》根据所选出口或进口产品最广泛使用的运输方式，来确定出口或进口边境类型。从中国的情况看，现有样本城市（上海和北京）进口和出口都是按照海运方式来评估的。如果广州被世行选取为中国营商环境评估的样本城市，由于广州出口至香港的机电产品超过八成都采用陆运方式（从深圳陆路口岸，即皇岗口岸入境香港），因此，广州的跨境贸易指标应该按照"进口海运、出口陆运"方式来评估。

（三）运输方式对评估结果的影响

选择海运还是陆运方式来评估跨境贸易营商环境，对评估结果的影响非常大。陆路运输通关较为顺畅，一般情况下不存在较长时间的排队情况，不需要装卸货，也没有与船运和港口相关的费用，因此不仅边界合规时间较短，边界合规费用也较低。

整体上看，进出口为陆路运输方式的经济体排名较为靠前。根据世界银行《2020 年营商环境报告》中的评估结果，跨境贸易营商环境排名靠前的经济体基本上都是采用陆路运输方式来评估的。如表 9-2 所示，跨境贸易营商环境排名前 27 位的经济体，出口和进口都是陆路运输方式；在进口和出口都是海运方式的经济体中，韩国的排名最为靠前，但世界排名仅列第 36 位。再如表 9-3 所示，进口和出口都是海运方式的经济体，跨境贸易营商环境平均得分为 83.6 分,而进口和出口都是陆运方式的经济体,跨境贸易营商环境平均得分仅为 64.2 分。从进口和出口各项评价指标的平均得分来看,陆运方式经济体的表现明显好于海运方式的经济体。

表 9 - 2　　　　跨境贸易前沿距离排名前 36 位的经济体

经济体名称	排名	跨境贸易前沿距离	出口边境类型	进口边境类型
比利时	1	100.0	陆运	陆运
波兰	1	100.0	陆运	陆运
丹麦	1	100.0	陆运	陆运
法国	1	100.0	陆运	陆运
荷兰	1	100.0	陆运	陆运
捷克	1	100.0	陆运	陆运
克罗地亚	1	100.0	陆运	陆运
卢森堡	1	100.0	陆运	陆运
罗马尼亚	1	100.0	陆运	陆运
葡萄牙	1	100.0	陆运	陆运
斯洛伐克	1	100.0	陆运	陆运
斯洛文尼亚	1	100.0	陆运	陆运
西班牙	1	100.0	陆运	陆运
匈牙利	1	100.0	陆运	陆运
意大利	1	100.0	陆运	陆运
爱沙尼亚	17	99.9	陆运	陆运
瑞典	18	98.0	陆运	陆运
立陶宛	19	97.8	陆运	陆运
圣马力诺	20	97.5	陆运	陆运
保加利亚	21	97.4	陆运	陆运
挪威	22	97.0	陆运	陆运
塞尔维亚	23	96.6	陆运	陆运
白俄罗斯	24	96.5	陆运	陆运
阿尔巴尼亚	25	96.3	陆运	陆运

续表

经济体名称	排名	跨境贸易前沿距离	出口边境类型	进口边境类型
瑞士	26	96.1	陆运	陆运
波斯尼亚和黑塞哥维那	27	95.7	陆运	陆运
拉脱维亚	28	95.3	海运	陆运
中国香港特别行政区	29	95.0	陆运	海运
不丹	30	94.2	陆运	陆运
科索沃	31	94.2	陆运	陆运
北马其顿	32	93.9	陆运	陆运
英国	33	93.8	海运	海运
希腊	34	93.7	海运	陆运
斯威士兰	35	92.9	陆运	陆运
韩国	36	92.5	海运	海运

资料来源：数据来源于《2020年营商环境报告》，世界银行。

表9-3　不同进出口边境类型经济体的跨境贸易前沿距离

经济体数量	出口边境类型	进口边境类型	平均跨境贸易前沿距离
66	陆运	陆运	83.6
7	陆运	海运	79.1
15	海运	陆运	76.0
1	海运	海运/陆运	71.8
99	海运	海运	64.2

资料来源：数据来源于《2020年营商环境报告》，世界银行。

三　中国跨境贸易营商环境评估情况

根据世界银行《2020年营商环境报告》，中国营商环境总体排名第31位，较上年提升15位，连续两年成为全球营商环境改善最为显著的经济体。仅从跨境贸易营商环境来看，跨境贸易前沿距离从上年的82.6提高到86.5，排名从第65位提升至第56位。近年来，中国通过实行进出口货物提前申报、升级港口基础设施、优化海关行政管理、公布收费标准等措施来促进贸易便利化，取得了显著成效。然而，跨境贸易营商环境排名落后于总体营商环境排名，今后促进通关便利化、降低跨境贸易成本，仍是中国全面优化营商环境的重点。

需要说明的是，世界银行《营商环境报告》将不同运输方式的经济体放在一起统一排序，由于陆运环节少、时间短、成本低，因此，跨境贸易前沿距离居于前列的主要是陆运经济体，特别是欧盟的经济体。虽然中国跨境贸易第 56 位的世界排名不算靠前，但在进口和出口都采用海运方式评估的经济体中，中国位列第 7（见表 9 - 4），这个排名已非常靠前。

表 9 - 4　　进口和出口都采用海运方式评估、排名前 10 位的经济体

序号	经济体	跨境贸易前沿距离	全球排名
1	韩国	92.5	36
2	新加坡	89.6	47
3	马来西亚	88.5	49
4	塞浦路斯	88.4	50
5	爱尔兰	87.2	52
6	冰岛	86.7	53
7	中国	86.5	56
8	日本	85.9	57
9	巴拿马	85.5	59
10	中国台湾	84.9	61

注：进口和出口都采用海运方式的经济体共有 98 个。

资料来源：数据来源于《2020 年营商环境报告》。

第二节　广州优化跨境贸易营商环境取得的成效

近年来，广州陆续出台了一系列改革举措，加快推进跨境

贸易营商环境优化提升工作。例如：2014年，广州推进国际贸易"单一窗口"试点建设，促进跨境贸易便利化；2019年，广州出台了《广州市优化口岸营商环境促进跨境贸易便利化工作方案》，为优化广州市口岸营商环境推出33条工作措施；2020年2月，广州印发了《关于促进跨境贸易便利化若干措施的公告》，推出18条具体举措。随着各项改革举措的落实落地，广州口岸营商环境改善，跨境贸易便利化工作取得显著成效，主要表现在以下五个方面。

一 通关改革创新持续深化，通关效率显著提升

近年来，广州持续深化通关模式改革，通关时间大幅压缩。2020年6月，广州海关进口整体通关时间12.56小时，出口整体通关时间0.81小时，与2017年相比分别压缩84.92%和92.82%。"提前申报""两步申报"模式全面推广，截至2020年6月，广州海关出口"提前申报"率为89.9%，进口"提前申报"率为57.1%。广州海关"两步申报"试点范围已拓展到关区所有现场口岸一般信用及以上的企业，进口汽配件"两步申报"比例超过80%。海关通关作业前置和"两步申报"改革，使整体通关时间大幅缩短，由三四天压缩到半天，物流运转效率也大幅提升，节约了物流成本。"两段准入"改革成效显著，加快了货物提离口岸速度，压缩了货物通关检验时间，节省了码头装卸及堆场堆放费，企业反响良好。以进口铁矿为例，广州海关对进口铁矿等矿石实施"先放行后检"，企业平均通关时间压缩87%。进口汽车零部件产品检验措施不断优化，简化了进口免予3C认证证明程序，推进第三方检验结果采信工作，试点叠加便捷通关立体监管模式，提高了通关效率。海运口岸实施24小时智能通关模式受到企业认可，实现了7天常态化通关，推进24小时全天候智能通关，实现了企业24小时自助报

关、通关和通航。通关时间大幅压缩，南沙港二期码头的海关查验量由原来的12小时300柜提升至500柜，预期进口24小时放行率不低于96%，出口不低于99%。

二 单证办理手续不断精简，企业认可度逐步提升

广州大力精简进出口随附单证，简化单证办理手续，单证合规时间不断压缩。报关随附单证不断简化，进口申报环节企业无须向海关提交装箱清单，出口申报环节企业无须向海关提交合同、发票、装箱清单，海关审核确有需要时再以无纸化方式提供。证明事项大幅清理，广州海关已取消企业提交相关事项办理证明84种，并修改完善了关区企业资质管理业务申请材料和办理流程。据企业反映，免予办理强制性产品认证证明等便利措施，彰显了海关对企业报关差错管理更加公平、公正。单证电子化改革效果显著，依托电子口岸或"单一窗口"网站实现报关单、舱单申报、运输工具申报电子化覆盖率100%，推广《海关专用缴款书》、出口《原产地证明》自助打印等功能。调研显示，企业对《原产地证明》电子化等改革举措认可度高，企业实现了零跑腿，极大节约了时间和成本。

三 口岸操作流程持续优化，港口物流效率不断提升

近年来，广州不断优化口岸操作流程，进一步提升港口物流效率。开展出口货物"船边直提""抵港直装"试点，目前在南沙港区、黄埔新港区已实现常态化开展，进一步提升特殊商品的通关效率。船舶监管不断优化，实行"先通关、后查验"船舶通关新模式，实现集装箱班轮无布控指令即靠即卸，船舶通关零待时，使船舶装卸作业提前1小时完成，每年8000余艘国际航行船舶享受便捷服务。实施船舶安全检查智能选船，为安全、诚信、低风险船舶提供更多便利。公布细化港口作业时

限标准,严格落实口岸作业时限,口岸查验单位在口岸现场、口岸办事大厅、"单一窗口"和各单位门户网站等公示通关作业流程、环节、时限和所需单证。2019年3月,广州市港务局、广州港股份公司对集装箱班轮桥时效率、拖轮准时到位率、引航服务零等待等作业标准做出承诺。据企业反映,广州口岸办事时效和服务质量不断提升。

四 清理规范收费效果明显,企业通关成本显著降低

广州通过减免降低相关费用、加大财政资金扶持支持力度、规范口岸各项收费标准等多项举措,不断降低合规成本。推进落实降费措施取得成效,免除货物港务费地方政府留存部分(即规定标准的50%)、港口设施保安费公共统筹部分(即规定标准的20%)。2020年3月1日至12月31日,免收进出口货物港口建设费。疫情期间对进出广州港区的新增国内和国际集装箱班轮引航费按规定收费标准上限降低50%征收,截至2020年7月底,已优惠435万元。据调研企业反映,各项降费措施有效节约了企业贸易成本,如免收港口建设费使得20英尺货柜每柜降低成本64元,40英尺货柜每柜降低96元,口岸查验、报关报检等项目收费也有所降低。国有企业引领行业降费,2020年2月1日以来以中联国际、中外运等为代表的国有企业主动下调船代费,较2019年降低5%。广州港主动降低港口作业包干费,20英尺外贸集装箱港口作业包干费由668元/TEU下调为490元/TEU,实际执行价由原有最高570元/20英尺调整为490元/20英尺。加强了收费价格监督检查,通过实施口岸收费目录清单和收费公示鼓励行业合理竞争、价格检查、行业协会引导等多种方式,推动降低报关、货代、船代、物流、仓储等环节经营服务性收费。价格监督管理部门对违反收费公示,无实质服务内容的收费以及其他乱收费行为进行集中检查和整治,降低

了合规成本。

五 港口信息化水平显著提升，"智慧口岸"建设卓有成效

广州不断提升口岸监管和运作信息化水平，港口通关效率显著提升。国际贸易"单一窗口"的推广应用提高了通关效率。目前，广州国际贸易"单一窗口"已建成19个功能模块，包括国际会展、三互作业、危险品申报等特色功能，已对接21个口岸和国际贸易相关部门，自2014年建设至今，"单一窗口"服务企业超过5.6万户，完成各类申报5.2亿票。广州国际贸易"单一窗口"率先实现与国家质检总局全国检验检疫无纸化系统无缝对接，口岸通关时效评估系统在全省100多个码头复制，并将向全国推广。"智慧海关"建设促进通关提速增效，如南沙海关运用"AR技术+单兵"，减少40%查验人力资源。已完成的"互联网+港口物流智能服务"项目实现了港区可视化、物流跟踪、关港联动等功能，该项目成为全国首个通关验收的智慧港口示范工程项目。各类港航物流单证的无纸化应用加速普及，港口单证电子化流转水平不断提升，广州港集团已成功实现进口换单放货的无纸化，客户可以在线快速换取电子进口提货单及设备交接单。广州港集团大力推进智能理货建设，应用"AI人工智能+OCR视频流识别技术"实现了理货与装卸作业同步，大幅提升了理货效率与质量，减少了船舶在港时间，提升了口岸监管效率。

第三节　广州跨境贸易营商环境的指标评估和国内外比较

对标世界银行的评价方法和评价标准，广州进口标准商品为全新汽车零部件，采用海运方式评估；出口标准商品为HS编码清单中的第 85 章机电产品，由于约 80% 的该类产品是通过陆路运输至香港（根据国际贸易"单一窗口"的数据统计），因此采用陆运方式评估。各项跨境贸易营商环境评价指标的数据，主要来自各类外贸企业问卷调查和专家咨询的结果。

一 各项指标的评估情况

（一）进口边界合规时间和成本

由于在提前报关申报模式下，报关申报及海关审核单证发生在船舶抵港前，因此提前申报模式下的进口边界合规时间不包括报关申报及海关审核单证的耗时，只包括船舶抵港靠泊、卸船理货、部门联检、货物存储、码头提货及办理其他手续的耗时。经评估，南沙港进口边界合规时间为 19.9 小时（见表 9-5）。

表 9-5　　　　　　　　　进口边界合规时间

手续或环节	时间（小时）
通关和检验，即船舶靠港卸货、部门联检和海关放行	8.4
港口内货物运输，并将货物存入仓库	2
将货物储存在港口仓库	6
码头提货，即卡车排队等待至离开港口	3.5
合计	19.9

进口边界合规成本是指船公司、船代、报关公司、港口经营单位、海事局等单位或企业收取的费用，具体包括报关代理费、码头操作费（THC 费）、货物港务费、港口设施保安费、设备交接单费、集装箱操作费、进口单证服务费等。经评估，南沙港进口边界合规成本为 217 美元（见表 9-6）。

表9-6　　　　　　　　　　进口边界合规成本

收费主体	费用名称	费用（元）
船公司	码头操作费（THC费）	835
	设备交接单费	42
船代	进口单证服务费	200
	集装箱操作费	72
代理报关企业	雇用报关企业（代理报关服务费）	325
码头经营单位	港口设施保安费	6.4
港务局	货物港务费	8.5
合计		1464（217美元）

（二）进口单证合规时间和成本

进口单证合规时间主要包括办理进口报关单、海运提单、码头作业收据的耗时。其中，办理进口报关单耗时是指从报关申报到海关审核完单证所需要的时间（无须提供合同、发票、装箱单等相关随附单证）。办理进口海运提单耗时是指获取船公司货物放货凭证的耗时。办理进口码头作业收据耗时包括缴清各种费用的放行依据，如设备交接单（船公司放行）、提货单（码头放行）等的耗时。进口单证合规成本主要包括船公司的文件费，即海运提单费用。经评估，南沙新港单证合规时间和成本分别为7小时和74美元（见表9-7）。

表9-7　　　　　　　　　进口单证合规时间和成本

进口所需单证	时间（小时）	费用（元）
合同	1.5	
商业发票		
装箱单		
海关进口申报单		
海运提单	1.5	500（74美元）
码头操作收据	4	
合计	7	500（74美元）

(三) 出口边界合规时间和成本

广州标准货物陆运出口香港，出口边境类型为陆运方式，主要从深圳陆运口岸通关，因此评估所使用的陆运数据以深圳黄冈口岸为样本。由于陆运出口较为顺畅，一般情况下不存在排队情况，也不需要装卸货，因此出口边界合规时间较短。出口边界合规时间主要包括报关申报（在单一窗口填写报关单）和海关审核放行所需的时间。边界合规成本主要包括雇用报关行的费用，由于没有与船运和港口相关的费用，因此出口陆运边界合规费用较低。经评估，出口边界合规时间和成本分别为1小时和29.6美元（见表9-8）。

表9-8　　　　　　　　出口边界合规时间和成本

手续或环节	时间（小时）	成本（元）
雇用报关行		200
出口申报	0.5	
处理进口报关单，海关完成单证审结	0.5	
合计	1	200（29.6美元）

(四) 出口单证合规时间和成本

出口单证合规时间是指办理出口所需通关文件的耗时，主要是准备发票、装箱单、报关单、完成货站操作手续的时间。其中商业发票、装箱单属于随附单证，且在申报时无须提供，因此不需要货主或其代理另外花费时间。报关申报到海关审核完单证所需要的时间一般为1小时左右，完成出口陆运货站操作手续按照0.1小时计算。出口报关单、商业发票、装箱单属于海关申报或随附单证，获取这些单证不需额外付费，所以出口单证合规成本为0。经评估，出口单证合规时间和成本分别为1.1小时和0美元（见表9-9）。

表 9-9　　　　　　　　　出口单证合规时间和成本

手续或单证	时间（小时）	成本（元）
商业发票		
装箱单		
出口报关单	1	
码头作业收据（网上办理 IC 卡）	0.1	
合计	1.1	

二　国内外比较

（一）广州跨境贸易营商环境模拟排名世界第 30 位，处于世界先进水平

按照世界银行评估方法，对广州跨境贸易营商环境进行模拟评估，广州跨境贸易指标的总得分（前沿距离）为 94.9，与世界银行《2020 年营商环境报告》中的经济体比较，广州排名第 30 位（见表 9-10）。与知名国际大都市比较，广州跨境贸易营商环境排名略低于香港（29 位），但高于纽约（39 位）、伦敦（33 位）、新加坡（47 位）、东京（57 位）、首尔（36 位）等国际大都市。特别是，与国内样本城市比较，广州表现明显优于北京（得分 85.7）和上海（得分 87.2）。

表 9-10　　　　　　　广州"跨境贸易"评价指标数值

评价指标	广州	北京	上海	纽约	伦敦	巴黎	东京	香港	新加坡	首尔
出口边界合规时间（小时）	1	24	18	2	24	0	27	1	10	13
出口边界合规成本（美元）	29.6	265	249	175	280	0	241	0	335	185
出口单证合规时间（小时）	1.1	10	8	2	4	1	3	1	2	1

续表

评价指标	广州	北京	上海	纽约	伦敦	巴黎	东京	香港	新加坡	首尔
出口单证合规成本（美元）	0	78	70	60	25	0	54	12	37	11
进口边界合规时间（小时）	19.9	34	37	2	3	0	48	19	33	6
进口边界合规成本（美元）	217	255	230	175	0	0	275	266	220	315
进口单证合规时间（小时）	7	15	11	8	2	1	3	1	3	1
进口单证合规成本（美元）	74	80	75	100	0	0	107	57	40	27
跨境贸易前沿距离（总得分）	94.9	85.7	87.2	92	93.8	100	86.3	95	89.6	92.5
世界排名	30	56	39	33	1	57	29	47	36

资料来源：①广州市的数据主要来自企业问卷调查和专家咨询统计结果，最终数据由广州市社科院课题组进行综合研判所得；其他城市的数据来自世界银行《2020年营商环境报告》。②出于比较的考虑，汇率按照2019年世界银行《营商环境报告》使用的汇率，即1美元=6.76元人民币计算。③纽约的出口和进口边境类型都是陆运，伦敦为出口海运、进口陆运，巴黎出口和进口边境类型都是陆运，广州、香港是出口陆运、进口海运，东京、新加坡、首尔的出口和进口边境类型都是海运。下同。

广州的出口边境类型为陆路口岸，进口为海港口岸。即使考虑数据的可比性问题，与出口和进口边境类型相同的经济体比较，广州的跨境贸易营商环境仍然处于世界先进水平。世界银行《2020年营商环境报告》中，出口陆运、进口海运方式的经济体共有7个，与这7个经济体比较，广州的得分略低于香港，但明显高于其他6个经济体（见表9-11）。

表9-11 广州与相同运输方式经济体跨境贸易营商环境评估结果的比较

评估指标	广州	中国香港	黑山	格鲁吉亚	巴林	肯尼亚	阿根廷	多哥
出口边界合规时间（小时）	1	1	8	6	59	16	21	67
出口边界合规成本（美元）	29.6	0	85	112	47	143	150	163
出口单证合规时间（小时）	1.1	1	5	2	24	19	25	11
出口单证合规成本（美元）	0	12	26	0	100	191	60	25
进口边界合规时间（小时）	19.9	19	23	15	42	194	60	168
进口边界合规成本（美元）	217	266	306	396	397	833	1200	612
进口单证合规时间（小时）	7	1	6	2	60	60	166	180
进口单证合规成本（美元）	74	57	60	189	130	115	120	252
跨境贸易排名	30	29	41	45	77	117	119	131
跨境贸易前沿距离	94.9	95	91.9	90.1	78.7	67.4	67.1	63.7

资料来源：世界银行《2020年营商环境报告》。

（二）广州的出口合规时间和成本指标处于世界先进水平

从出口指标看，与世界银行《2020年营商环境报告》中的经济体比较，广州的出口合规时间和成本指标处于世界先进水平，得分位列世界第19位，排在广州之前的都是欧盟的经济体。这些经济体的主要出口贸易伙伴一般是其他欧盟成员国。自1993年起，欧盟取消了成员国之间商品流通的海关检查等过境手续或程序，并采取了一系列措施消除商品自由流通种种限制或壁垒，已经建立起了较为成熟的内部共同市场（欧洲统一大市场①），从而大大降低了欧盟内部商品流通在过境环节消耗的合规时间和成本。

另外，如表9-12所示，与知名国际大都市比较，广州出口营商环境处于领跑地位，得分略高于香港，在所比较的国际

---

① 欧洲统一大市场是指欧洲经济共同体内部没有经济边界，商品、人员、劳务、资本完全自由流通的市场。根据1986年2月欧共体各国签订的《单一欧洲法》，于1992年12月31日建成。

大都市中得分最高。广州出口营商环境指标评估结果之所以表现如此优异,一方面,是因为近年来广州实施了推进国际贸易"单一窗口"建设、简化单证办理手续贸易便利化改革创新举措,有效降低了出口环节的耗时和成本;另一方面,是因为广州的出口营商环境指标是按照陆运方式来评估的,而按照陆运方式评估,由于出口所需单证或手续较少,而且通关时一般需要装卸货,也不存在码头操作费等与船公司和码头相关的费用,因此出口环节的耗时和成本相对较低。

表9-12　部分全球城市跨境贸易营商环境出口指标得分比较

城市名称	广州	纽约	伦敦	巴黎	东京	香港	新加坡	首尔
出口边界合规时间(小时)	1	2	24	0	27	1	10	13
出口边界合规成本(美元)	30	175	280	0	241	0	335	185
出口单证合规时间(小时)	1	2	4	1	3	1	2	1
出口单证合规成本(美元)	0	60	25	0	54	12	37	11
出口指标平均得分(分)	99.29	91.97	87.77	100	86.56	99.25	88.22	93

资料来源:世界银行《2020年营商环境报告》。

(三)广州进口单证合规时间和成本,与香港、新加坡市和首尔等先进城市比较存在较大差距

从进口指标看,表9-13所列的城市中,广州的进口边界合规时间为19.9小时,表现较好,明显优于东京(48小时)和新加坡(33小时),略逊于香港(19小时),但与纽约(2小时)、伦敦(3小时)、首尔(6小时)的差距较大;广州的进口边界合规成本为217美元,表现也比较好,仅低于纽约(175美元)、伦敦(0美元);广州进口单证合规时间为7小时,表现较差,明显逊于伦敦(2小时)、巴黎(1小时)、东京(3小时)、香港(1小时)、新加坡(3小时)和首尔(1小时);广

州进口单证合规成本为74美元，表现好于东京，但不及香港（57美元）、新加坡（40美元）和首尔（27美元）。综上所述，从跨境贸易进口指标来看，广州与香港、新加坡和首尔等进口边境类型同样为海港的国际大都市仍然存在一定差距，特别是在进口单证合规时间和成本方面差距较大，所以应充分借鉴这些城市简化单证处理手续、降低单证办理费用方面的经验，以提高进口通关效率，降低进口通关成本。

表9-13　部分全球城市跨境贸易营商环境进口指标得分比较

城市名称	广州	纽约	伦敦	巴黎	东京	香港	新加坡	首尔
进口边界合规时间（小时）	19.9	2	3	0	48	19	33	6
进口边界合规成本（美元）	217	175	0	0	275	266	220	315
进口单证合规时间（小时）	7	8	2	1	3	1	3	1
进口单证合规成本（美元）	74	100	0	0	107	57	40	27
进口指标平均得分（分）	90.52	92.06	99.75	100	86.03	90.83	90.91	92.04

资料来源：世界银行《2020年营商环境报告》。

三　小结

按照世界银行评估规则，与世界银行《2020年营商环境报告》中的190个经济体比较，广州跨境贸易营商环境模拟评估结果列世界第30位，排名非常靠前，排在广州前面的绝大部分是欧盟的国家或地区。与知名国际大都市比较，广州跨境贸易营商环境整体上处于领先水平，但在进口单证合规时间和成本指标上，与香港、新加坡和首尔等先进城市比较存在一定差距。与北京和上海比较，广州的跨境贸易营商环境评估分数也要高于国内这两个样本城市。如果世界银行把广州作为评估我国营商环境的样本城市，将会提升中国跨境贸易的总体得分与排名。综合来看，近年来，广州优化跨境贸易营商环境工作取得了显著成效，目前广州跨境贸易营商环境已经处于世界先进水平，为广州打造贸易强市、打造全球企业投资首选地和最佳发展地，巩固与提升"千年商都"地位提供了有力支撑。

第四节　广州跨境贸易营商环境存在的问题和短板分析

虽然近年来广州优化跨境贸易便利化改革创新取得了显著成效，目前跨境贸易营商环境已进入世界先进水平行列，但不少领域和环节还存在一些问题或有待改进之处，主要表现在以下几个方面。

一　口岸进出口流程仍有较大优化改进空间

例如，除南沙保税物流园外，目前广州主要采用先报关、后理货的通关模式。而香港的普通货理不用检验，可以先提柜后申报，当天货到、当天放行，批复放行时间快。上海、北京也在推进快速通关模式，实行先理货后报关、先出区后报关的通关模式，提高了通关时效。再如，进出口货物通关涉及海关、海事、港务、税务、边检等多个政府部门以及码头、船公司、船代、货代、报关行、拖车公司等相关企业，广州口岸各部门和相关企业存在基础条件、认识步调和运用水平不一致，部门之间信息尚未完全共享、信息不充分和不对称制约了整体通关效率的提升。又如，海关查验和货物装卸之间有时会产生协调性问题，当海关发出查验指令时，需要用拖车将货柜拖至查验中心进行查验，但是当码头又有船舶靠泊卸货需要查验时，拖车使用容易产生冲突，或当货物为拼装散货时，会出现在查验场所拆箱后难以及时装箱拖回的情况，导致等待查验货柜堆积，进而增加整体通关时间。

二 港航业务信息化水平亟待进一步提升

目前广州口岸监管无纸化办公和网上办理已基本实现,但港航业务电子化水平仍有待提高。例如,港航业务单据中最重要的两类单证是提货单和设备交接单,目前在港口经营单位的努力以及相关国际班轮公司的配合之下,南沙已经通过"易港达"平台基本实现了出口货物设备交接单的无纸化,但进口货物所必需的提货单和设备交接单,由于涉及物权交接问题,目前尚未实现无纸化,进口企业仍需先通过船代拿到纸质提货单等提货凭证才能到码头凭单提货。再如,2019年南沙港外贸出口网上办单量占总出口办单量的85%左右,但各码头外贸进口货物仍不能实行网上受理;出口办单业务收费完全电子化,但进口办单业务收费尚未电子化;南沙港口查验中心已实现网上办理查验委托业务,但付费业务还未实现电子化,企业还必须到现场交费。

三 商业主体收费公示缺乏统一规范

调研发现,虽然各收费主体在国际贸易"单一窗口"中进行了价格或费用公示,但由于单一窗口收费清单公示没有统一的模板,公示信息缺乏规范,再加上各收费主体对于收费公示工作重视程度不够,导致收费清单存在不统一规范,上传的文件格式差异大、表格体例不统一,不方便查阅等问题。与深圳、上海各口岸经营单位、船代、货代、报关企业运用统一的收费清单公示相比,存在同一服务的收费项目名称不统一,例如,"代理服务费""报关代理费""报关费""代理报关服务费",在收费内容上仅存在微小的差别,但在对外公示则存在多个不同名称。另外,部分收费项目为区间浮动收费,区间最低与最高收费之间跨度很大,且无明确标准,易产生收费不公平、不透明、变相涨价等问题。

四 一些贸易便利化政策的落地实效性不强

近年来，广州出台了一系列政策措施有利于提升跨境贸易便利化水平，但是一些政策在执行过程中难以传导到终端企业，导致政策实施没有达到预期效果。以南沙港实行的"7天常态化通关"模式为例，一些进出口企业、货代反映，需加急通关但不清楚南沙口岸周末通关安排；由于周末业务较少，特别是周日通关业务较少，周末加班反而增加了企业成本，而且周日需要提前预约，增加了程序成本，导致报关企业配合意愿不强。另外，由于周末货量较少，海关有一定的布控查验，因此部分企业认为周日通关货物申报查验率较高，因此更加不愿意在周日报关。再如，目前广州已经明确出口申报环节，企业无须向海关提交合同、发票、装箱清单等商业单证，海关审核确有需要时再以无纸化方式提供。然而，货代或报关企业出于内部管理、留下证据、避免抽检等考虑，往往会要求出口企业提供这些单证，实际上报关时根本用不到。

五 进一步降低跨境贸易合规成本困难较大

在近年来广州降费成效显著的情况下，目前进一步减免口岸收费存在较大的困难，主要表现在：一是近年来广州切实贯彻落实国家口岸行政性收费减免政策，该减免的行政性收费已基本得到减免，剩下的行政性收费项目减免空间很小。二是口岸收费项目中还包括企业经营性收费，这部分费用是合规成本的主要组成部分，由于企业经营性收费基本上是市场形成的，政府无法通过行政手段直接干预，只能使用市场手段，如通过营造公平竞争的市场环境来鼓励合理竞争、促进降费提质。三是即使是企业经营性收费，广州的总体收费水平也不算高，特别是近年来国有企业引领行业降费成效显著,例如,广州港在政府引导下主动降低港口作用包干费,其中 20 英尺外贸集装箱港口作业包干费由原来的 668 元/TEU 下调为 490 元/TEU,继续降低收费的空间不大。四是虽然广州的个别代理收费(如报关代理费)略高于国内一些港口城市的"阳光收费",但由于服务内容不尽相同(例如,压仓费是否包括在代理服务中),收费水平缺乏可比性。事实上,广州进出口代理市场竞争较为充分,相同服务的代理收费水平并不比国内其他主要港口城市高。最后,船公司收取的码头操作费(THC 费),主要包括向支付的港口的码头费用(如码头作业包干费)。在中国,THC 费因港口议价能力差异和历史原因呈现出"南高北低"的格局,广州、深圳的 THC 费水平都高于上海。虽然近年来广州港已经把码头作业包干费调降到了较低水平,但这种降费并没有传导下去,船公司收取的码头操作费(THC 费)仍然较高。船公司的议价能力较强,因此很难通过协商让船公司降低 THC 费。

第五节 国内外城市优化跨境贸易营商环境的经验启示

一 注重国际贸易"单一窗口"功能拓展,线上服务向供应链上下游延伸

新加坡、中国香港等地较早开始推行国际贸易"单一窗口",其服务功能仍在不断拓展丰富,对提高通关效率降低成本效果显著。新加坡作为全球最早推行"单一窗口"的国家,在 1986 年就启用了贸易网(TradeNet),2007 年建设了全国性贸易及物流平台 TradeXchange,2017 年新加坡又将 TradeNet 和 TradeXchange 转移到 NTP,建立新一代国际贸易"单一窗口",打造一体化的口岸公共服务平台,以更好满足企业新的商业需求。

2006年，香港"单一窗口"系统DTTN正式运营，该系统已连接整个供应链参与者，还在不断开拓新业务，如物流软件开发和其他增值服务，为企业提供了一个可与贸易、物流、金融伙伴等多方主体进行互联的公共服务平台。对标新加坡、香港等地"单一窗口"服务系统，广州应不断完善"单一窗口"服务功能，推动更多机构加入"单一窗口"服务系统，打造成为进出口企业、政府监管部门、港口、船公司、船代、货代、金融机构、检验机构等相连接的公共服务平台，更大范围地加强互联互通，从提供口岸通关服务向提供国际贸易供应链服务延伸。

二 推动通关模式改革，有效提升通关效率

国内外先进地区十分注重通过通关模式改革，提升通关效率。韩国通过通关后审计制度、通关前审计制度和保税工厂制度等贸易便利化措施，简化单证提交手续、提升通关效率，降低贸易成本。截至2011年韩国曾连续3年荣获世界银行的通关环境评价第1名。新加坡以自贸区为依托简化通关流程，海关对区内货物实行最小限度的监管，9个自贸区内货物在市场出售前无须报关，在区内加工和再出口货物只需履行简单报关程序，自由贸易区内集聚了大量运输、仓储、配送等各环节专业物流商，货物从卸货到出区仅需1小时。香港作为自由贸易港，进出口手续也极为便捷，一般商品进出口只需在14天内向香港海关递交进口或出口商品的付运资料和进/出口报关单即可，海关还推出了"海易通计划""以自愿和信任管理为基础的香港认可经济营运商计划"等便捷通关方式，香港还实行非强制引水，外来船舶免办进港申请及海关手续，关检及卫检手续简便，并豁免港口行政费。近年来，上海、北京等地加快推进通关模式改革，采用进出口"提前申报"模式，实现"通关＋物流并联作业"模式，建立进口提前申报容错机制等创新举措，有效提

升通关效率，获得世界银行的认可。广州下一步要持续深化海关监管模式改革，持续推行进出口"提前申报""两步申报"通关试点，开展进口货物"船边直提"和出口货物"抵港直装"试点，优化通关流程，提升口岸通关效率。

三 实现港口智慧化作业，提高物流运转效率

各地通过港口智慧化建设，推动物流高效运转，压缩边境合规时间及成本。如新加坡搭建了高效的港口物流服务系统，目前有超过350个应用系统处理港埠管理、规划与作业，包括口岸物流系统（PortNet）和码头作业系统（CITOS）等应用系统在港区实现无缝对接，通过全程自动化无纸作业，一艘货船完成周转仅需6小时。近年来，国内城市也加大港口信息化建设力度。天津港口依托"天津港电子商务网"，建立集装箱业务受理中心和客户服务中心，提供7×24小时询价、订舱、装箱、报关、集港、结费、出单等服务，通过拓展"网上营业厅"功能，客户可以24小时在线完成天津港集装箱码头的集港预约、运抵发送、提箱手续办理、卸船直取预约、费用结算等。2018年，上海海关联合中远海运集团、上港集团建立跨境贸易大数据管理平台，实现了进口货物提前办理报关和税款自报自缴手续，船舶到岸实现货物船边即提、无障碍通关。下一步，广州应积极探索应用5G、大数据、区块链、人工智能等新技术，提升港口信息化水平，推动口岸流程再造，提高港口物流运转效率。

四 规范港口收费价格管理，有效降低合规成本

韩国港口收费项目包括港口规费及劳务性收费，其中港口规费由中央港湾厅负责制定管理，多数费用全国统一标准，少数费用根据港口具体条件设置特殊标准，并在特殊费率表中明

确规定各港的费率,费率按照规定流程定期调整;劳务性收费由行业协会定期提出调整建议和实施指导,由建设交通部和财政经济院审批。韩国港湾厅对港口收费实施管理严格,对违反价格行为企业给予高额罚款,严重者没收营业执照。由于韩国收费法规较为完善及收费标准制定合理,有效避免出现乱收费现象。近年来,中国各有关部门协同推进降低进出口环节合规成本。自 2018 年以来,中国所有口岸均已公开收费目录清单,公布收费标准、实现明码标价,全国范围内已实现口岸收费目录清单向社会公示。国家口岸办组织开发"单一窗口"全国口岸收费及服务信息发布系统,向全国口岸推广港口、船代、理货等收费标准线上公开、在线查询服务。推广实行"一站式阳光价格"收费模式,如天津港口公布和推广"阳光价格+阳光服务+阳光效率"("三阳服务"),提升了口岸收费透明度和可比性。上海建立清理口岸收费工作常态化机制,落实国家相关行政性收费降费措施,加强口岸收费公开和监督检查,降费效果明显。2019 年,上海出口边界合规费用中,与海关监管相关报关费由 30 美元降为 23 美元,与港口物流作业相关费用由 275 美元降为 226 美元。

五 建立以信用为基础的海关监管机制,有效提升通关便利化水平

韩国、新加坡等国家较早建立了 AEO 制度。新加坡海关于 2011 年 1 月 26 日发布了 TradeFirst 贸易便利化框架,该行动包括了 AEO 制度及其他一些便利化项目,为贸易商提供更大贸易便利。韩国积极推行 FTA(自由贸易协定),设立了 FTA 全球中心,与美国、欧盟、日本、中国等主要贸易伙伴签署 MRA 实现了 AEO 互认,优化了海关资源配置,提高了跨境通关效率。2008 年,中国海关开始实施 AEO 制度并大力推进国际 AEO 互认合作。截至 2020 年 7 月底，中国海关已经与新加坡、韩国、中国香港、欧盟、瑞士、新西兰、以色列、澳大利亚、日本、白俄罗斯等 15 个经济体签署了 AEO 互认安排，涵盖 42 个国家（地区），互认国家（地区）总数居全球首位。在上海海关推行的 AEO 制度中，已有 400 多家公司通过"高级认证"，成为海关体系内信用等级最高的企业，其货物接受海关查验的比例只有不到 1%，远远低于普通公司的 20%，"高级认证企业"在通关耗时等方面也具有优势。广州可进一步完善以信用为基础的新型海关监管机制，实施差别化通关监管措施，向企业开展信用培育工作，鼓励有条件的企业积极向海关提出 AEO 企业申请，让更多企业享受到 AEO 制度带来的通关便利化。

第六节 优化广州跨境贸易营商环境的对策建议

统筹广州疫情防控和国际贸易强市建设，按照广州营商环境 4.0 版改革要求，积极借鉴国内外先进经验和做法，突出抓重点、补短板、强弱项，持续提升贸易便利化水平，推动实现广州国际化现代化营商环境出新出彩。

一 与世行评估小组充分沟通，确保按"出口陆运、进口海运"方式评估

如前所述，选择海运还是陆运评估跨境贸易营商环境，对评估结果的影响非常大，按照陆运方式评估能够获得更好的评估结果。按照世行评估方法，广州进口标准商品为汽车零部件，应该按照海运方式评估，关于这一点不存在争议。但出口是按照陆运方式还是海运方式评估，还存在一定的不确定性，还有待世行评估小组的认同和确认。实际上，按照陆运方式评估广

州出口合规时间和成本指标,更加符合世行评估规则。这是因为广州出口标准商品为电子产品,最大出口贸易伙伴是香港,约80%的出口电子产品是采用陆运方式从深圳黄冈口岸通关。因此,根据世行规则,广州出口最广泛使用的运输方式是陆路运输,广州出口边境类型为陆运口岸。根据课题组模拟评估结果,按照"出口陆运、进口海运"运输方式评估,广州的跨境贸易前沿距离为94.9分,而按照"出口海运、进口海运"运输方式评估,跨境贸易前沿距离仅为88.9分。可见,按照哪种运输方式来评估广州跨境贸易营商环境对评估结果的影响非常大。如果广州被世行营商环境评估小组选为中国的样本城市,为了利用好世行规则取得较好的评估成绩,应该跟世行营商环境评估小组进行充分沟通和磋商,确保能按照陆运方式评估出口营商环境指标。每年5—6月,世行会跟样本城市进行政策磋商,每年6—8月进行最后一轮政策对话,广州应充分利用这些常规对话安排说明广州的情况,并利用其他机会主动与世行评估小组沟通,确保其采用"出口陆运、进口海运"方式评估广州跨境贸易营商环境。

二 针对世行问卷填写积极开展相关培训和说明工作,避免问卷调查结果出现较大偏误

世行用于评估跨境贸易营商环境的数据都是通过问卷调查来收集的,问卷定向发放对象是政府推荐、主动申请及行业内有一定影响力的相关进出口企业或专业人士。调研发现,由于跨境贸易调查问卷的内容几乎涵盖所有的口岸进出口环节,问题也比较复杂,调查对象一般难以正确而完整地填写问卷,特别是进出口企业的类型多样,包括工业企业、进出口公司、港务、船公司、船代、货代、报关行、运输企业等多种企业,这些企业的业务一般只涉及某一个或某几个进出口环节,因此只

能较为客观地回答问卷中的部分问题,这就无法保障问卷调查结果的客观性。企业作为跨境贸易的主体,是世行开展营商环境评价工作最为重要的受访对象。世界银行网站一般在每年2月开放问卷填写,为了避免世行问卷结果出现较大偏误,应该把相关培训和相关说明作为迎评工作的一项重要内容,在世界银行网站开放问卷填写之前就如何填写问卷有针对性地开展企业培训,让企业了解营商环境评估工作的重要性和问卷填写的相关注意事项,培训范围最好能够覆盖黄埔经济开发区、南沙经济技术开发区等主要进出口企业聚集区。

三 深入推进通关模式改革创新,进一步提升口岸通关效率

目前广州口岸货物进口"提前申报"率相对较低,今后应进一步提高出口"提前申报"率,大力提升进口"提前申报"率。完善申报环节的容错机制,允许进出口企业通过互联网更正申报信息,并免予处罚。继续探索以信用为基础的新型海关监管机制,针对不同类型企业实施差别化通关监管措施,如诚信船舶通关零待时机制。积极推进"两步申报",特别要进一步提升汽车配件进口"两步申报"比例(目前汽车配件进口"两步申报"率约为80%)。推广"两段准入"通关模式,在缩短货物通关时间的同时,减少码头装卸和堆场堆放费用。加快推进进口"船舶直提"、出口"抵港直装"改革,为企业提供便利,缩短货物在堆场堆放时间。切实落实简化随附单证政策,尽量避免出口企业向报关、货代等服务企业提供合同、发票、装箱清单等不必要商业单证的情形,增强简化随附单证政策实效。对适合飞侵入式查验货物优先机检查验,扩大集中审像及智能审图作业覆盖范围,提高机检后直接放行比例。提升陆路口岸便利化水平,与深圳合作完善陆路口岸的软硬件建设,进

一步降低陆路口岸通关时间。

四 继续推进"单一窗口"和港口信息化建设，努力打造大湾区首个智慧港口

推进国际贸易"单一窗口"功能"前推后移"，由口岸通关领域向国际贸易管理全链条延伸。实现外贸企业从与政府部门对接，拓展到与港口、船公司、船代、货代等不同主体之间的合作对接和信息对碰。依托广州国际贸易"单一窗口"，推进港航物流单证无纸化建设，通过积极与国内和国际班轮公司沟通协商，加快扩大电子进口提货单和设备交接单的应用覆盖面。构建关港互通的统一化信息平台，实现港口物流链上各参与方之间资源的无缝连接与协调联动，推动边检、海事信息系统平台的优化提升和功能拓展，全方位全过程实现港区可视化、物流跟踪、关港联动等功能。对标世界银行跨境贸易营商环境评估标准，调整优化口岸通关实效评估系统，为广州优化营商环境工作提供数据参考和政策依据。加大政府扶持力度，大力推进 5G 智慧港口建设，充分利用人工智能（AI）、增强现实（AR）、大数据等技术，深入推行海运口岸 24 小时智能通关。加快建设南沙四期集装箱自动化码头，打造华南地区首个全自动化集装箱码头。充分利用人工智能、视频流识别等技术，大力推行智能理货，实现"实时监控、自动识别、自动匹配、自动放行、自动拦截、自动传输"等智能理货功能，大幅提升理货效率与质量，提高数据准确性，减少船舶的在港时间，压缩通关耗时。

五 进一步规范口岸服务收费，推动降低合规成本

规范口岸收费目录清单和收费公示，升级"单一窗口"收收费公示模块，重新梳理口岸收费目录清单，统一公示模板和收费项目名称，实现广州地区主要船代、货代、报关行费用在单一窗口的可比公示，为客户查阅提供便利，促进阳光收费、合理降费。落实国家相关行政性收费降费措施，加强口岸收费公开和价格监督，实施发展改革、市场监管等多部门联动，对违反收费公示、无实质服务内容的收费以及其他的乱收费现象进行集中检查和整治，营造透明公平合理的市场竞争。借鉴上海等城市的经验，加强口岸收费公开和监督检查，建立清理口岸收费常态化工作机制。积极协调相关单位加强外堆场建设，适度降低外堆场洗箱修箱费用。针对船公司收取的 THC 费较高这一问题，积极与世行营商环境评估小组沟通磋商，建议用港口作业包干费替代 THC 费，因为 THC 费是船公司收取的费用，而码头作业包干费更能客观地反映码头费用的高低水平，而且更具可比性。

第十章 执行合同

"执行合同"（Enforcing contracts）是广州对标世界银行评估标准全面优化营商环境最富有挑战性的一项指标。广州对世界银行营商环境评估并不陌生，2008年世界银行与中国社会科学院联合发布《Doing Business in China 2008》（《中国营商环境报告2008》）对国内三十个省会城市（含直辖市）执行合同情况评估，广州执行合同指标得分排名第一。[①] 在上海、北京两座样本城市努力下，"执行合同"成为中国在《2020年营商环境报告》十项指标中表现最抢眼的一项，两地不仅为中国取得了全球排名前五的成绩，并且有较大概率在DB2021继续提高得分。[②] 京、沪两地的表现不仅为广州提供了借鉴经验，也对广州优化营商环境提出了更高的标准。

---

① 该项目由世界银行和中国社科院财政与贸易经济研究所中国城市竞争力课题组联合发布，评估选取了开办企业、财产登记、获取信贷（设立和登记抵押物）和执行合同四项指标，对中国30个直辖市和省会城市（拉萨、台北外）开展了营商环境评估。

② Doing Business 2020：Comparing Business Regulation in 190 Economies，本章简称DB2020。世行年度报告与自然年份并不严格对应，为表述方便，除特殊说明外，本章所称年份是指世行报告年度。选择DB2016—2020作为观察对象的主要考虑是执行合同指标从2016年开始评估增加了司法程序质量指标。

第一节 指标内涵、计分方法以及前沿指标调整的不确定性

"执行合同"是世界银行营商环境评估十项指标之一，自2004年纳入指标体系，2016年增入"司法程序质量指标"。评估规则通过指标构成、计分方法和计分基准（前沿指标）影响经济体（城市）得分。

一 指标内涵与构成

执行合同衡量解决一个标准商业纠纷所需要的实践和成本，以及司法部门的一系列良好做法。"执行合同"包括司法效率、司法成本和司法程序质量指数三项子指标。

（一）时间

时间以日历天数记录，从卖方决定向法院提起诉讼之时起计算，到货款支付时止，其中包括采取行动所需的天数以及其间的等候期。记录纠纷解决的三个阶段的平均持续时间：立案申请和送达、审理和判决以及执行判决。如果法律规定了一定的时间限制，但在大多数案件实际审理中并未执行，世行评估也不予考虑。

（二）成本

成本衡量诉讼成本占诉讼额的百分比，包括三类成本：平均律师费、法庭费用和执行费用。

（三）司法程序质量指数

司法程序质量指数考察每个经济体是否在其司法体系的以下四个领域中采取了一系列的良好实践：法院结构和诉讼程序、案件管理、法院自动化和替代性纠纷解决。指数得分范围为0—18分。

二 评估规则

深刻理解如下评估规则。

（一）案件假设

为便于不同经济体间的横向对比，世界银行采取假设案件（家具买卖纠纷）的方法进行调查。假设案例涵盖商事案件的基本特征，不考虑不同经济体差异。案件假设原告请求金额为该经济体人均收入的200%或5000美元（取较大数值），DB2020对中国的设定为人民币119064元。

（二）数据来源

指标的获取来源对评估具有重要影响，世界银行"执行合同"评估指标有两类来源。一是时间和成本指标，测量"执行合同"实践及效果，来自世行通过向评估城市的律师、法官等专业人士发放调查问卷的调查结果，属于主观认知，评价结果采取受访对象提供数据的中间值；二是司法程序质量指标，测量法院系统的质量，来自世行对该经济体民事诉讼法律法规以及法院规章制度的考察，属于客观计量。

（三）计分规则

"执行合同"得分为时间、成本、司法程序质量三项子指标得分的简单平均数。子指标计分采取"前沿距离得分"模式，即得分取决于经济体表现相对于最佳监管实践（本文称为"前沿指标"）的位置。

根据计分规则，指标计分可以分为两种类型。

一是针对监管效率的评分，考察程序、时间和成本，以最近几年各经济体在该项上的最佳表现记录作为前沿指标。

得分 =（最差 − y）/（最差 − 最好）× 100 分[①]

[①] y为受测经济体表现。

二是针对监管质量的评分，考察监管制度，以考察问题的总分为前沿指标。

得分 = y/总分 ×100 分

计分规则决定得分方式。根据计分规则，执行合同的三项子指标中，司法程序质量指标得分是绝对值，以其表现与满分18 分之间的距离得分；时间和成本指标得分为相对值，以经济体与最佳表现者之间的距离远近计分。

三 时间和成本前沿指标可能调整带来不确定性

按照世行动态调整评估指标的原则，执行合同的时间和成本前沿指标沿用多年，与当前商事监管实际脱节严重，已经损害了评估指标体系的科学性，很可能在近期得到调整。

（一）脱离商事监管实际，丧失指标意义

执行合同的时间和成本"前沿指标"均为多年前的纪录，不符合商事监管实际情况，早已被纪录创造者放弃。以时间为例，前沿指标是新加坡在 DB2004—2008 期间创造的 120 天。自 2003 年世界银行开展营商环境评估以来，除新加坡外，从没有一个经济体进入 200 天以内。尽管新加坡一直保持着时间纪录，但也在 DB2009—2012 加长到 150 天，2013 年至 2020 年加长到 164 天。不丹 DB2007—2014 期间创造的 0.1% 的成本纪录，近乎零成本，商事案件全过程不发生律师费、庭审费和执行费，显然不符合世界绝大多数经济体的实际情况。从 DB2015 开始，不丹放弃了这一纪录，执行合同成本变为 23.1%（见表 10 - 1、图 10 - 1）。

表 10 - 1　　　　执行合同前沿指标和 DB2020 最佳成绩

指标	前沿指标	DB2020 最佳表现
时间（天）	120（新加坡，2004—2008）	164（新加坡）
成本（%）	0.1（不丹，2007—2014）	9（冰岛）
司法程序质量	18（满分）	16.5（中国）

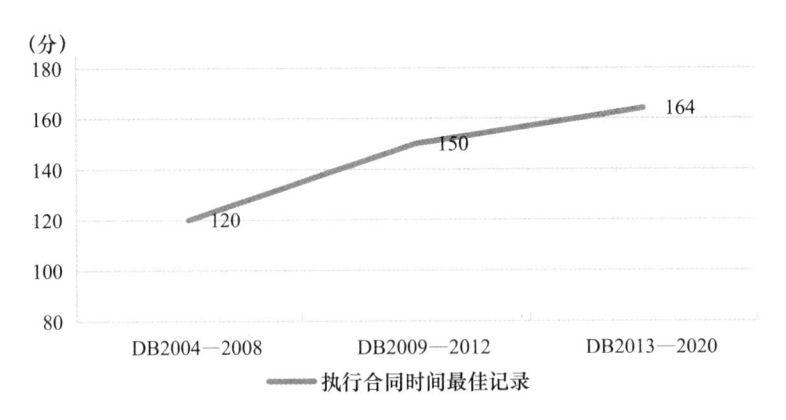

图 10-1 新加坡保持执行合同时间纪录

(二) 合理性下降，背离世界银行价值观

世行明确宣称："多年来我们初衷未改，为了解和改善世界各国的营商监管环境提供一个客观的依据。"然而，目前执行合同时间和成本采用的前沿指标已经无法客观衡量各经济体商事监管水平，不利于推动改革。

设置前沿指标的目标是树立标杆，鼓励各经济体不断缩小满分（或者最高得分纪录）之间的距离，然而最近几年执行合同表现最佳经济体得分却出现了背离前沿指标的趋势（见图 10-2）。

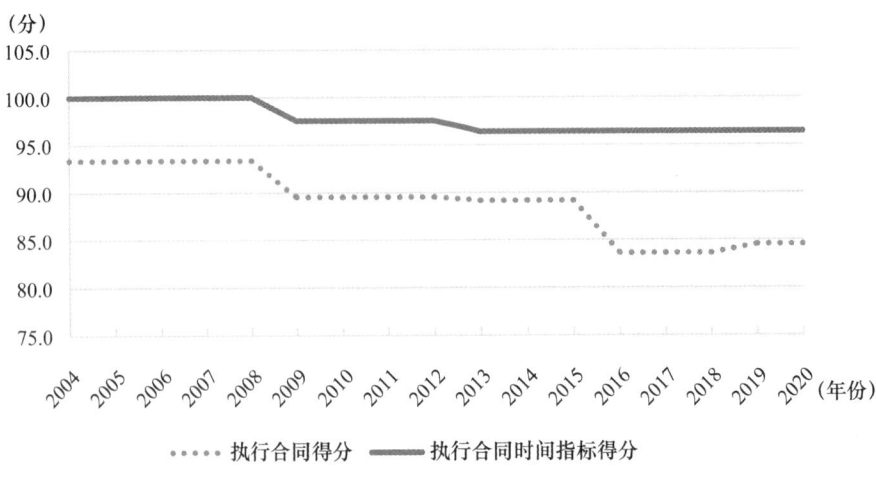

图 10-2 新加坡执行合同总分和时间指标得分趋势

自 DB2004 以来，十项评估指标中只有办理施工许可、保护少数投资者、执行合同、办理破产四项从未有经济体获得过满分。以得分纪录（历史最高得分）为参照，其他三项历年表现最好的经济体得分均接近纪录，而执行合同指标的年度最佳表现却离得分纪录越来越远。近五年来，执行合同最佳经济体得分与历史最佳表现的分差达 7.9 分，吊诡的是，二者还是同一个经济体（新加坡），而同期其他指标分差最大的"保护少数投资者"仅为 1.3（见图 10-3）。

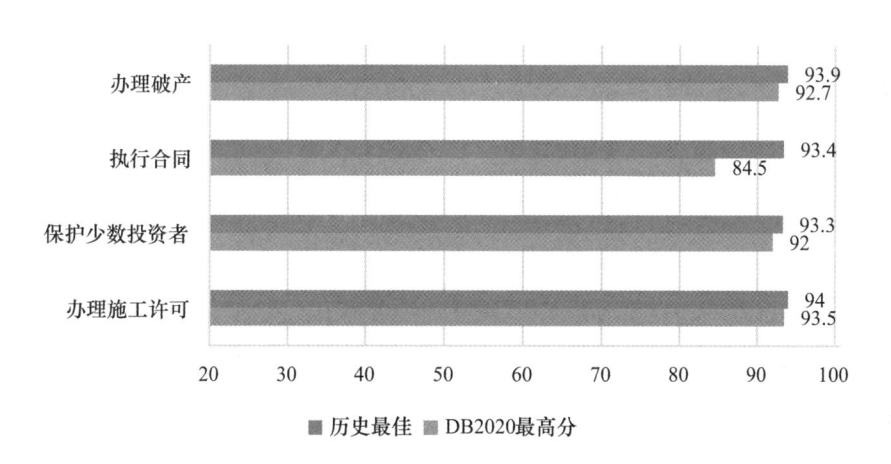

图 10-3　四项无满分指标 DB2020 得分与历史最好成绩对比

（三）科学性不足，影响计分体系平衡

与实际情况相比，执行合同的前沿指标设置过高，挤压了计分区间，事实上改变了计分规则，影响了评估指标体系的平衡。以 DB2020 执行合同最佳经济体新加坡为例，前沿距离得分仅为 84.5，根据评估规则，190 个经济体的该指标得分只能在 0—84.5 而非 0—100 的区间内排列，造成两个不利于评估的后果。一是执行合同指标实际计分区间过窄，得分难以充分展示不同经济体之间的表现差距。二是执行合同指标实际计分区间与其他指标计分区间不一致，造成指标之间计分规则不平衡（见表 10-2）。

表 10-2　　　　　　　　　十项指标的历史最佳成绩

指标	DB2016—2020 最好表现		DB2004—2015 最好表现	
	最高分	经济体	最高分	经济体
企业注册	100	新西兰		
办理施工许可	93.5	中国香港	94	马绍尔群岛 2011
获得电力	100	阿联酋		
财产登记	96.2	卡塔尔	100	格鲁吉亚 2011
获得信贷	100	阿塞拜疆		
保护少数投资者	92.0	肯尼亚	93.3	新加坡 2006—2014
缴税	100	巴林		
跨境贸易	100	奥地利		
执行合同	84.5	新加坡	93.4	新加坡 2004—2008[①]
办理破产	93.9	芬兰		

（四）新的前沿指标可能选择近年最佳表现

按照世行会选择近几年最佳表现作为前沿指标的做法，目前时间表现最好的是新加坡 164 天（2013—2020），成本最佳表现是冰岛在 2011 年创造的纪录 9%（2011—2020），两项得分纪录有望成为前沿指标。[②]

第二节　全球经济体得分变动反映的指标优化空间

对最近五年（DB2016—2020）世行《营商环境报告》披露的 190 个经济体共计 202 个观察城市"执行合同"表现的研究

[①] 当时"司法程序质量"指标尚未进入评估体系。
[②] 冰岛的执行合同成本在 2011 年以前也持续上升，2005—2008 年为 7.7%，2009—2010 年为 7.8%。

表明，提高时间和成本指标得分的难度远大于司法程序质量。[①] 未来无论是提高世行营商环境评估得分，还是提升本国司法工作效率，各经济体都只能将精力重点放在提高司法程序质量得分上。

一 庭审环节是优化时间的主要选择

压缩时间难度较大，仅有的成功经验主要是压缩庭审时间。从 DB2016 到 DB2020，以 DB2020 执行合同得分前十经济体的 150 项时间指标，[②] 仅发生 1 次变化，即 DB2017 阿联酋将庭审时间从 330 天缩短为 280 天。将观察范围扩大到 190 个经济体执行合同近五年在时间方面的表现，也共发生过 18 次变动（涉及 16 个经济体），其中有 3 次是上升，15 次下降。压缩时间的成功经验主要集中在庭审环节。从 DB2016 到 DB2020，世行评估的全部 190 个经济体中，庭审时间在 11 个经济体发生变动 13 次，其中上升 1 次，下降 12 次，占最近五年执行合同时间全部下降次数的 80%（见表 10-3）。

表 10-3　DB2016—2020 全部 190 个经济体执行合同时间变动情况统计

	经济体	年份	指标改变（天）	变化趋势
立案和文书准备时间（3 次）	智利	2020	71→69	↓
	俄罗斯[③]	2017	30→60	↑
	土耳其	2020	30→44	↑

[①] 世行年度报告与自然年份并不严格对应，为表述方便，除特殊说明外，本章所称年份是指世行报告年度。选择 DB2016—2020 作为观察对象的主要考虑是执行合同指标从 2016 年开始评估增加了司法程序质量指标。

[②] 3 个立案阶段 * 10 个经济体 * 5 年。

[③] 俄罗斯参评城市 Moscow 和 Petersburg 在 2017 年在该项指标变动相同，即从 30 天变为 60 天。

续表

	经济体	年份	指标改变（天）	变化趋势
庭审和判卷时间（13次）	贝宁	2020	405→250	↓
	多米尼克	2019	450→510	↑
	厄瓜多尔	2018	455→365	↓
	印度尼西亚①	2018	211.2→143.4	↓
	约旦	2018	462→415	↓
	马达加斯加	2020	700→640	↓
	墨西哥②	2017	172.45→124.15	↓
	阿联酋	2017	330→280	↓
	尼日尔	2018	365→250	↓
		2019	250→200	↓
	尼日利亚③	2020	288→233.33	↓
	塞内加尔	2020	390→300	↓
		2018	575→390	↓
执行时间（2次）	毛里求斯	2019	179→150	↓
	塞尔维亚	2020	110→97	↓

二 成本高度稳定几乎没有优化空间

成本保持高度稳定，仅有的几次降低全部发生在庭审和执行环节。DB2020 执行合同前十名的经济体最近五年未发生任何费用方面的改变，即使将观察范围扩大到 190 个经济体最近五年的表现，也仅有 9 个经济体发生过 10 次下降，同时有 4 次上涨。

费用下降主要出现在庭审环节。庭审环节的 7 次变动（发生在 3 个经济体）全为下降，其中爱沙尼亚庭审费连续五年下

---

① 2018 年印度尼西亚参评城市 Jakarta 的庭审时间从 220 天压缩到 150 天，另一参评城市 Surabaya 则将这一指标从 180 天压缩到 120 天。

② 墨西哥 2017 年庭审时间的压缩来自两座参评城市，其中 Mexico City 的庭审时间从 175 天压缩到 125 天；Monterrey 则从 160 天压缩到 120 天。

③ Lagos 将庭审时间从 265 天缩短为 194 天，尼日利亚另一参评城市 Kano 则仍保持 365 天。

降,表明下调庭审费并不是常见,但经济体有可能通过增加法院拨款等方式降低执行合同费用。律师费从未出现下降,是与律师费由市场决定有关。190个经济体在过去五年从未出现过律师费用下降现象,唯一一次变动是2018年,圭亚那律师费用从22.4%上升到24%。执行费在5个经济体发生7次变动,其中4次下降,3次上升(见表10-4)。

表10-4　2020年全部190个经济体执行合同成本变动情况统计

费用变动	经济体	年份	变动情况(%)	变动方向
律师费	圭亚那	2018	22.2→24	↑
庭审费	卢旺达	2020	14.0→13.3	↓
	圣多美和普林西比	2019	11.4→6.5	↓
	爱沙尼亚	2020	7.9→7.3	↓
		2019	8.1→7.9	↓
		2018	8.6→8.1	↓
		2017	9.2→8.6	↓
		2016	10.3→9.2	↓
执行费	尼泊尔	2020	2.5→3.0	↑
	北马其顿	2020	7.2→5.4	↓
	蒙古国	2019	8.5→0.8	↓
	斯洛伐克	2018	10.0→0.1	↓
	阿尔巴尼亚	2019	2.4→12	↑
		2018	2.5→2.4	↓
		2017	2.4→2.5	↑

三　司法程序质量指标是未来竞争焦点

与提高时间和成本得分难度相比,提高司法程序质量的难度相对较低。仅考察DB2020执行合同前十名的经济体最近4年(2017—2020)得分变化为例,司法程序得分就有8次变动(指标数40),变动率高达20%。

司法程序质量得分未来有较大可能成为各经济体反复行政的指标。一是由于司法程序质量指标在 DB2016 才第一次进入评估，很多经济体尚未来得及出台优化措施。二是司法程序质量指标与时间、成本指标不同，后二者是法院工作成果的被动展现，前者本就是法院提高工作效率的主动改革内容，有较大作为空间。三是司法程序质量优化难度较小，该项下共有 24 个计分点（其中一个为扣分点），如法院自动化、案件管理等指标，本身就是法院管理信息化建设和优化效率的应有内容；另外，随着信息化建设进步，考核指标中规定的各类法院自评指标将变得更容易获得（见表 10 - 5）。

表 10 - 5　DB2020 执行合同前十名经济体 2017 年以来司法程序质量得分变动情况统计

经济体	年份	法院机构	案件管理	自动化	替代性
新加坡	2019	—	—	—	+0.5
韩国	—	—	—	—	—
挪威	2018	—	+2	+1	—
	2017	—	—	+1	—
哈萨克斯坦	2019	+1	+1		
	2018	+1			
中国	2020		+1		
	2017		+0.5		
澳大利亚	—	—	—	—	—
立陶宛	—	—	—	—	—
爱沙尼亚	—	—	—	—	—
阿联酋	2017	+0.6	—	—	—
奥地利					

第三节 中国城市的表现、问题及对广州工作的启示

全球营商环境竞争不进则退,中国执行合同表现面临的主要问题是时间和成本优化空间较小,而司法程序质量指标得分又接近天花板。

中国(城市)与其他经济体之间存在明显的错位竞争格局。中国在其他经济体存在较大提升空间的"司法程序质量"指标上,已经接近天花板,未来需要重点关注时间指标的优化。[①]

一 中国执行合同表现

中国在世界银行公布的2020年度营商环境评估报告(简称DB2020)获得第31名,其中"执行合同"项目,中国获得了第5名的历史最好成绩,是中国表现最好的一项指标。

(一)得分和排名

中国 DB2020 执行合同得分 80.9 分,较 DB2019 提升 1.9 分。司法效率、司法成本和司法程序质量指数三项子指标均优于所在的东亚及太平洋地区平均水平,以及经合组织高收入经济体平均水平。在 190 个经济体中中国执行合同表现排名第 5。按照所在的东亚及太平洋地区经济体排名,中国执行合同排名第 2,仅次于新加坡。按照中高收入经济体排名,中国执行合同排名第 2,仅次于哈萨克斯坦(见表 10-6、图 10-4)。

---

① 为统一分析标准,本章所引数据如无特殊说明,均来自世行网站公布的营商环境历史数据,https://www.doingbusiness.org/en/data。

表 10-6　　　　　　　　　　中国执行合同表现

执行合同	中国	东亚及太平洋地区经济体	经合组织高收入经济体
时间（天）	496	581.1	589.6
成本（%）	16.2	47.2	21.5
司法程序质量	16.5	8.1	11.7

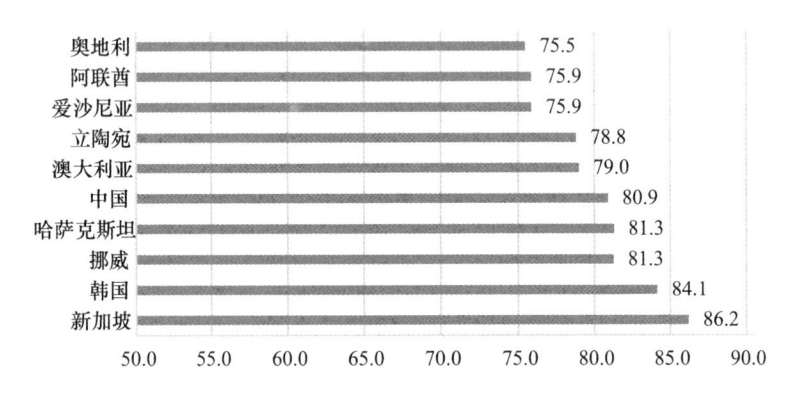

国家	得分
奥地利	75.5
阿联酋	75.9
爱沙尼亚	75.9
立陶宛	78.8
澳大利亚	79.0
中国	80.9
哈萨克斯坦	81.3
挪威	81.3
韩国	84.1
新加坡	86.2

图 10-4　四项无满分指标 DB2020 得分与历史最好成绩对比

（二）司法程序质量指标一枝独秀

司法程序质量对中国执行合同得分贡献率最高，成本次之，时间指标最低。世行营商环境打分采取各单项计分（百分制），简单相加再平均的计算方式，中国执行合同得分即时间、成本、司法程序质量三项得分的平均值。中国在三项的得分分别为 69.2 分、81.9 分、91.7 分，对执行合同总得分 80.9 的贡献率分别为 28.5%、33.7% 和 37.8%，时间指标贡献率最低。以 DB2020 执行合同排名前十的经济体为观察范围，中国执行合同时间最长，排名最低，比表现最好的新加坡多出 332 天。①

中国凭借快速改善司法程序质量指标，建立了优化执行合

---

① 成本则可以在 DB2020 执行合同前十经济体中排名第三，仅次于挪威的 9.9%，韩国的 12.7%。

同评估的相对优势。司法程序质量指标自2016年纳入营商环境评估指标体系以来，一直是中国的重点突破项目，推动了中国最高人民法院多项司法解释以及京、沪两地多项优化措施的出台，极大地促进了执行合同的法治便利化（见图10-5、图10-6）。

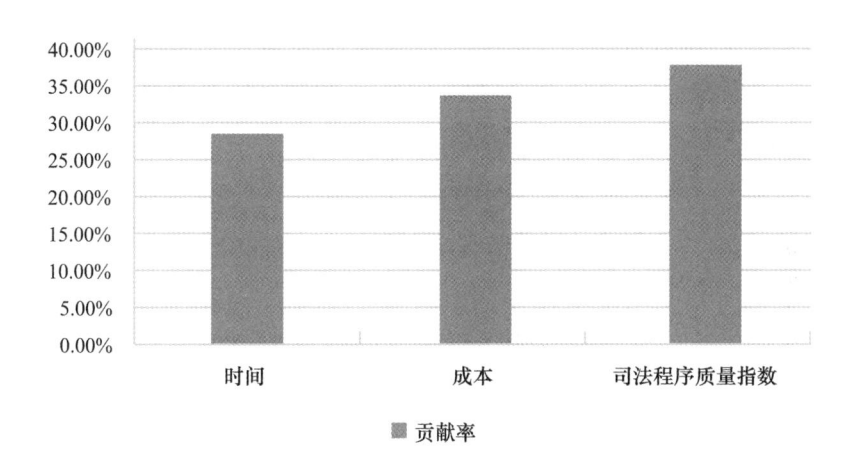

图10-5　时间、成本和司法程序质量对中国DB2020执行合同得分贡献率

注：贡献率=得分/3/80.9×100%。

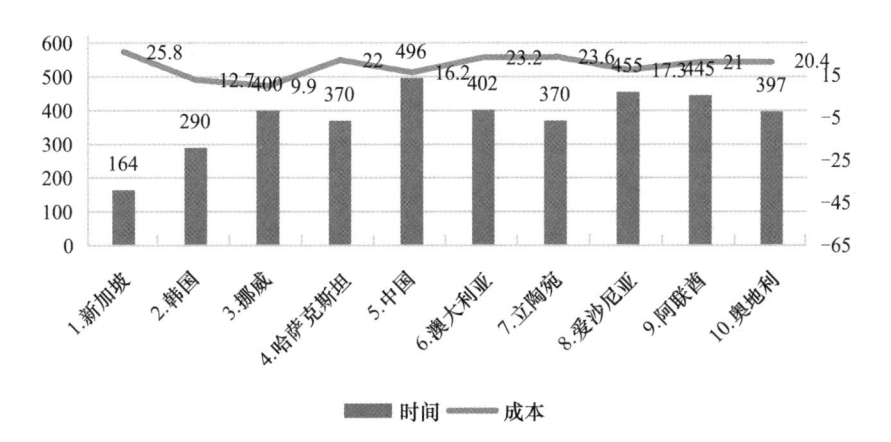

图10-6　DB2020执行合同排名前十经济体时间（天）、成本（%）表现

二 主要问题

(一) 时间指标拖累中国表现

上海、北京两地执行合同时间和成本两项指标多年保持稳定。从下表可以看到,从 DB2014 到 DB2020,七年中上海、北京两地执行合同时间和成本数据没有任何变动。尽管参评城市采取了多项措施改善情况,但尚未被世行采纳(见表 10-7、表 10-8)。

表 10-7　　DB2014—2020 北京市执行合同时间、成本表现

DB	时间(天)				成本(%)			
	总天数	立案文书	庭审判卷	执行	总费用	律师费	庭审	执行
2020	510	30	240	240	17.5	10	5	2.5
2019	510	30	240	240	17.5	10	5	2.5
2018	510	30	240	240	17.5	10	5	2.5
2017	510	30	240	240	17.5	10	5	2.5
2016	510	30	240	240	17.5	10	5	2.5
2015	510	30	240	240	17.5	10	5	2.5
2014	510	30	240	240	17.5	10	5	2.5

表 10-8　　DB2014—2020 上海市执行合同时间、成本表现

DB	时间(天)				成本(%)			
	总天数	立案文书	庭审判卷	执行	总费用	律师费	庭审	执行
2020	485	35	210	240	15.1	7.6	5	2.5
2019	485	35	210	240	15.1	7.6	5	2.5
2018	485	35	210	240	15.1	7.6	5	2.5
2017	485	35	210	240	15.1	7.6	5	2.5
2016	485	35	210	240	15.1	7.6	5	2.5
2015	485	35	210	240	15.1	7.6	5	2.5
2014	485	35	210	240	15.1	7.6	5	2.5

（二）司法程序质量指标接近天花板

中国在 DB2020 执行合同 1.9 分的提升全部来自"司法程序质量"的"案件管理"指标改善，该项目的改善被世行认可为"改革项"（见表 10-9）。

表 10-9　　　　　DB2019—2020 中国执行合同表现

年份	时间（无变化）			费用（无变化）			司法程序质量（提升0.5）			
	立案和服务	审判	执行	律师	审判	执行	法院机构	案件管理	自动化	替代性
2020	30	240	240	8.7	5	2.5	5	5.5	3	3
2019	30	240	240	8.7	5	2.5	5	5	3	3

未来即使中国司法程序质量指标获得满分，对执行合同总得分的拉动也只有 2.77 分。DB2020 中国在执行合同的"司法程序质量"指标全部 18 分中得到 16.5 分，在 190 个经济体中排名第 1，已经接近极限。与时间、成本指标不同，根据计分规则，"司法程序质量"参照的前沿指标是固定的，即满分 18 分，如果中国该项获得满分，可以提升执行合同 2.77 分〔（100－91.7）/3＝2.77〕。

三　对广州对标世界银行评估指标的启示

时间和成本两项前沿指标下调将改变执行合同指标的竞争格局，尤其是削弱中国城市在"司法程序质量"上的优势，对中国城市对标世界银行评估标准全面优化营商环境工作提出更高要求。

时间和成本前沿指标下调将提高多数国家相关指标得分。根据世行（最差－y）/（最差－最好）的计分规则，前沿指标调低（数值变大）意味着分母变大，所有经济体除了表现最差的（计0分）外，时间和成本指标得分都会上升。时间、成本指标得分对执行合同得分的贡献值将普遍增加。

下调执行合同时间和成本前沿指标，将削弱中国传统优势，加大优化时间指标压力。第一，中国在执行合同三项二级指标中，司法程序质量得分最高，时间得分最低。因此，未来世行如果下调执行合同时间和成本的前沿指标，将拉大中国相关指标上与最佳经济体的分差。第二，司法程序质量指标得分此消彼长，削弱中国在司法程序质量方面获得的相对优势，其他经济体尚有较大优化空间，而中国提分空间有限，优化司法程序质量指标符合法院信息化发展趋势，未来各经济体必然不断推出优化措施。第三，时间指标将成为中国各大城市优化执行合同表现的优先选项，考虑到成本（律师、审理、执行）压缩空间较小，中国参评城市必须在优化时间方面取得显著进展才能抵消竞争对手依靠前沿指标调整获得的相对优势。

第四节 扎实掌握评估规则，完善广州对标改革机制

广州作为后来者，需要吸取京沪两地的经验教训，深刻认识世界银行营商环境的意图、方法和指标，完善迎评工作体系，优化评估工作和相关指标。

一 对世界银行评估规则认识的误区

世界银行营商环境评估是对相关经济体（代表城市）营商环境的综合考察，除指标以外，调查方式、调查对象、计分规则也对评估结果有一定影响。广州要加强对世界银行的评估意图和倾向的认识，以评估为指挥棒，全面优化工作。

(一) 对世界银行营商环境评估的专门优化不足

世界银行鼓励参评经济体（城市）围绕评估进行专项宣传和信息公开，认为这些行动不仅有助于提高评估成绩，也对当地营商环境改善有积极意义。

世界银行在其报告中明确指出"政府通过媒体（如广播广告、公告、社交媒体和移动应用程序）宣传监管改善措施的经济体，很可能更容易取得更高的营商环境便利度得分。政府通过监管网站公开修改法律或程序后，可能在《营商环境报告》的指标上表现更出色"[1]。世界银行营商环境评估以推动改革为目标，不仅不排斥参评经济体（城市）开展针对指标的专项优化和宣传工作，而且鼓励这种行为。

(二) 司法数据透明度不足，影响评估效果

世界银行鼓励参评经济体（城市）推进营商环境改革信息公开。

世界银行认为，为评估活动提供便利的信息公开，同时有助于促进市场主体对司法规则的了解，这正是评估推动改革的意图所在。世界银行将信息公开视为政府对社会的公开承诺和自我规范，因此对上海市法院在网站公开各基层法院办案数字、时间等绩效信息表示赞赏，认为对提高法官办案效率有驱动效应。

(三) 自测数据不准确，影响改革决策准确度

京、沪两地的参评经验显示，两地参评组织部门与世界银行对同一指标的认识往往存在较大差异，造成差异的主要原因是组织部门对世界银行指标理解过于简单化。

一是要加强数据信息的客观化管理，避免信息误判。以时间为例，世界银行历年对京、沪两地执行合同的时间认定都远

---

[1] 世界银行：《2019年营商环境报告》（中文版），第12页。

远高于两地自测天数。以 DB2020 为例，北京法院提供的执行合同数字为 231 天，上海提供的数字为 340.04 天，但当年世界银行对北京和上海执行合同时间的认定分别为 510 天和 485 天，误差率高达 121% 和 43%（见图 10-7、图 10-8）。

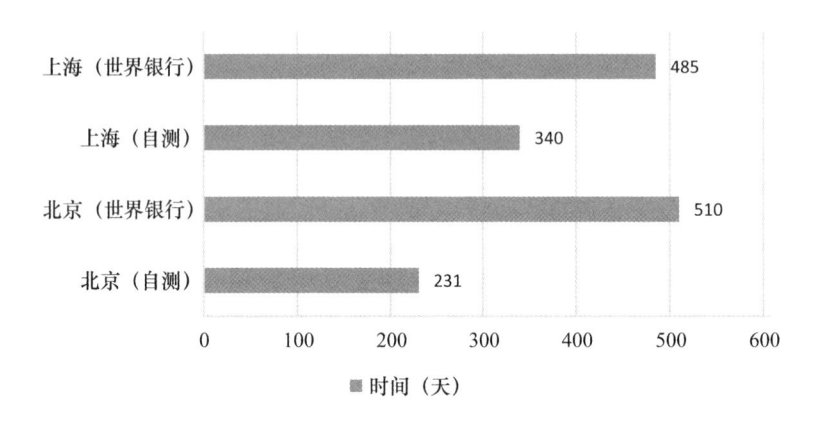

图 10-7　京沪自测时间与世界银行认定时间差距明显

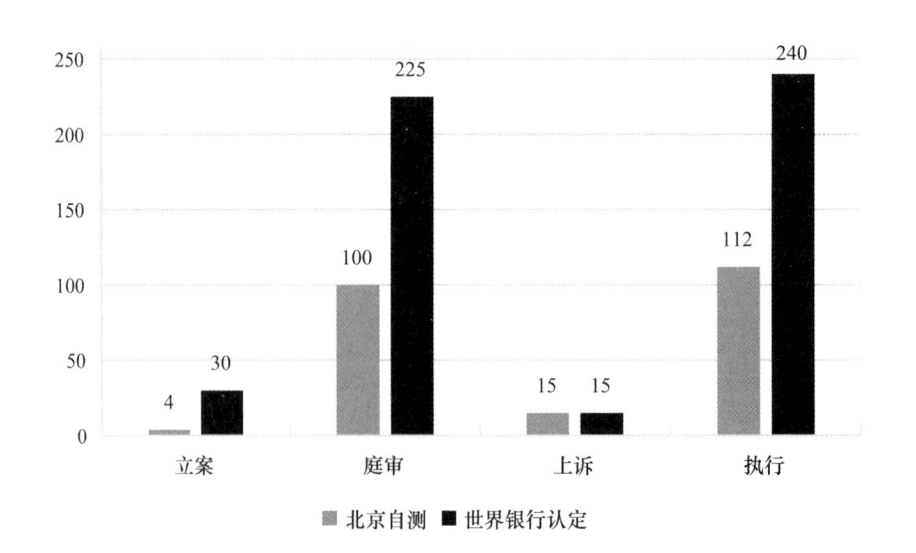

图 10-8　北京执行合同各环节自测与评估结果差异（DB2020）

资料来源：北京市自测数据采自罗培新《世界银行营商环境评估：方法·规则·案例》，译林出版社 2020 年版，第 528 页。

二是从市场主体出发，深刻认识指标的内涵。京、沪两地的参评经验说明，尽管世界银行设置了"磋商"环节，但在主要数据取得上，基本不接受参评经济体（城市）政府提供的建议。关于 DB2020 北京执行合同的时间表现，在磋商阶段，世界银行专家玛丽安·克萨达（Marian Quesada）给出的解释是，根据世界银行评估方法论，律师撰写诉状、收集资料，以及认证、公证时间都应当涵盖在内。① 然而数据显示，当年世界银行认定的时间与北京自测时间差距为 279 天，而律师文书服务和法庭立案时间才 30 天，说明世界银行对北京提供的时间数据全面不采信。

二 优化广州执行合同指标的对策建议

与上海、北京等地相比，广州优化执行合同工作个别环节仍有差距，需要尽快改革，迎头赶上。

（一）争取世界银行业务合作指导

世界银行不仅不排斥与参评经济体（城市）的合作，而且将提供咨询服务（有偿和无偿）作为促进营商环境改革的一项重要工作。② 世界银行与财政部、北京市、上海市、广州市、深圳市、重庆市采取了各种有偿咨询服务，与厦门和长沙的相关合作也在筹备中。合作形式包括分析调研、问题研讨、会议、考察等。与上海、北京相比，广州与世界银行的相关合作水平仍然有进一步丰富的空间。建议：一是加强广州市政府与世界银行的合作，通过咨询服务的方式为广州改革营商环境提供全面指导和业务培训；二是争取世界银行技术支持，提升广州市

---

① 参见罗培新《代后记：春种一粒粟，秋收万颗子》，《世界银行营商环境评估：方法·规则·案例》，译林出版社 2020 年版，第 528 页。

② 世界银行严格区分营商环境改革咨询服务与营商环境年度排名的指标收集及评分。详见世界银行微信公众号文章《中国连续连年位列营商环境改革前十：经验要素与经验》。

营商环境自评水平和薄弱环节诊断能力；三是加强学术交流，以市社科院等市属科研单位为主体，加强与世界银行的研究合作和学术研讨。

（二）提升评估信息获取便利度

截至2020年4月30日，广州法院尚未建立营商环境专门网站，不利于社会各界获取广州执行合同改善信息和诉讼指引。一是尚未建立优化营商环境网站，信息分散，广州审判网的"司法统计"和"司法数据公众服务中心"两个栏目重叠较多，[1] 且均更新较慢，多项网上检索到的改革措施，文件并未上网，如《广州市中级人民法院关于网上立案的若干规定（试行）》已于2020年2月28日挂网，但在网站"文件库"栏下无法找到该文件。[2]

广州应该参照北京、上海和重庆三地法院做法，推进专项工作。一是建立专门的优化营商环境网站，对相关资源进行整合发布，方便群众查询；二是将优化执行合同的改革文件及时公开挂网，便利当事人和代理律师开展工作。

（三）强化司法数据精细度

目前，广州法院网上公开的司法数据存在不新、不全的情况，法院网站司法数据栏下仅提供《全市两级法院各类案件收结存情况统计表》，[3] 表格为静态表格，不可查询；数据信息不全，未提供各基层法院立案、庭审、执行件数以及相关时间信息。[4]

广州法院应该尽快实现司法信息精细化，细化统计数据的类别、内容和单位，对本市所有法院商事、金融类案件的立案

---

[1] http://www.gzcourt.org.cn/index.html.
[2] http://www.gzcourt.gov.cn/wjk/gzzd/.
[3] http://www.gzcourt.gov.cn/sftj/ck289/2020/04/26091948971.html.
[4] 本报告涉及广州法院数据，最后查询时间为2020年4月30日。

数量、审理和执行时效进行分别统计,并提供在线实时查询。

(四) 提升自测数据精准度

上海、北京两地历年自测数据与世界银行认定数据之间的巨大误差,不仅降低了世界银行对当地政府的信任水平,也误导了当地优化营商环境工作的决策。世界银行对当地执行合同数据主要来自对专业人士的小规模调查,尽管没有明确证据,但基本可以确定世界银行有一套消除当地政府对调查对象影响的工作机制,对地方政府自测指标提出更高要求。

扎实可靠的数据是广州对标世界银行营商环境评估改革的行动基础,相关工作仍有提高空间。广州市法院提供的数据显示,广州执行合同全部时间为 240 天,包括立案和服务 20 天,审判和判决 118 天,执行判决 87 天,共计 240 天。[①] 根据上海和北京的经验,课题组认为如果世界银行不变更认定标准,240 天的数字几乎不可能得到世界银行的认可。我们建议:一是将世界银行"执行合同"指标纳入法院案件管理和绩效评价体系,推动全市法院从各办案环节压缩时间;二是委托第三方按照世界银行评估规则,开展执行合同全流程数据摸底调查。

[①] 《2020—2021 年广州市对标世界银行全球营商环境评估改革任务台账》,第 16 页。

第十一章　办理破产

　　世界银行（以下简称"世行"）评估指标"办理破产"旨在考察债务人资不抵债情形下，债务综合执行程序中各方权益的公平保障情况，重点涉及破产程序的制度特征。根据我国破产法，企业不能清偿到期债务，且资产不足以清偿全部债务或者明显缺乏偿债能力的，或者有明显丧失清偿能力可能的，相关权利主体可以依法向人民法院提出重整[①]、破产清算[②]或者和解[③]。其中重整旨在促进企业再生，涉及与企业经营相关的业务重组和债务调整；破产清算重在实现企业终结，涉及破产财产的清算、评估、处置、分配及各类注销登记；和解通过债权人、债务人达成一致，消极地避免债务人企业终结。世行倾向关注破产制度的企业重整能力，在评估虚拟案例中预设企业重整的回收率高于破产清算[④]，并且在破产框架力度指标中对重整程序分值有所侧重。当前对标世行评估指标，以企业再生为重点，

　　[①] 重整指具备维持价值和再生希望的企业，经利害关系人的申请，在法院的主持和利害关系人的参与下，进行业务上的重组和债务调整，以帮助债务人摆脱财务困境、恢复营业能力的法律制度。

　　[②] 破产清算指宣告破产以后，由破产管理人接管公司，对破产财产进行清算、评估和处置、分配，终结债务人存续的法律制度。

　　[③] 和解指在人民法院受理破产案件后，在破产程序终结前，债务人与债权人之间就延期偿还和减免债务问题达成协议，中止破产程序的法律制度。

　　[④] 世行评估预设的案例中，如果酒店能够持续经营，其市值为人均收入的100倍或200000美元，取两者中金额较大者。如果酒店分割出售资产，最多可回收现市值的70%。

全面优化办理破产程序，一方面有助于促进中国整体排名提升，另一方面有助于广州应对疫情下市场不稳定的现实，通过提高债权回收率，促进优胜劣汰的经济规则，完善诚实守信的市场秩序，建设市场化、法治化、国际化的营商环境。

第一节　世行办理破产评估指标及中国测评情况

世行围绕着一个即将债务违约酒店的虚拟案例展开评估，通过分析破产从业者对市场主体应对措施和酒店走向的预期，评价不同经济体通过法律程序解决债务清偿问题的效益和效率，通过二级指标回收率、时间、成本、破产框架力度进行评估（见表11-1）。在世行最近6年的评估报告中，除DB2020[①]相对前一年提升10名以外，中国办理破产评估指标排名总体进步不明显，DB2015排名第53，DB2020排名第51（见图11-1）。

表11-1　　　　　世行评估报告办理破产二级指标

指标	定义	计量方式	DB2020中国评估结果
回收率	债权人通过重组、清算或债务执行（抵押物的没收或破产）等法律行动收回的债务占债务额的百分比	占债务额的百分比	36.9%
时间	从公司违约之时开始，直至其拖欠银行的款项部分或者全部偿付之时结束	日历年数	1.67年
成本	包括法庭费用和政府税费、破产管理费、拍卖费、评估费和律师费以及其他一切费用和成本	占债务人不动产价值的百分比	22%

① 《世界银行评估报告2020》。

续表

指标	定义	计量方式	DB2020 中国评估结果
破产框架力度	分别为启动程序指数、债务人资产管理指数、重整程序指数和债权人参与指数4个分指标	选择判断	13.5 分

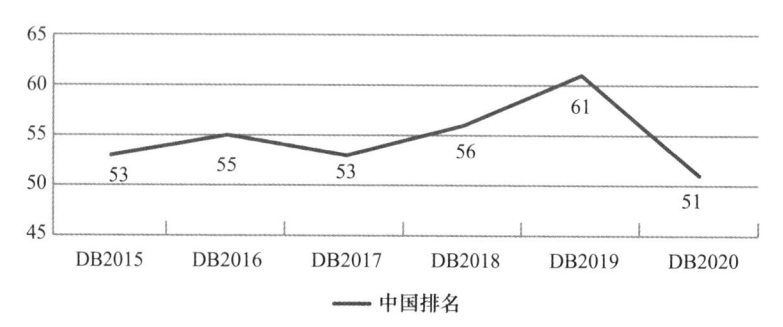

图 11-1 中国办理破产指标 2015—2020 年全球排名

第二节 北京、上海关于办理破产的创新探索

围绕世界银行评估指标，近年来北京、上海开展了关于办理破产的创新探索，以建章立制形式进行的改革创新主要体现在回收率、时间和成本方面。

一 回收率

世行评估对破产重整能力的关注，在回收率指标中得到明显体现。如果有挽救价值的危困企业不能成功拯救，回收率最多只能获得70%。针对世行案例，中国的既往评估结果为"分割出售"，即酒店未能重整成功从而进入破产清算程序，意味着中国回收率最高为70%。同时，近年来，以国有企业退出为主的破产工作主要走向是破产清算，与世行侧重重整的评估导向存在一定差异。

对标世行的评估导向，针对大部分企业进入破产程序后重整成功可能性较低的现实，北京、上海近期先后出台一系列文件，对维护企业营运价值，积极挽救有价值企业做出规定。主要创新内容包括：一是支持困境企业重整再生。通过加大对金融债权的协调力度和建立重整企业识别、信用修复机制，畅通重整企业融资途径。二是明确相关手续和流程，便利破产管理人接管企业财产（见表11-2）。

表11-2　　北京、上海近期提升回收率的主要改革措施

政策名称	主要内容	备注
《关于合作推进企业重整、优化营商环境的会商纪要》	支持困境企业重整再生：金融机构积极参与破产程序、加快财产处置、提供融资便利、重整企业信用修复	2020年4月3日；上海高院与中国人民银行上海总部签署；第1—5条、第8—13条
	便利重整清理企业账户管理：管理人账户开立、账户查控和解封、破产财产划转、管理人查询、撤销与开设企业账户、协助破产企业审计	
《关于破产管理人办理人民币银行结算账户及征信相关业务的联合通知》	征信系统重整计划公开：通过在企业征信系统添加"大事记"或"信息主体声明"等方式公开企业重整计划	2020年4月7日；北京市高级人民法院、中国人民银行营业管理部、中国银行保险监督管理委员会北京监管局发布，第9、10条
	畅通企业融资、完善信用修复：银行机构应认可破产重整企业"大事记"、"信息主体声明"内容，支持企业的合理融资需求。在破产法律框架内受偿后重新上报信贷记录，在企业征信系统展示银行与破产重整企业的债权债务关系	

续表

政策名称	主要内容	备注
《北京破产法庭破产重整案件办理规范》	对重整申请、重整识别审查、登记立案、预重整，重整期间，重整计划的制订和批准、执行和监督予以规范 针对目前预重整制度空白和普遍存在的司法需求，明确了预重整期间、预重整启动条件、临时管理人的职责义务、预重整方案的效力以及与重整程序的衔接等内容，特别是规定了预重整阶段中债务人承担的如实披露信息义务，以及相关的保密义务和赔偿责任，通过规范预重整程序切实发挥预重整制度价值	2019年12月30日；北京市第一中级人民法院

二 时间

针对办理破产的时间，上海、北京通过推进银行机构配合管理人调查、劳动保障部门垫付欠薪等方式加快办理破产流程；通过破产受理等信息即时推送，规范破产管理人工作流程，集中破产审判资源、促进繁简分流和应用智慧破产等举措，缩短办理破产时间（见表11-3）。

表11-3 北京、上海近期缩短办理破产时间的主要改革措施

措施类别	政策名称	主要内容	备注
推进银行机构配合管理人调查	《关于合作推进企业重整、优化营商环境的会商纪要》	破产管理人查询：金融机构依据管理人提供的人民法院受理破产申请裁定书、指定管理人决定书查询破产企业的全部开户信息、征信报告和账户流水明细（包括历史账户和现存账户），免收手续费 管理人可持人民法院受理破产申请裁定书、指定管理人决定书和人民法院发出的对破产企业关联企业的调查令，向中国人民银行申请查询破产企业关联企业的征信报告	2020年4月3日；上海高院与中国人民银行上海总部签署，第11条

续表

措施类别	政策名称	主要内容	备注
推进银行机构配合管理人调查	《关于破产管理人办理人民币银行结算账户及征信相关业务的联合通知》	破产管理人的法律地位：破产管理人办理查询债务人企业账户信息、划转债务人企业账户资金、撤销债务人企业账户等人民币银行结算账户及征信相关业务的，银行机构应视同债务人企业自行办理	2020年4月7日；北京市高级人民法院、中国人民银行营业管理部、中国银行保险监督管理委员会北京监管局发布，第1、4、5、6条
		破产管理人查控的便利措施：破产管理人可以申请受理破产案件的人民法院通过"'总对总'网络执行查控系统"查询债务人企业开立人民币银行结算账户的开户银行名称及数量	
		破产管理人向银行机构查询债务人企业的信息范围：账户的户名、账号、状态、余额、交易流水、交易对手名称、对账单、交易底单凭证、开户资料、预留印鉴以及账户是否存在司法冻结、质押、受限等电子和纸质信息	
		银行机构回复管理人查询的时间：原则上即时答复破产管理人账户信息查询；不能当场答复的，电子信息类3个工作日内，纸质材料等手工查询20个工作日内	
推进劳动部门支持破产	《关于企业破产欠薪保障金垫付和追偿的会商纪要》	劳动部门在破产程序中的劳动者权益保护支持：人民法院在审理破产案件中发现破产企业无力支付欠薪的，基层法院可以要求管理人向该法院所在区的人力资源和社会保障局申请办理垫付欠薪事项；中级人民法院或铁路运输法院可以要求管理人向企业注册地所在的区人力资源和社会保障局申请办理垫付欠薪事项	2019年12月5日；上海高院与劳动保障部门联合印发，第1条

续表

措施类别	政策名称	主要内容	备注
推进市场监管部门办理企业注销	《关于企业注销若干问题的会商纪要》	不履行清算义务的法律责任：对于有关人员不履行法定义务，其行为导致无法清算或者造成损失的，债权人有权起诉其承担相应民事责任的内容 属于上述情形的破产企业如无法取得税务部门开具的清税证明文件的，登记机关可以办理注销登记	2019年6月14日；上海市高级人民法院、上海市市场监督管理局，第2条
破产受理等信息即时推送	《关于破产受理等信息即时推送以及做好相关衔接工作的指引》	本市各级法院受理破产案件后，审判管理系统第一时间启动检索，自动发现破产案件债务人在全市法院范围内所涉在审、执行、财产保全案件；运用现代信息化科技手段，将破产案件受理等信息自动推送给审判人员。上海高院电子系统通过12368平台短信提示、上海高院即时通信提示、审判管理系统工作平台及案件办理页面多种方式同步提示；相关信息除了向某一案件的法官发送外，还会向法官助理、书记员发送。上述信息提示，与受理破产案件的法院作出的受理破产书面函告具有同等效力，相关信息到达被提示人接收系统，即为通知到达	2020年4月1日；上海市高级人民法院印发
规范破产管理人工作流程	《破产案件管理人工作指引（试行）》	从保障管理人依法独立履职、建立标准化工作流程、提高管理人履职效率、细化法院监督指导职能、加强管理人履职保障五个方面，通过搭建管理人团队从组建、内部管理、一般职责以及特定职责的框架体系，详细规定了破产法实施的各个程序和各个环节管理人的职责	2020年4月22日；北京破产法庭

续表

措施类别	政策名称	主要内容	备注
规范网络债权人会议系统	《会议规程（试行）》《债权人参会须知》	正式启用网络债权人会议系统，并制定配套规则	2019年10月28日；上海破产法庭
集中破产审判资源		全市区级以上市场监督管理部门核准登记公司的强制清算和破产案件，相应的衍生诉讼案件以及跨境破产案件将由北京破产法庭集中管辖	2019年11月1日；北京市法院

三 成本

世行成本指标中的各种费用，中国多为法定价格或者政府指导价。随着评估逐步采用网络询价、财产处置采用网络拍卖方式，未来评估费、拍卖费将大幅下降。北京市高级人民法院出台规范财产网络拍卖的文件，有助于推广破产财产的网络拍卖流程，降低破产成本（见表11-4）。

表11-4　　　　　北京近期降低破产成本的主要改革措施

	政策名称	主要内容	备注
规范破产财产处置	《关于破产程序中财产网络拍卖的实施办法》	明确规范团队组建与内部管理职责，破产案件管理人一般职责，破产重整、破产和解、破产清算案件管理人职责	2020年4月22日；北京市高级人民法院

第三节　广州办理破产工作情况及当前存在问题

近年来，广州将办理破产置于服务供给侧结构性改革和促进经济高质量发展的大局谋划推进，积极推进办理破产的府院协作机制，广州市中级人民法院（以下简称广州市中院）等各部门办理破产及相关工作的数量、质量大幅提升，并形成一系列全国领先做法。但是，面对世界银行评估，仍然存在一些亟待回应的问题。

一 广州近年办理破产的主要情况

2017年以来，广州市中院破产案件收结数量持续增长并居全省全国前列，其中2019年新收及审结各类破产及强制清算案件的数量分别为864件、874件，受理及审结破产及强制清算案件数量分别为367件、313件。案件受理率显著提高，三年的案件受理率分别为52.1%、78.6%和82.5%，裁定受理、准予撤回和不予受理的案件占案件总数的72%、17%和11%。案件审理全面提速，三年中每年破产案件审理周期较上一年分别缩短63.2%、29.7%、34.3%。近三年，广州市中院破产案件主要呈现以下特点：破产企业以国有"僵尸"企业为主；债务人主动申请破产占比不高；破产企业所涉行业较广，房地产企业占比较高；多数企业停业多年，内部治理结构不完善；破产程序多样，以破产清算为主（见图11-2、图11-3）。

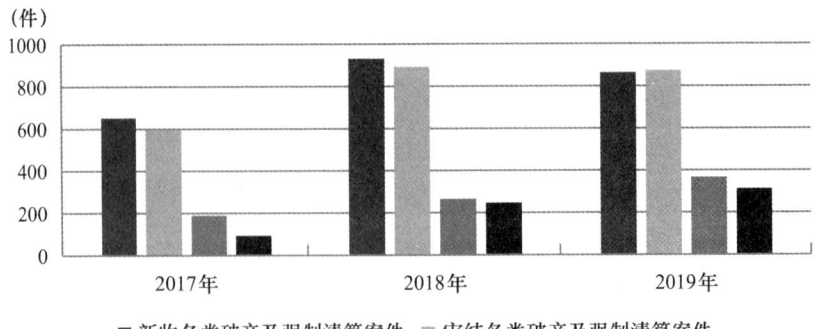

图11-2 广州市中院近三年破产类案件数量

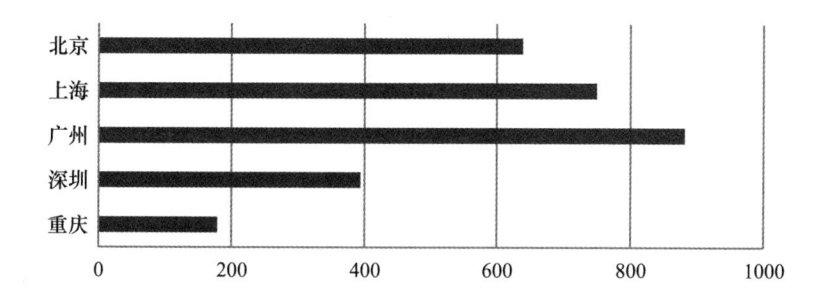

图 11-3　2019 年部分城市破产及强制清算案件主要数据①

2019 年 10 月，广州市中院在全国优化营商环境经验交流现场会，介绍了广州破产审判改革的"六个率先"：率先建立快速审理机制，有效提升破产审判效率；率先建立联席会议制度，有效凝聚府院工作合力；率先纳入财政预算保障，有效破解程序启动难题；率先成立管理人协会，有效提升管理人工作质效；率先运用智慧法院建设成果，有效提升智能化水平；率先上线破产信息公开平台，有效提升破产审判程序透明度。2020 年 5 月下旬，广州市中院召开"提升办理破产质效，优化营商环境"新闻发布会，与市场监管等有关部门、单位签署三份文件，吸收并且拓展了北京、上海办理破产的部分做法，成为广州府院协作推进办理破产的最新举措（见表 11-5）。

---

① 各城市发布破产案件数量统计口径不一致：北京为审结破产清算案件数，上海为全年共审理破产案件数，广州为清产庭 1—12 月法官结案总数，深圳为审结公司清算和破产案件，重庆为审结破产案件数量。以上北京、上海、重庆数据来源于各地高级人民法院工作报告，深圳数据来源于深圳中级人民法院工作报告，广州数据来源于广州市中院破产信息公开平台发布的《2019 年 1—12 月份清产庭法官案件收结存情况表》。

表11-5　广州市中院2020年5月下旬签署的办理破产文件

签署单位	文件名称	重点内容
市市场监管局	《关于推进破产企业退出市场工作的实施意见》（5部分13条）	在强化司法清算与注销登记衔接部分，明确将分支机构纳入简易注销登记适用范围，不以清税证明作为简易注销的必要条件，实施注销材料替代制，简化简易注销手续
市税务局	《关于破产程序中涉税问题的若干处理意见（试行）》（6部分19条）	明确税务机关申报债权的债权范围、申报时间、申请材料等问题，规范管理人审核程序及异议处理，为税务机关依法申报债权及管理人审核债权提供规范的操作指引。同时，明确管理人可以按规定代企业进行纳税申报、发票申领、税收减免申请等操作，简化管理人办理手续
中国人民银行广州分行、广东银保监局	《关于进一步提升办理破产质效、合作优化营商环境的实施意见》（5部分25条）	重点解决破产管理人履职身份认可问题，明确管理人凭借相关法律文书得以办理企业银行账户查询、保全措施解除、破产资金划转、企业征信业务办理等事项，并简化办理流程，提升管理人办理效率

二　广州办理破产工作存在的问题

基于世界银行的四个评估指标，当前广州办理破产工作存在的问题主要表现为如下四个方面。

（一）回收率

回收率是办理破产二级指标的核心指标，其他三项指标结果对回收率都有影响，它们与回收率是过程与结果、手段与目的关系。世行评估显示，中国回收率指标近4年均为36.9%。对广州破产从业者的调查显示，认为广州办理破产回收率高于36.9%的占37.5%，低于36.9%的占62.5%。可见，大部分世行评估的潜在受访者都认为广州破产回收率低于DB2020中国的表现，近期内提升该指标测评结果的难度相对较大。

影响回收率的因素较多，从破产程序视角看，主要包括以下几个方面。一是中国企业进入破产阶段较晚,即出现破产原因后经过较长时间才进入破产程序,导致客观上企业资产相对较少,甚至有相当多企业事实上已无资产可变现。二是破产程序的重整能力较弱,破产程序对企业进行挽救的机制不足,陷入困境的企业难以通过破产程序恢复运营。如当前的企业税收、交易平台等机制对破产企业的关注程度不足,难以有效提升市场主体投资企业重整的动力,使部分企业不具备通过重整予以再生从而提高回收率的可能性。三是破产从业者的业务能力有待提升,尤其是破产管理人的资产处置、企业业务优化能力参差不齐,对企业资产难以在技术上做到最优处理。当前中国的相关应对措施主要针对后两个因素,对第一方面因素的关注力度尚待提升。

(二) 时间

世行近6年评估报告中均认定中国的该项结果为1.67年,即按照重整程序转化为清算程序计算:重整程序8个月(编制债权人债权清单、起草计划并投票)+清算程序1年(正式转换、组织实施销售至销售所得最终分配给债权人)=1.67年。近期针对广州破产从业者的调查显示,广州办理破产时间低于1.67年的受访者占受访者总人数的40%,高于1.67年的占60%。可见,大部分世行评估的潜在受访者都认为广州破产时间长于DB2020中国的表现,近期内提升该指标测评结果的难度相对较大。

影响办理破产时间的因素较多,实践中主要包括以下几个方面。一是市场主体对破产程序认知不足。如企业陷入困境后不积极申请破产,导致管理人接管困难,资料交接不完整、不及时,债权、债务和资产难以查清。二是车管、房管、国土、银行、税务等部门对破产法律性质、破产管理人法律地位认识不够深入,对相关工作流程的设置不科学。如银行、税务部门对于破产管理人查询、注销等工作的配合度不足,形成时间拖延。如破产企业大多基本没有纳税申报事项,税务部门仍依照正常经营企业标准要求每月进行纳税申报;在破产企业没有正常经营的情形下,银行要求管理人对清算临时账户逐月对账。三是破产法部分规定的执行标准尚待优化。如破产法规定"债权人、债务人对债权表记载的债权无异议的,由人民法院裁定",在实践中"无异议"的证明标准被部分法院落实为需要管理人提供债权人、债务人的"无异议"确认,但是债权人对于自身债权以外的其他债权,大多不具备确认的能力和意愿,而债务人更是缺乏配合确认意愿,导致工作时间大量拖延。四是破产案件中时常发生衍生诉讼,成为影响办案时间的重要原因;法官、管理人的工作人员经验不同,导致个案办理时间存在明显差异。五是国有企业作为债权人时,对于债权人会议表决不积极,成为影响破产效率的特殊原因。如国有企业债权人的参会代表经常仅持一般授权委托书参会,不能在债权人会议有效表决形成决议。

(三) 成本

在 DB2020 中,中国破产成本为 22%,包括法庭费用 0.5%,律师费用 5%—10%,通知与发布费用 1%,破产代表费用 5%—10%,会计师、估价师、审计师及其他专业人员的费用 7%,拍卖师的费用 1%—5%,服务提供商的费用及/或政府征税 5%。近期针对广州破产从业者的调查显示,大部分受访者认为成本低于 22%,认为成本低于 22% 的受访者占受访者总人数的 88.9%,认为成本高于 22% 的占 11.10%。可见,大部分世行评估的潜在受访者都认为广州破产成本低于 DB2020 调查结果,有望近期内提升该指标测评结果。

当前影响破产成本的原因除法定价格或者政府指导价格相对较高外,还包括以下几个方面原因。一是破产周期过长，使资产价值下降带来成本增加。二是税费负担过重，如在资产变现处置过程中，企业清算业务相关税收成为破产重整的制度性成本，陷入破产境地的旨在清偿而不是盈利为目的的资产处置仍须承担相关税费，在一定程度上增加了破产企业成本。

（四）破产框架力度

破产框架力度指标主要考察破产制度的规范性程度，分为4个三级指标：启动程序指数、债务人资产管理指数、重整程序指数和债权人参与指数；总分16分，分数越高表示破产制度的优越性越强。重整程序在其中被单独设为一类指数并赋值3分，可见世行评估对其予以特别关注。近年来，通过最高人民法院出台司法解释，规定破产程序中融资债权优先于普通无担保债权、个体债权人有权获得债务人相关财务信息，提升了相关指标的分值。

在DB2020中，中国得分13.5分，失分2.5分，失分项有3个：一项涉及重整程序指数，另外两项涉及债权人参与指数。关于失分的3项问题，部分资深从业者认为世行对中国破产法内容和司法解释效力的理解有待商榷；但同时，破产从业者对于部分问题的认识差异较大。上述现象表明，广州应对世行评估，应当关注最高院以及广东省高院司法解释在广州司法实践中具有普遍效力的磋商，强化对破产法相关内容的解释；同时还应当对世行评估潜在对象破产从业者开展法律法规、政策措施宣传。通过与世界银行积极磋商以及提高潜在受访者对破产框架的认识，此项指标有望在近年提升1.5—2.5分。

表 11-6　DB2020 破产框架力度指数中国失分项调研结果

三级指标	评估问题	评分标准	DB2020 中国选项及得分	针对广州破产从业者的调查
重整程序指数	哪些债权人对拟议的重整计划进行投票	A. 只有权利受影响的债权人，得 1 分 B. 所有债权人，得 0.5 分 C. 债权人不表决或重组不可用，得 0 分	B. 0.5 分	大部分认为应得 1 分，小部分认为应得 0.5 分
债权人参与指数	破产框架是否规定债权人对甄选或任命破产代表作出批准	A. 是，得 1 分 B. 否，得 0 分	B. 0 分	大部分认为应得 0 分，极少部分认为应得 1 分
	破产框架是否要求债权人对出售债务人的大部分资产做出批准	A. 是，得 1 分 B. 否，得 0 分	B. 0 分	全部认为应得 1 分

1. 哪些债权人对拟议的重整计划进行投票

近期，广州破产从业者的调研显示，认为广州在此项评估中应得 0.5 分的占 66.7%，认为广州在此项评估中不应失分而应得 1 分的占 33.3%。

对破产从业者的调研访谈显示，在广州破产实践中，可以做到只有权利受到影响的债权人对重组计划行使表决权，有经验的破产管理人在实践中对重组计划往往仅要求权利受到影响的债权人进行表决。认为广州该项不应失分应得 1 分的破产从业者主要理由如下。

第一，最高人民法院关于适用《中华人民共和国企业破产法》若干问题的规定（三）第 11 条第 2 款明确规定：对重整计划草案进行分组表决时，只有权益因重整计划草案受到调整或者影响的债权人或者股东，才有权参加表决；权益未受到调整或者影响的债权人或者股东，不参加重整计划草案的表决。由于该法条明确了"只有权益因重整计划草案受到调整或者影响的债权人或者股东，才有权参加表决"，同时最高人民法院的司法解释在中国司法实践中具有普遍适用效力，世行应当据此认定中国破产框架规定了只有受到影响的债权人才有权参与表决。

第二，《破产法》第82条应当理解为重整计划需要通过抵押权人组、职工债权组、税款债权组、普通债权组进行表决，以上4个小组都是重整计划利益相关方，由其进行的表决都属于利益相关方的表决。对于非利益相关方如出资人等，由于法律没有规定必须为其设立表决组，所以在没有设立出资人表决组时，就不存在出资人参与表决的情形；但如果牵涉其利益，管理人也可以根据需要设立出资人组，这就意味着投资人只有达到利益受到影响的情形，才参与表决。因此，以上法条的实质含义为重整计划只需要利益相关方表决即可，非利益相关方无须参与讨论表决。同时，根据《破产法》第87条，如果个别表决组滥用表决权导致重整计划未获通过，法院有强制批准权，法院对于是否滥用表决权的判断标准，主要是债权人的利益是否受到影响。综合以上法条可以判断《破产法》对于重整计划的表决和审批已经充分观照了债权人利益是否受到影响这一因素。

第三，广东省高级人民法院《关于审理企业破产案件若干问题的指引》第100条关于变更重整计划仅规定经受到不利影响的债权人组、出资人组进行表决，并未规定利益不相关的债权人参与表决，表明广东的司法实践对于变更重整计划的表决范围是受到不利影响的债权人、出资人。由于广东省高级人民法院的司法指引在广东司法实践中具有普遍适用效力，世行对广州的评估应当认定上述规定显示破产框架规定了只有受到影响的债权人才有权参与表决。

2. 破产框架是否规定债权人有权任命破产管理人

近期针对广州破产从业者的调研显示：绝大多数破产从业者认为广州在此项评估中应得 0 分。

但调研中有资深破产从业者认为，广州应当与世行磋商争取该项获得 1 分。主要理由如下。

第一，在实务操作中，法律赋予债权人更换管理人的权利，也就是债权人先否决，法院另指定。《破产法》第 22 条应当理解为：管理人应当由法院指定，但债权人有权拒绝。但拒绝是必须有理由的，不能毫无理由拒绝法院指定的管理人。因为破产事务需要依靠管理人开展工作，不能否而不立，所以如果原管理人被更换，就相当于原管理人被债权人否定，等同于债权人有拒绝管理人任命的权利。

第二，根据《破产法》第 61 条，债权人会议有权申请法院更换管理人，意味着债权人对破产管理人具有更换权利，而此处的更换权利即属于拒绝破产管理人的任命。而且，《破产法》关于管理人最初由法院指定，而后债权人有权申请更换的规定是比较切合实际的做法。因为在案件进入破产程序之初，关于谁是适格债权人须经管理人审核；所以在案件成立之初即由债权人批准管理人在实际中可能无法操作，而通过赋予债权人会议否决权，能够实现保障债权人对管理人选任的有效参与。所以《破产法》不仅规定了债权人有权任命破产管理人，而且在债权人的权利行使时间上做出了较为合理的规定。

第三，广东省高级人民法院《关于规范企业破产案件管理人选任与监督工作的若干意见》第 25 条关于协商选择管理人的规定，明确债务人和主要债权人协商一致选择广东省或外省市在册管理人担任破产案件管理人，应当认定为债权人有权批准破产管理人的任命。由于广东省高级人民法院的司法指引在广东司法实践中具有普遍适用效力，世行对广州的评估应当据此认定破产框架规定了债权人有权任命破产管理人。

3. 破产框架是否要求债权人对出售大额资产做出批准

近期针对广州破产从业者的调研显示：全部受访者都认为广州在此项评估中不应失分而应得 1 分。主要理由如下。

第一，最高人民法院关于适用《中华人民共和国企业破产法》若干问题的规定（三）第 15 条明确规定，破产管理人处分债务人重大财产的，应当事先制作财产管理或者变价方案并提交债权人会议进行表决，债权人会议表决未通过的，管理人不得处分。由于该法条明确了"提交债权人会议进行表决，债权人会议表决未通过的，管理人不得处分"，同时最高人民法院的司法解释在中国司法实践中具有普遍适用的效力，世行应当据此认定中国破产框架规定了债权人对出售重大资产作出批准。

第二，《破产法》第 111 条应当理解为，管理人处置资产（变价出售）的前提是先制定《财产变价方案》，而且需要经过债权人会议讨论通过，否则管理人无权处置破产财产。这也就意味着，管理人处置的资产无论是否重大，都在《财产变价方案》经过债权人会议讨论中，一并经过了债权人的批准，世行应当据此认定中国破产框架规定了债权人对出售重大资产作出批准。

第四节　提高广州办理破产评估指标的对策建议

广州近年推进破产的工作实践，在全国相对领先。但自 2019 年以来，上海、北京等地积极建章立制，进步显著。整体来看，各地对标世行评估指标的提升举措，多侧重于从时间方面提升便利性,对于重整程序的实质推进力度仍有待提升。当前广州应当在参考北京、上海经验基础上,尽快提升相关探索的规范性层次,积极回应世行指标导向,以促进企业再生为重点,全面优化办理破产程序。

一 高度重视,深化党委领导下府院联动工作格局

破产程序是企业生命周期在理论上的末端,对应着市场主体设立和经营全部环节的收尾或转型,世行营商环境全部指标对应的问题在办理破产中均有所涉及,各级党政部门应当高度重视,进一步深化府院联动办理破产的工作格局。一是各级党组织要高度重视破产工作,发挥党组织的领导、督促、监督职能,形成推进办理破产工作的全市一盘棋。要求与办理破产工作密切相关的市场监管、税收、金融机构、不动产、车管等部门严格遵守和履行《破产法》及相关规定,配合法院及破产管理人调查、执行法院决定,保障破产管理人依法履行职责。二是针对办理破产中的查询难等症结,统筹法院和相关部门统一各类调查所需文件的要求,确保市中院与市场监管等部门近期签署的三份文件有序落地、有效实施。对于当前破产管理人调查难的问题,人民法院在指定管理人的文件中着重明确管理人的部分职责、权限,并释明相关法律依据,对相关部门具体工作人员进行定向普法。三是协调市国资委,要求国有企业作为债权人时积极参与人民法院的破产重整程序,对于具有重整价值的债务人的破产重整程序予以支持和配合,促进国有资产保值增值。

二 加强立法,以法治手段完善办理破产关键环节

法治是最好的营商环境。通过充分运用地方立法权,扭转出资人怠于履行清算义务、相关部门怠于配合法院调查、破产

管理人履职缺乏保障等现象，是广州以法治手段完善办理破产关键环节的有效手段。当前广州应当尽快制定地方性法规进一步明确和规范以下几个方面内容。一是破产工作协调机制，包括市、区人民政府与法院统筹推进破产费用专项资金保障、企业破产业务协调、信息共享、财产处置、信用修复、职工安排、风险防范和融资支持等工作。二是破产管理人的职责权限，包括保障破产管理人的调查权、健全破产管理人的考核机制、支持破产管理人协会加强行业自律。探索建立重整识别、预重整等破产拯救机制，完善市场主体救治机制。三是强化出资人及相关人员的清算义务，在企业设立、运行过程中加强对出资人的告知和检查，通过诚信体系建设等机制确保陷入困境企业能够及时通过破产程序寻求保护以及获得重生。此外，针对破产程序税收的问题，通过市人大向上级立法机关提出关于减免破产企业税收方面的立法建议。

三　聚焦重点，推进企业破产重整大平台建设提升回收率

着力打造促进企业再生的重整机制，由市中院、发改委等部门联合牵头着力推进企业破产重整大平台的建设，形成"企业重整广州模式"亮点。平台主要包括以下内容。一是科学的破产重整识别体系。组建产业专家库对企业的重整价值做出判断，对重整方向提供意见，从企业运营角度为破产管理人提供专业建议。二是宽松的融资配套体制。打造困境企业与金融机构对接平台，为具有重整价值的企业设立适度的融资门槛，提升金融机构对困境企业的"注血"能力；由政府主导设立产业投资基金，特别是基础产业发展基金，助力实业企业的重整工作。三是开放的企业重整交易平台。制定开放式的交易规则，将困境企业股权、资产处置等的信息及相关链接纳入其中，使破产重整在公众视野下开展和进行，促进相关交易公开、透明。

四是分行业的产业投资人目录。分行业制定和公布产业投资人目录，定向对其推送困境企业信息，打通生产要素之间的流动壁垒，促进企业实质再生。此外，还应该做到积极推进预重整实践，深化探索债权人和债务人协商指定破产管理人；按照法院执行程序的查控标准检索破产企业及其债务人的财产信息，并将结果及时向破产管理人公开，确保债务人财产完整纳入破产财产的范围。

四 锐意进取，依托国有企业退出实践经验缩短办理破产时间

围绕近年办理国有企业破产实践中的突出问题，探索办理民营企业破产的改革方向。一是将近年出台的国有"僵尸"企业退出绿色通道，全面推广到所有破产案件，不仅法院对国企和民企的破产裁判制度、原则应保持一致，而且市场监管、税务等部门对国有、民营企业办理破产的查询、登记、注销等标准也要一致。二是在法院与相关部门之间建设数据共享系统，在法院指定破产管理人的同时，市场监管、车管、房管、银行等部门针对破产企业形成数据共享系统即时启动，并向破产管理人开放，减少破产管理人的重复调查。三是设立法院审判系统即时推送机制，在法院受理破产案件后，审判管理系统自动启动检索破产案件债务人在全市法院范围内所涉在审、执行、财产保全案件，将破产案件受理等信息自动推送给法院、法院助理、书记员等审判人员；在指定破产管理人后，审判人员将上述信息一并告知破产管理人。四是优化破产法相关规定的操作流程，如关于"债权人、债务人对债权表记载的债权无异议的"证明标准，规定破产管理人将债权表告知债权人以及债务人即可作为有效证明；同时针对怠于行使权利和履行义务的债权人、债务人予以司法惩戒。五是针对破产衍生诉讼，由破产

庭集中管辖或者设立专门的快审通道，通过由破产庭立案、由破产法庭法官和民事法庭法官组成合议庭快速裁判等方式，改变当前将衍生诉讼通过普通诉讼流程处理影响破产效率的现状。六是优化破产企业税务申报方式，将已经指定了破产管理人的破产企业在税务申报系统中备注为"破产企业"，采取季度申报或者清算期限截止一次性申报。七是取消或简化清算临时账户逐月对账程序。

五 方式创新，利用科技信息等手段提升工作效率降低破产成本

感知前沿，把握创新趋势，探索5G背景下的新技术，应用智慧破产、大数据共享等方式，降低破产成本。一是进一步拓展"智慧破产"程序应用，完善网络债权人会议流程；建设广州企业破产信息微信公众号，发布企业破产相关信息，宣传相关法律法规、政策规定，对破产交易流程、指定管理人摇珠等程序进行实时直播，减少市场主体的信息获取成本。二是由税务部门印发指导文件，通过手机App等方式对破产重整领域的税务法规、优惠政策进行宣传，在税务系统内部制定破产纳税指引，促进引破产管理人、潜在投资人科学认识破产重整的税务成本。三是依托大湾区、自贸区建设，探索税收改革试点，着力降低破产成本。由税务部门加强调研，参考国际上许多国家对破产程序中的交易环节免征税费的做法，逐级上报探索破产财产处置环节税费减免的创新政策，申请南沙自贸区法院作为破产案件减免税改革的试点法院，运用大数据对比征收清算所得税和减免税收企业重整后的整体税收走势，为国家关于破产企业税务改革做出探索。

六 共建共治，引入社会力量积极参与提升破产框架的认识

引入社会力量参与推动破产框架认识的提升，在司法实践、理论探索中锤炼精品案例，将广州打造为国内探索办理破产改革创新的示范城市，立足广州、面向全国、放眼世界讲好办理破产的广州故事。一是充分激发专业破产管理人的力量，通过破产管理人协会、律师协会、会计师协会建设，促进破产从业者的业务能力提升，发挥专业组织在提升破产框架力度中的作用。二是组建破产案件法官、律师、会计师等全体破产从业者的业务交流平台，在法律从业者、法治共同体平台广泛深入探讨促进破产框架力度改革指数提升的新途径。三是依托社科院、高校以及国内外高端研究机构，开展关于破产框架的学术交流会和理论研讨会，通过形成会议论文集、发布重整成功案例操作指引等方式，宣传、推广国家和广州近年来的改革成果。四是针对世行评估，组建磋商团队回应专业问题，促进世行对广州司法实践做出准确理解；同时针对潜在问卷填答对象，进行案例、法律、数据的定向推介，确保世行评估的受访者能够充分反映广州改革成效。

第十二章　政府采购

从 2020 年开始，世界银行正式把"政府采购"从观察指标转为评估指标，"政府采购"指标的表现直接影响到一个城市、地区和国家营商环境的优越程度。近年来，广州围绕优化提升政府采购效率，聚焦难点"痛点"先后推动了一系列改革举措，市场主体的满意度持续提升，有力支撑了全市营商环境整体优化。然而，营商环境没有最好、只有更好，对标世界银行评价方法，对标先进城市经验，对照广州营商环境改革 4.0 版的要求，广州仍然需要坚持不懈提升"政府采购"指标竞争力，塑造改革新优势、树立创新标杆。

第一节　对标把握世界银行政府采购指标内涵与评估方法

政府采购是指各国或地区政府行政机构从竞标公司购买商品或服务的过程。通过设置预算与需求评估、提交标书、开标与合同签署、合同管理、支付与质量评估五项指标，主要采用调查问卷分析方法，世界银行对政府采购过程中涉及的采购合同、采购主体、采购流程以及中标方实施项目情况开展评估。政府的评估对象是样本城市道路交通主管部门，主要方法是查阅相对应的规范性文件或法律法规条文，主要确认被评估国家或者地区制定或者实行的相关举措在实践中是否有真正效力，是否可以普遍和反复适用。面向市场主要向律师事务所、中小企业、建筑事务所、会计师事务所和报关公司等从业人员发放调查问卷，以评估市场主体的感受，最终通过对被测经济体搜集到的相关数据进行分析测算、评估排序（见表12-1）。

表12-1　　世界银行对政府采购指标的评价内容

指标对象	内容要求
评价指标	预算与需求评估、提交标书、开标与合同签署、合同管理、支付与质量评估五项指标。
评价案例	两车道公路重铺工程。
评价对象	样本城市道路交通主管部门。
评价范围	从流程环节到监督管理等各方面的法律法规体系及落实情况。
评价环节	需求与预算、招标、收标、开标与评标、合同授予与签署、合同修改、开具发票与支付等公路养护从立项与预算、招标投标、合同执行等全生命周期的评价。
数据采集	政府部门、政府工作人员、律师、建筑公司。
评价方法	查阅相关法律法规体系的健全性，发放问卷评价市场主体的感受。

为具有可比性，世界银行设定了评估案例，具体是：在最大的商业城市和另外一个城市之间铺设一条长度为20公里的平坦双车道公路，沥青覆盖厚度为40—59毫米，项目不包括地下排水、场地清理、桥梁工程以及日常维护等其他任何工作，该公路既不是高速公路也不是特许经营公路，采购合同的价值为250万美元，采用公开招标的采购方式，招标过程没有异议，采购合同最终由符合所有相关条件和资质要求并提供最优方案的投标公司竞争得到（见表12-2）。

表 12 – 2　　　　世界银行对政府采购指标评估案例的要求

对象内容	要求设定
评价案例	在最大的商业城市和另外一个城市之间铺设一条长度为20公里的平坦双车道公路，沥青覆盖厚度为40—59毫米，项目不包括地下排水、场地清理、桥梁工程以及日常维护等其他任何工作，该公路既不是高速公路也不是特许经营公路，采购合同的价值为250万美元。
投标公司	参与投标的公司符合关于偿债能力、技术和管理的要求；是一家私营且国内中等规模的有限责任公司；在评价城市开展运营；目前各项规定完善，与包括税务部门在内的所有相关部门关系良好；具有本技术领域所需的所有执照和许可；已经同意参与公开投标，且已经在采购实体处登记。
采购流程	是一个公开、无限制和竞争性的招标；整个过程没有遇到来自利益相关方的投诉、质疑、抗议；最后将合同授予满足所有技术和管理规范且具有最大经济效率的投标公司。
采购实体	为公路的所有部门从事采购工作的机构；是工程的唯一出资方，具备工程预算和偿债能力。

第二节　对标学习先进城市提升政府采购指标竞争力的经验

一　国家改革

（一）全面系统推动政府采购制度改革

为持续优化营商环境，早在2018年，《深化政府采购制度改革方案》就通过了中央全面深化改革委员会的审议。方案对明确要求要坚持以问题为导向加快推进政府采购制度改革，建立健全政府采购竞争机制、政府采购代理机制、政府采购评审机制、政府采购交易机制、政府采购监管机制等，着力形成现代化的政府采购制度。围绕继续深化政府采购制度改革、建立现代化政府采购制度的主线，2021年财政部再次明确指出要加强对政府采购的监管，强调要加强采购人管理、供应商管理、代理机构管理、评审专家管理、采购投诉管理等，通过推进政府采购电子化、集中采购管理、政府采购信息和意向公开等方式不断优化政府采购的营商环境。

(二) 健全促进政府采购公平竞争的制度

为促进构建统一开放、竞争有序的政府采购市场体系，2019年7月26日财政部正式公开发布《财政部关于促进政府采购公平竞争优化营商环境的通知》（财库〔2019〕38号），围绕建立公平竞争的政府采购环境，明确提出要重点对十个领域的问题进行清理和整顿，破除妨碍公平竞争的各种规定和要求；推行严格的公平竞争审查制度，通过多种渠道听取市场主体声音和诉求，及时发现和消除对公平竞争有限制作用的问题、规定和政策；在电子化政府采购、政府采购透明度、政府采购执行管理、政府采购质疑投诉、政府采购行政裁决等方面建立完善的制度机制。在此基础上，2019年8月20日国家发展和改革委等联合发布《工程项目招投标领域营商环境专项整治工作方案》（〔2019〕862号），要求深入推动工程项目招投标营商环境的专项整治，全面排查、清理和纠正在工程项目招投标法规政策文件、招标公告、投标邀请书、资格预审公告、资格预审文件、招标文件以及招投标实践操作中对不同所有制企业如外资企业、民营企业设置的各类不合理限制和壁垒，保障不同所有制企业公平参与市场竞争。2021年10月，财政部又一次制定并对外公开发布了内资企业和外资企业平等参与政府采购活动的相关政策，并要求地方再次对照要求对不适应公平竞争要求的规定进行清理。

(三) 推进政府采购意向公开改革试点

为进一步提高各级政府采购的透明度，2020年3月2日财政部对外正式发布《关于开展政府采购意向公开工作的通知》

(财库〔2020〕10号），明确提出要推行政府采购意向公开制度，对公开内容、公开主体、公开方式、公开时间、公开范围、公开途径、公开依据等都进行了要求。上海市、北京市、深圳市以及中央预算单位率先在2020年开展政府采购意向公开试点。从2021年1月1日起，省级预算单位原则上要执行政府采购意向公开制度，省级以下预算单位从2022年1月1日起开始实施。在财政部的推动下，各省市都纷纷推动政府采购意向公开制度。

二 上海经验

上海在政府采购方面的基础较好，在世界银行的前期试评价中表现也较好。2019年以来，对标国际先进经验，聚焦干线公路中修工程项目招标与采购，上海相继出台《关于发布本市公路中修工程施工合同示范文本的通知》（沪道运财〔2019〕164号）、《进一步加强本市干线公路中修工程招投标环节管理的若干规定》（沪道运财〔2019〕162号）、《关于完善本市公路中修工程招投标异议及投诉处理的通知》（沪道运设养〔2019〕165号）、《关于规范本市公路中修工程竣工验收管理的通知》（沪道运设养〔2019〕166号）、《关于进一步加强本市干线公路中修工程招投标信息公开的通知》（沪道运财〔2019〕163号）、《关于优化本市干线公路中修工程施工合同价款支付的通知》（沪交财〔2019〕1182号）等政策文件，从透明、公开、高效等方面进一步完善政府采购相关制度建设，推进实施系统改革。

（一）优化施工合同价款支付

上海市交通委员会和上海市财政局于2019年12月联合出台《关于优化本市干线公路中修工程施工合同价款支付的通知》，明确提出干线公路中修工程原则上应在合同签订后30日内支付项目预付款,预付款金额为合同金额的30%。工程竣工后留不超过工程价款结算总额的5%作为质量保证金,待缺陷责任期满(一般为一年)后支付,不再以任何形式收取或要求企业提供其他履约保证金。进一步完善资金支付流程,加快支付进度,招标人从收到发票到完成请款支付时间不超过15日(法定节假日除外)。凡涉及财政资金支付的,财政部门自收到符合支付条件的请款申请和资料之日起7日内(法定节假日除外)完成支付(见表12-3)。

表12-3　　政策改革及其对世界银行政府采购指标的响应

出台政策	对应二级指标	世界银行导向	政策响应
《关于优化本市干线公路中修工程施工合同价款支付的通知》	支付与质量评估	采购实体在收到供应商发票的30天内处理付款。	从收到发票到完成请款支付时间不超过15日(法定节假日除外)。

(二)加强招投标环节管理

上海市道路运输管理局于2019年12月发布《进一步加强本市干线公路中修工程招投标环节管理的若干规定》,对招标方式、资格预审、投标保证金、澄清公告、招标公告、开标时间、错误修正、异常低价发现处置、中标公示及合同签订时限等招投标流程进行优化。其中,要求投标保证金一般不超过招标限价的2%,最高不超过80万元,投标保证金应在中标结果公示起5个工作日内退还。中标公示期结束后,招标人应在10日内与中标人完成合同签订。

表12-4　政策改革及其对世界银行政府采购指标的响应

出台政策	对应二级指标	世界银行导向	政策响应
《关于完善本市公路中修工程招投标异议及投诉处理的通知》	提交标书、开标与合同签署	对投标不能仅因为错误的格式被判定为不合格；以非现金形式收取保证金，缴纳保障金的方式由供应商自主选择；缩短从中标结果到签署合同时间。设立识别异常低价投标制度。	对于投标文件中出现的非实质性错误按招标文件规定的修正原则予以修正；鼓励采用电子平台线上方式收取和退还投标保证金。中标公示期结束后，招标人应在十日内与中标人完成合同签订。明确异常低价发现处置机制。

（三）完善招投标异议及投诉处理

上海市道路运输管理局于2019年12月发布《关于完善本市公路中修工程招投标异议及投诉处理的通知》，明确保障投标人质疑投诉权利，配合财政部门研究建立与"互联网+"相适应的快速裁决通道，为投标人提供标准统一、高效便捷的维权服务。对投标人提出质疑和投诉，交通运输主管部门将会同招标人、代理机构和财政部门依法及时予以答复和处理。

表12-5　政策改革及其对世界银行政府采购指标的响应

出台政策	对应二级指标	世界银行导向	政策响应
《关于完善本市公路中修工程招投标异议及投诉处理的通知》	提交标书、开标与合同签署	鼓励通过电子采购门户处理投诉，质疑答复岗位与采购操作岗位应当分离。	明确保障投标人质疑投诉权利。研究建立与"互联网+"相适应的快速裁决通道，畅通投标人质疑投诉渠道。

(四) 规范竣工验收管理

上海市道路运输管理局于 2019 年 12 月发布《关于规范本市公路中修工程竣工验收管理的通知》,明确建设单位在收到《竣工验收报审表》后,对符合竣工验收条件的工程,应当在三天之内组织设计、施工、监理等相关单位召开竣工验收会议。工程竣工验收合格后,各参建单位应在竣工验收会议后的五天内完成《竣工验收报告》的签字确认工作,并报送交通运输主管部门进行备案。

表 12-6　　政策改革及其对世界银行政府采购指标的响应

出台政策	对应二级指标	世界银行导向	政策响应
《关于规范本市公路中修工程竣工验收管理的通知》	支付与质量评估	压缩竣工验收时间,提高竣工验收效率。	对符合竣工验收条件的在三天内召开竣工验收会议。竣工验收会议后五天内完成《竣工验收报告》的签字确认工作,并报交通运输主管部门备案。

(五) 加强招投标和合同信息公开

上海市道路运输管理局于 2019 年 12 月发布《关于进一步加强本市干线公路中修工程招投标信息公开的通知》,要求干线公路中修工程的招标计划原则上应在招标公告发布前 30 日通过相关招标平台或部门网站进行公示,若招标计划调整的,也应提前 30 日公示。干线公路中修工程的招标结果信息和合同履行情况,招标人应统一汇总后,在每年 5 月初和 12 月底通过相关招标平台或部门网站进行公示。进一步健全完善中标结果信息公示,在公示中标人的同时,对于投标符合招标文件要求的投标人,招标人应当书面告知其评分及排名;对于被否决的投标,招标人应当书面告知其原因。同时，上海市道路运输管理局还发布了《关于发布本市公路中修工程施工合同示范文本的通知》，公布了公路中修工程施工合同示范文本（见表12-7）。

表12-7 政策改革及其对世界银行政府采购指标的响应

出台政策	对应二级指标	世界银行导向	政策响应
《关于进一步加强本市干线公路中修工程招投标信息公开的通知》《关于发布本市公路中修工程施工合同示范文本的通知》	提交标书	公开采购计划和合同信息。	招标计划在招标公告发布前三十日通过相关招标平台或部门网站进行公示。招标人应统一汇总后，每年五月初和十二月底通过相关招标平台或部门网站公开干线公路中修工程的招标结果信息和合同履行情况。

三 北京经验

围绕"提高政府管理水平、保护企业合法权益、增强公平公开透明、提升综合质量效益、打造一流营商环境"的目标，按照世界银行营商环境指标体系，2019年底以来北京相继出台《北京市公路养护工程项目招标投标管理办法》（京交公管发〔2020〕3号）、《北京市公路养护工程管理实施办法》（京交公管发〔2020〕2号）、《北京市公路工程投诉处理管理办法的通知（试行）》（京交公建发〔2020〕1号）、《关于进一步明确北京市普通公路养护工程施工合同价款支付工作的通知》（京交公管发〔2020〕4号）、《关于简化公路养护工程开工条件的通知》（京交行发〔2020〕1号）、《关于印发北京市公共资源交易担保金融服务管理办法（试行）的通知》（京发改规〔2020〕1号）、《关于进一步加强公路养护工程管理有关工作的通知》

(京交公管发〔2020〕7号）七份政策文件，启动新一轮深化道路工程招标投标改革。

（一）优化公路养护工程采购流程管理

北京市交通委员会于2020年1月制定《北京市公路养护工程项目招标投标管理办法》，提出遵循"减成本、减环节、减时限"原则，增加市场开放度和公开透明度，实现市场开放最大化、招标投标电子化、投标成本最低化、流程环节简捷化、投诉处理程序化。明确招标计划提前发布、招标文件免费公开、保证金提交方式自主选择、企业资质资格后审、合同签订时间大幅缩短等改革要求。实现从登记为供应商、查看招标公告、查看招标文件、向招标人咨询、提交投标文件、提交投标保证金或保函、开标评标、公开中标结果、查看评标结果、查看评标解释、提交履约保证金或保函、签署合同、查阅合同、合同修改、提出投诉和质疑、查看投诉和质疑的处理结果、向招标人提交发票、收取合同款等全流程电子化（见表12-8）。2020年3月北京市

表12-8　政策改革及其对世界银行政府采购指标的响应

出台政策	对应二级指标	世界银行导向	政策响应
《北京市公路养护工程项目招标投标管理办法》《关于进一步加强公路养护工程管理有关工作的通知》	提交标书、开标与合同签署	精简步骤、压缩时间、降低成本、提高效率；公布采购计划和合同信息；鼓励电子化招投标；鼓励以非现金形式收取保证金，缴纳保障金的方式由供应商自主选择。	招标公告发布10日前公开招标计划；推行招投标全程电子化；采用资格后审方法对投标人进行资格审查；保证金提交推行银行保函制度；将中标结果（含未中标原因）通知所有未中标的投标人；中标通知书发出之日起10日内订立合同；影响交通安全占道施工许可1个工作办结。

交通委员会和北京市公安局公安交通管理局联合发布《关于进一步加强公路养护工程管理有关工作的通知》，从招投标管理、工程合同管理、占道施工、工程价款支付、中标结果投诉等方面再次明确公路养护工程管理相关工作要求。

（二）规范公路工程招标投标活动投诉处理管理

北京市于2020年1月发布《北京市公路工程招标投标活动投诉处理管理办法（试行）》（京交公建发〔2020〕1号），明确涵盖潜在投标人、投标人和其他利害关系人的投诉主体范围，设置了异议、投诉、行政复议、行政诉讼的多级追诉体系，规定了招标文件、评标过程、评标结果等投诉重点，构建了"互联网+"的投诉渠道，严格了快速投诉处理机制。要求自收到投诉之日起3个工作日内作出回应，自受理投诉之日起25个工作日内作出书面处理决定（需要检验、检测、鉴定、专家评审的，所需时间不计算在内），并对投诉事项作出处理结果在北京市交通委员会官网上公告（见表12-9）。

表12-9　　政策改革及其对世界银行政府采购指标的响应

出台政策	对应二级指标	世界银行导向	政策响应
《北京市公路工程招标投标活动投诉处理管理办法（试行）》	提交标书、开标与合同签署	鼓励通过电子采购门户处理投诉，质疑答复岗位与采购操作岗位应当分离。	对开标过程的异议，招标人当场做出答复，并进行记录；招标人自收到异议之日起3日内做出答复，投诉处理25个工作日办结，行政复议30日办结。

（三）实现公路养护工程保证金在线提交

北京市明确规定投标保证金、履约保证金的提交推行银行保函制度，但招标人不得指定或者变相指定保证金支付形式，由中标人自主选择银行保函或者现金、支票等支付形式。2020

年2月，北京市交通委员会联合多个部门发布《北京市公共资源交易担保金融服务管理办法（试行）》，搭建了集金融服务机构、招标单位、投标企业、监管部门等于一体的北京市公共资源交易担保金融服务平台，实现在线办理保证金代收、代退和保函办理等服务功能，明确保证金线上提交、退还、存量管理等金融管理措施，实现公路养护工程保证金提交更加便捷、安全（见表12-10）。

表12-10　政策改革及其对世界银行政府采购指标的响应

出台政策	对应二级指标	世界银行导向	政策响应
《北京市公路养护工程项目招标投标管理办法》《北京市公共资源交易担保金融服务管理办法（试行)》	提交标书、开标与合同签署	鼓励以非现金形式收取保证金，缴纳保障金的方式由供应商自主选择。	开发建设"北京市公共资源交易担保金融服务平台"提供保证金代收、代退和电子保函在线服务；保证金可以采用保函等非现金形式；中标通知书发出后5日内向中标候选人以外的其他投标人退还投标保证金，与中标人签订合同后5日内向中标人和其他中标候选人退还投标保证金。

（四）提高公路养护工程价款支付效率

北京市交通委员会于2020年1月制定《关于进一步明确北京市普通公路养护工程施工合同价款支付工作的通知》，中标单位通过北京市公共资源综合交易系统上传电子发票或者纸质发票扫描件，经招标单位确认付款后，7日内中标人收到相应工程款项，开工预付款由20%提升至30%。发包人在收到合格的履约保证金返还资料之日起5日内返还履约保证金。缺陷责任期满，承包人履行完成全部合同约定，经验收合格后，发包人在收到合格的质量保证金返还资料之日起 5 日内返还质量保证金。推进北京市公共资源综合交易系统与北京市政府采购管理系统、国库支付系统连接,为招投标活动市场主体提供在线资金支付功能(见表 12-11)。

表 12-11　　政策改革及其对世界银行政府采购指标的响应

出台政策	对应二级指标	世界银行导向	政策响应
《关于进一步明确北京市普通公路养护工程施工合同价款支付工作的通知》	支付与质量评估	提高支付效率。	施工合同签订后 14 日内支付预付款,支付比例为合同款 30%;工程款在收到发票之日起 7 日内完成支付。

第三节　对接提升广州政府采购指标竞争力的建议

一　协同推动道路工程采购改革

虽然世界银行以重新铺设 20 公里的平坦双车道公路作为政府采购指标的评估案例,但在现实中并非局限于此。从北京和上海的经验来看,道路工程项目招投标改革不仅局限于新建道路领域,更多还涉及干线公路中修工程、道路养护工程等领域,事实上,在实践中围绕后两者发生的招投标活动更加频繁,改革的空间也相对较大。因此,广州推动政府采购指标改革,应先易后难、协同推动、分类推动涉及道路的各类工程招投标制度改革,尽快将改革范围拓展至普通公路新改建、房屋建筑等建设项目,最终形成改革成果的集成包。

二　推动实施招投标全流程改革

世界银行对政府采购指标考察评估大致包含投标前、投标中和投标后三个阶段。因此，要提升政府采购指标的竞争力，广州需要依据《中华人民共和国招标投标法》《中华人民共和国招标投标法实施条例》《中华人民共和国公路法》《公路工程建设项目招标投标管理办法》等法律法规，借鉴北京和上海经验，尽快启动"1＋N"改革，其中"1"是加快推出广州道路工程项目招投标管理办法，从整体上对新建道路工程、干线公路中修工程和道路养护工程等项目的招投标全流程明确规定和要求。"N"是聚焦项目招投标涉及的各个具体环节、相应投标市场诉求细化制定改革举措和规定要求。

三 加强关联环节配套改革

世界银行对政府采购指标考察的时间跨度从项目预算开始到最后完成支付整个过程，除了道路工程招投标一般流程之外，招标前和招标后的一些关联环节容易被忽略进而对政府采购指标的时间和效率产生影响。在招标前期，应高度重视建立道路工程的概预算编制和建设计划，完善项目储备制，加快推动道路工程政府采购意向公开制度。在招标过程中，推行信用管理，通过扩大信用承诺制应用范围，鼓励招标人逐步减免取消投标保证金、履约保证金等各类工程担保。

在完成招标后，应推动道路工程开工制度改革，缩短中标后至工程开工时间。进一步明确道路工程验收的依据和操作规范，优化道路工程验收程序，缩短质量验收时间进而加快合同支付进程。

四 推进项目采购全流程电子化

全面推行招投标网上管理，积极探索应用新的数字技术和智能工具，实现从招标公告、获取招标文件、投标、投标担保、专家抽取、开标评标、中标公示、合同签订等环节的全流程电子化，彻底改变传统的招标文件纸质送审模式。优化公共资源"一网通办"平台，完善在线招投标、采购评审、合同签订、工程验收功能，允许投标人无须注册、无须登录、无须交任何费用直接在网站匿名下载招标文件，实现招投标"一次都不用跑""一分钱都不用交""一张纸不需用"。深化远程异地评标应用，实现异地抽取、在线打分、网上签名、生成报告。

五 加快启动政府采购改革宣传宣讲计划

政府采购指标评价包括需求与预算、招标、收标、开标与评标、合同授予与签署、合同修改、开具发票与支付等从立项与预算、招标投标、合同执行等全生命周期的评价，涉及的环节多、专业性强。数据采集的对象包括政府部门、政府部门工作人员、律师、建筑公司等，涉及人员专业背景各不相同。而在广州系统推动政府采购制度改革的过程中，必然会出台和发布多份政策规章和多个条目条款，因此必须通过编制政策汇编、政策解读文件、政策简明读本、定向政策解读、设置网页专栏等多种方式进行全面公开宣传，让不同机构和不同人员了解制度改革的要点和精髓，使得改革真正落地见效。

第十三章　劳动力市场监管

"劳动力市场监管"在 2020 年世行营商环境评价报告中列为"观察指标",世行尚未公布该指标的评价结果,国内外相关研究成果也较少。为此,课题组系统研究了世行营商环境评价方法,参照其他指标的测算方式对该指标进行了试评估,主要结论为:将"劳动力市场监管"指标加入现有的世行评价体系后,中国的排名将提升 3 个名次至第 28 位。如果将营商环境评价看成一场比赛,那么增加新的赛道("劳动力市场监管")将有助于中国取得更好的表现;就京沪失分项而言,既存在"部分指标已符合世行要求,但因种种原因未获世行认可"的问题,也存在"相关法律缺失或规定不够具体"的问题;对于广州而言,建议对标京沪等先进城市,从《劳动法》《合同法》等上位法规定之外的领域和推动相关法律法规的落实等着手寻找得分项。同时,要增强监管的灵活适变性,在稳就业、保障劳动者权益、提高用人单位积极性三方面做好平衡。

第一节　"劳动力市场监管"试评估方法说明

一　世行营商环境评价指标体系的变迁

世界银行营商环境评价指标体系(下称"世行体系")并非一成不变。2007—2010 年,世行体系由"开办企业、办理施工许可、劳动力市场监管、财产登记、获得信贷、保护少数投资者、纳税、跨境贸易、执行合同、办理破产"等十个方面构成。2011年以后,"获得电力"取代"劳动力市场监管"进入世行体系,后者自2016年起至今作为世行体系的观测指标(见表13-1)。

表13-1　　　　　　世行营商环境评价体系变迁

项目年份	开办企业	办理施工许可	获得电力	财产登记	获得信贷	保护少数投资者	纳税	跨境贸易	执行合同	办理破产	劳动力市场监管	政府采购
2008	√	√		√	√	√	√	√	√	√	√	
2010	√	√		√	√	√	√	√	√	√		
2012	√	√	√	√	√	√	√	√	√	√		
2014	√	√	√	√	√	√	√	√	√	√		
2016	√	√	√	√	√	√	√	√	√	√	观测	
2018	√	√	√	√	√	√	√	√	√	√	观测	
2020	√	√	√	√	√	√	√	√	√	√	观测	观测

注:"√"表示当年列为正式指标;"观测"表示当年列为观测指标。
资料来源:根据世行2007—2020年世行营商环境评价报告整理。

二　"劳动力市场监管"指标的评估理念及标准

"劳动力市场监管"指标下共有"雇用""工时""解雇规则""解雇成本"等四个二级指标,对该指标的评估主要基于"以人为本"和"有利原则"。任何理性的劳动者都希望"钱多"(企业薪酬支出占比高)、"事少"(工时短、不加班或加班工资高)、"风险小"(合同期限长、试用期短、失业风险低)。我们对该指标的评估也采取这种取向。

具体到各分项指标来看:"雇用"指标体现了在企业招聘录用员工过程中的监管力度,根据"有利原则",合同期限越长、试用期越短、最低工资越高、工资在企业营收中的占比越高，则该指标评分越高；"工时"指标体现了监管层对于劳动者正常作业时间和加班工资的规范力度。同样，劳动者法定工作时长越短、每周工作天数越少、对加班和超时工作的限制越严、加班费标准越高、带薪年假越长，则在该指标中的表现越好；"解雇规则"指标体现了在企业裁员过程中的监管力度，具体体现为法律明令禁止因冗员解雇员工、解雇员工时需要通知或得到第三方的批准等，被裁员职工再就业拥有优先权也有助于改善该指标；"解雇成本"指标主要通过企业在解雇员工时的通知期和遣散费体现，同样根据"有利原则"，通知期越长、遣散费越高、失业保障越完善，则在该指标中的表现越好。

三　评估方法和步骤

评估所使用的原始数据来源自世界银行网站公布的2016—2020年"劳动力市场监管"问卷结果，具体步骤如下。

1. 基本假设

假设1：赋予"劳动力市场监管"下每个二级指标相同的权重。

假设2：每个三级指标均为正向指标（higher is better）。

2. 确定各三级指标的方向

判断各三级指标是正向指标还是负向指标。

3. 确定五年内的各三级指标的最优水平数据和最差水平数据

因我们测算的是2020年指标数据，确定2016—2020年各三级指标的最优数据和最差数据。如表13-2所示。

表 13-2　　　　　　　　　指标处理（一）

一级指标	二级指标	三级指标	正、负向指标	北京	上海	广州	五年期 Worst	五年期 Frontier
劳动力市场监管	雇用	指标 1	+	否	否			
		指标 2	+	无限制	无限制			
	工时	指标 7	+	8	8			
		指标 8	+	6	6			
	解雇规则	指标 19	+	是	是			
		指标 20	+	是	是			
	解雇成本	指标 27	+	4.29	4.29			
		指标 28	+	4.29	4.29			

4. 根据前沿距离法计算得到每个三级指标的前沿距离

$$DTF_{it} = (Worst_{(t,t-5)} - D_{it})/(Worst_{(t,t-5)} - Frontier_{(t,t-5)})$$

其中，DTF_{it} 表示经济体 i 在 t 年劳动力市场监管水平的前沿距离分值，D_{it} 为经济体 i 在 t 年的劳动力市场监管水平数据，$Worst_{(t,t-5)}$ 为劳动力市场监管水平在 $(t, t-5)$ 时间范围内的最差水平数据，$Frontier_{(t,t-5)}$ 为劳动力市场监管水平在 $(t, t-5)$ 时间范围内的最优水平数据。

5. 加权取算术平均数，得到"劳动力市场监管"前沿距离（见表 13-3）

表 13-3　　　　　　　　　数据处理（二）

二级指标	三级指标	北京	上海	最优值
雇用	指标 1	0	0	100
	指标 2	100	100	100

续表

二级指标	三级指标	北京	上海	最优值
工时	指标7	88.9	96.7	100
	指标8	85.7	78.6	100
解雇规则	指标19	100	100	100
	指标20	100	0	100
解雇成本	指标27	33.3	13.2	100
	指标28	11.6	7.6	34.7
	均值	41.8	26	51.3

6. 将"劳动力市场监管指标"与其他指标放到一起，得到各个经济体新的营商便利度指数（有些经济体两个城市参评，则按照相应权重计算得到该经济体各个指标的便利度指数，各城市权重见表13-4）

表13-4　　　　　城市权重

经济体	城市	权重
孟加拉国	达卡	78
	吉大港	22
巴西	圣保罗	61
	里约热内卢	39
中国	上海	55
	北京	45
印度	孟买	47
	新德里	53
印度尼西亚	雅加达	78
	泗水港	22
日本	东京	65
	大阪	35

续表

经济体	城市	权重
墨西哥	墨西哥城	83
	蒙特雷	17
尼日利亚	拉各斯	77
	卡诺	23
巴基斯坦	卡拉奇	65
	拉合尔	35
俄罗斯	莫斯科	70
	圣彼得堡	30
美国	纽约	60
	洛杉矶	40

第二节 "劳动力市场监管"指标单项试评估

利用上述计算方法，可以得到2020年部分经济体在"劳动力市场监管"指标上的整体表现，如表13-5所示。

表13-5　　中国在"劳动力市场监管"指标中的表现

经济体	"劳动力市场监管"指标得分	排名
圣卢西亚	49.05	1
乌干达	47.68	2
美国	47.38	3
中国	33.08	80
北京	41.77	
上海	25.97	

可以看到，前三位分别为圣卢西亚、乌干达和美国，中国排名第80位，低于2020年世行营商环境评价中的排名；各国

得分都在50以下,平均分为32.1分。

北京、上海、香港、新加坡在各二级指标和三级指标上的表现分别见表13-6和表13-7。

表13-6　　　　　　　　　二级指标

	雇用	工时	解雇规则	解雇成本
北京	35.4	29.5	75.0	32.9
上海	37.7	25.9	37.5	8.0
均值	36.5	35.9	42.6	15.1
香港	21.2	38.1	37.5	15.1
新加坡	30.1	26.7	75.0	35.1

从二级指标来看,北京表现较好,而上海落后于平均水平的指标有"解雇规则";上海表现较好,而北京落后于平均水平的指标有"雇用";京沪均落后于平均水平的有"工时""解雇成本"。

表13-7　　　　　　京、沪在全部三级指标中的表现

二级指标	序号	三级指标	
劳动力市场监管	雇用	1	是否禁止关于长期任务的固定期限合同?
		2	签订一次固定期限合同的最长持续时间(以月计)?
		3	固定期限合同的最长持续时间(以月计)?
		4	年满19周岁且具有1年工作经验的劳动力的最低工资(元/月)?
		5	最低工资和企业人均营业收入之比(%)?
		6	最长的试用期是多久(月)
	工时	7	标准工作日
		8	每周的最多工作天数(天)?
		9	夜间工作的加班费(按小时工资的%算)
		10	休息日加班费(按小时工资的%算)
		11	超时工作的加班费(按小时工资的%算)

续表

二级指标	序号	三级指标
工时	12	是否有夜间工作的限制
	13	是否有假期工作的限制
	14	是否有超时工作的限制
	15	工作1年的劳动者的带薪假天数（天）？
	16	工作5年的劳动者的带薪假天数（天）？
	17	工作10年的劳动者的带薪假天数（天）？
	18	平均带薪年休假？
解雇规则	19	员工冗余是否可以作为终止劳动合同的理由？
	20	要解聘一名员工或一群员工，是否需要通知第三方？
	21	要解聘一名员工或一群员工，是否需要获得第三方的批准？
	22	要解聘九名员工，是否需要通知第三方？
	23	要解聘九名员工，是否需要第三方同意？
	24	是否有义务重新培训雇员或调换其工作岗位？
	25	对于解雇冗余雇员或停薪待岗情况，是否存在适用的优先级规则
	26	是否存在适用于再就业的优先级规则
解雇成本	27	对于连续受聘满1年的，雇主须在实施裁员之前，提前多久通知雇员？
	28	对于连续受聘满5年的，雇主须在实施裁员之前，提前多久通知雇员？
	29	对于连续受聘满10年的，雇主须在实施裁员之前，提前多久通知雇员？
	30	平均解雇通知期
	31	对于连续雇用满1年的，雇主裁员时，须向雇员支付多少遣散费
	32	对于连续雇用满5年的，雇主裁员时，须向雇员支付多少遣散费
	33	对于连续雇用满10年的，雇主裁员时，须向雇员支付多少遣散费
	34	平均遣散费
	35	工作一年之后是否提供失业保障？

（劳动力市场监管）

■ = $DB_b, DB_s > DB_{avg}$ ■ = $DB_b > DB_{avg}; DB_s < DB_{avg}$
■ = $DB_b < DB_{avg}; DB_s > DB_{avg}$ ■ = $DB_b, DB_s < DB_{avg}$

具体来看，相比于各指标的平均值，京沪表现均高于平均水平的指标有指标2、指标3、指标19、指标22、指标25、指标28、指标29、指标30等8个；北京表现较好而上海落后于平均水平的指标有指标 8、指标 15、指标 16、指标 17、指标 18、指标 20、指标 21、指标 23、指标 27、指标 31、指标 32、指标 33、指标 34、指标 35 等 14 个；上海表现较好而北京落后于平均水平的指标有指标 7、指标 11 等 2 个；京沪均落后于平均水平的指标有指标 1、指标 4、指标 5、指标 6、指标 9、指标 10、指标 12、指标 13、指标 14、指标 24、指标 26 等 11 个。

第三节 将"劳动力市场监管"纳入评估体系后的结果

一 将"劳动力市场监管"纳入评估体系后的结果

我们尝试将"劳动力市场监管"指标 2020 年评价结果纳入当年世行评价体系中，对比新、旧评价体系评价结果，见表 13-8。

表 13-8　　　　新的营商环境评价体系下中国的表现

	开办企业	办理施工许可	获得电力	登记财产	获得信贷	保护少数投资者	纳税	跨境贸易	执行合同	办理破产	劳动力市场监管	营商指数	排名
新加坡	98.2	87.9	91.8	83.1	75.0	86.0	91.6	89.6	84.5	74.3	40.5	82.0	1↑
新西兰	100	86.5	84.0	94.6	100	86.0	91.1	84.6	71.5	69.5	32.5	81.8	2↓
美国	91.6	80.0	82.2	76.9	95.0	71.6	86.8	92.0	73.4	90.5	47.4	80.7	3↑
中国	94.1	77.3	95.4	81.0	60.0	72.0	70.1	86.5	80.9	62.1	33.1	73.9	28↑
最优值	100.0	93.5	100.0	96.3	100	92.0	100.0	100.0	84.5	92.7	49.1	82.0	
北京	95.1	77.8	95.4	82.6	60.0	72.0	71.7	85.7	80.0	62.1	41.8		
上海	93.3	77.0	95.4	79.7	60.0	72.0	68.7	87.2	81.6	62.1	26.0		

可以看到，加入"劳动力市场监管"指标后的营商环境评

价指标体系中，中国排名第 28 位，比加入"劳动力市场监管"指标前（第 31 位）提升 3 个名次。

对"劳动力市场监管"与"营商指数"进行相关性分析（见图 13 - 1），可以看出，二者存在正相关性，表明正如大国竞争一样，各国在营商环境竞赛中，同样存在"赢家通吃"的现象。

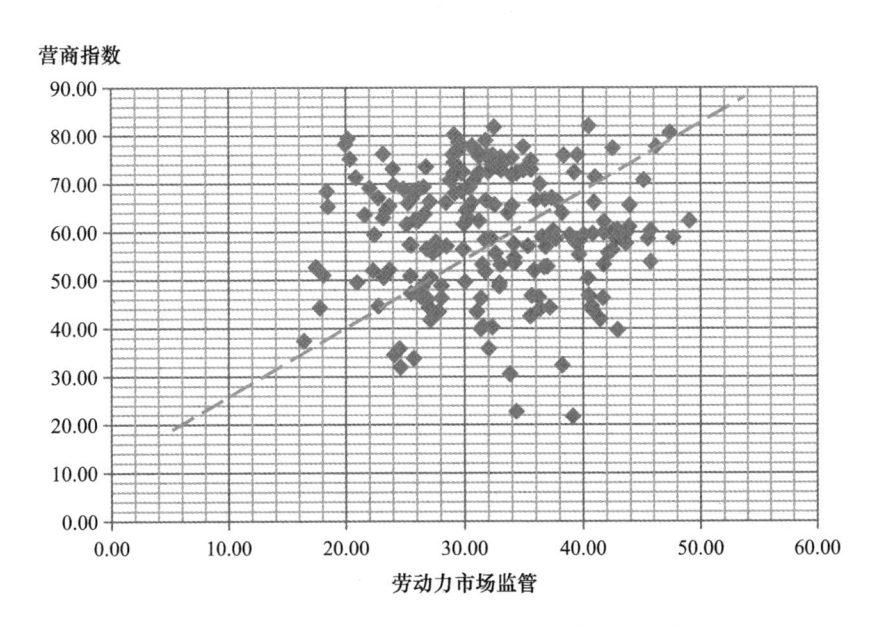

图 13 - 1 "劳动力市场监管"与"营商指数"相关性分析

二 结论与启示

一是在新的营商环境评价指标体系中，中国排名第 28 位，比加入"劳动力市场监管"指标前（第 31 位）提升 3 个名次。如果将营商环境评价看成一场比赛，那么增加新的赛道（"劳动力市场监管"）将有助于中国取得更好的表现。

二是对照世行评估标准，部分法律确实存在优化空间。部分失分项的评估标准与国内现行规章制度存在一定区别：一是相关规章制度背离了世行的评估标准；二是相关领域在建章立制上存在空白；三是相关规章制度已有相应规定，但出于避免劳资矛盾激化等考虑，有关条款较为原则，实践指导意义不够。

三是有些指标符合世行评估标准，但因种种原因没有得到世行采信。比如，不少指标得分情况与京沪的实际情况不符，这也影响了我国的整体评估结果。可能有两方面原因：一是部分监管措施没有及时固化为制度规范。根据世行要求，相关领域的改革举措需固化为规章制度才能得到采信。查阅公开资料发现，近年来京、沪两地着力加强劳动力市场监管，已取得初步成效，但因部分措施没有及时形成规章制度等长效机制，可能导致相关改革没能获得世行采纳。二是在具体操作层面，部分问卷填写人员没有完全掌握制度出台情况。原因在于相关改革举措的宣传覆盖面不够广、解读力度不够大，部分受访者不知道部分已经出台的法律制度，导致对一些评估指标得出错误的评价结论。

第四节　对策建议

"劳动力市场监管"是世行营商环境评价体系的重要内容，同时也是贯彻落实《中共中央、国务院关于构建更加完善的要素市场化配置体制机制的意见》的关键环节。新冠肺炎疫情时期，广州要着力完善市场化、法治化区域劳动力市场监管体制，突出"稳就业"政策导向，释放监管效能，优化劳动力结构，同步做好严监管、优服务，加大健全人力资源市场体系力度，依法纠正身份、性别等就业歧视现象，增加劳动者特别是一线劳动者劳动报酬，让劳动力要素活力在广州大地竞相迸发，为广州建设国际大都市提供有力的劳动力要素支撑，推动广州营商环境出新出彩。

一 千方百计寻找得分项

一是从非涉法指标中寻找得分项。一方面，要加强同有关部门的沟通，探讨从国家层面修订相关法律法规的可能性。另一方面，要在"劳动力市场监管"指标中的"非涉法指标"中寻找得分项。如提升城市最低工资空间，目前北京城市最低工资为2200元、上海为2480元，广州为2100元，低于京沪。提升的空间具体有多大，还需要召集相关部门、企业家和职工代表共同磋商论证。

二是推动法规落地，减少"冤枉"失分项。如京沪的共同失分项"夜间加班工资"，中国现行《劳动法》已经对此作出规定（小时工资的150%），在法规落地时面临障碍。一方面，要扩大《劳动法》等相关法律规章的宣传覆盖面，让企业和职工知晓相关规定，增强维权意识，同时及时协调解决企业在执行中面临的具体困难。另外，在"双非"企业（非市属国企、非上市公司）中试行职工监事制度，依法履职，保障职工权益。

三是加快建章立制。对比世行评价体系，逐项梳理出广州市已出台的相关改革举措，条件成熟的要及时总结经验，出台制度规范并形成文件；对于尚需发力的领域，要抓紧组织论证，尽快推出相关改革措施。

二 做好沟通和翻译工作

全面吃透世行指标体系和评估方法，系统精准翻译和解读世行问题，进而根据中国法律法规做出针对性回应，做到用心用情沟通。

一是对于已满足世行评估要求的指标，加强与世行相关项目小组的沟通对话，争取获得世行的理解和认同。发挥智库和民间力量的桥梁纽带作用，通过联合举办研讨会、非正式沟通等形式，加强双方的交流互信。

二是针对世行评估指标，要优化提交材料的方式。政府相关部门在向世行提交指标说明材料时，应按照"测评问题、中国答案、作为支撑的法律、法规、规章和文件、具体条文、实践做法与典型案例"等要素准备材料，并将政府的文件语汇转化为世行专家能够理解的评估语言，尽可能突出政策中的"干货"，以使世行专家一目了然。

三是要精准翻译世行问卷，扩大政策宣传覆盖面。从某种程度上说，翻译工作和指标攻关同样重要，要及时组建由具有深厚法律功底与较高外语能力的专家学者参与的专项工作组，对世行调查问卷和评估指标进行精准翻译。同时，对所提交的中文材料，最好也准备翻译精准的英文译本供世行专家参阅。另一方面，要对照相关法律法规，逐一梳理、总结符合本市实际情况的政策解答，加强对问卷发放的主要对象（律师事务所、会计师事务所、咨询机构等人员）的培训和辅导。

三 增强监管的灵活适变性

推动劳动力市场监管、强化劳动力权益保护是大势所趋，而如何在加强监管中提高用人单位的积极性，不仅需要各方加强沟通协作，也更加考验监管智慧。尤其是在新冠肺炎疫情时期，外部环境变化决定了监管要更加突出稳就业的政策取向，这时就需要增强监管部门的灵活适变性，创新监管方式，提升监管效能，避免相关法律法规实施落地时遭遇用人单位的过度反弹。

一是在劳动者的权益保障方面做"加法"的同时，一体推进营商环境其他领域的优化工作，在企业税负、信贷成本、政府招投标准入门槛等方面做"减法"，确保通过营商环境改革，企业的综合成本得到有效降低。

二是争取尽量多的支持面。加强监管是为了更好地促进就业，应当从决策机制上寻求提升决策科学性的路径，保障政府的良好初衷能够成为现实。要广泛倾听专家学者的意见，同时充分吸纳民意。决策之前，政府应与用人单位做到充分的沟通，宣贯营商环境改革对各方切身利益的重要性，并召开包括监管部门、企业家、职工代表在内的多方恳谈会，争取得到尽可能多的理解和支持。

附件一　劳动力市场监管评价体系及北京在 DB2020 的表现

序号	三级指标	正、负向指标	北京
1	是否禁止关于长期任务的固定期限合同？	+	否
2	签订一次固定期限合同的最长持续时间（以月计）？	+	无限制
3	固定期限合同的最长持续时间（以月计）？	+	无限制
4	年满19周岁且具有1年工作经验的劳动力的最低工资（元/月）？	+	311.63
5	最低工资和企业人均营业收入之比（%）？	+	0.28
6	最长的试用期是多久（月）？	+	6.00
7	标准工作日	+	8.00
8	每周的最多工作天数（天）？	+	6.00
9	夜间工作的加班费（按小时工资的%算）	+	0.00
10	休息日加班费（按小时工资的%算）	+	100.00
11	超时工作的加班费（按小时工资的%算）	+	50.00
12	是否有夜间工作的限制	+	否
13	是否有假期工作的限制	+	否
14	是否有超时工作的限制	+	否
15	工作1年的劳动者的带薪假天数（天）？	+	5.00
16	工作5年的劳动者的带薪假天数（天）？	+	5.00
17	工作10年的劳动者的带薪假天数（天）？	+	10.00
18	平均带薪年休假？	+	6.67
19	员工冗余是否可以作为终止劳动合同的理由？	+	是
20	要解聘一名员工或一群员工，是否需要通知第三方？	+	是

续表

序号	三级指标	正、负向指标	北京
21	要解聘一名员工或一群员工，是否需要获得第三方的批准？	+	否
22	要解聘九名员工，是否需要通知第三方？	+	是
23	要解聘九名员工，是否需第三方同意？	+	否
24	是否有义务重新培训雇员或调换其工作岗位？	+	是
25	对于解雇冗余雇员或停薪待岗情况，是否存在适用的优先级规则？	+	是
26	是否存在适用于再就业的优先级规则？	+	是
27	对于连续受聘满1年的，雇主须在实施裁员之前，提前多久通知雇员（按星期计）？	+	4.29
28	对于连续受聘满5年的，雇主须在实施裁员之前，提前多久通知雇员（按星期计）？	+	4.29
29	对于连续受聘满10年的，雇主须在实施裁员之前，提前多久通知雇员（按星期计）？	+	4.29
30	平均解雇通知期	+	4.29
31	对于连续雇用满1年的，雇主裁员时，须向雇员支付多少遣散费？	+	4.33
32	对于连续雇用满5年的，雇主裁员时，须向雇员支付多少遣散费？	+	21.67
33	对于连续雇用满10年的，雇主裁员时，须向雇员支付多少遣散费？	+	43.33
34	平均遣散费	+	23.11
35	工作一年之后是否提供失业保障？	+	是

参考文献

1. 陈懿赟：《税收营商环境的国际比较——基于〈世界纳税报告〉的解读》，《湖南税务高等专科学校学报》2020年第33期。
2. 广州营商环境网站（http：//www.gz.gov.cn/ysgz/tzzc/kbqy/）。
3. 胡立升、庞凤喜、刘紫斌、刘畅：《世界银行营商环境报告纳税指标及我国得分情况分析》，《税务研究》2019年第1期。
4. 李成、施文泼：《世界银行纳税营商环境指标体系研究》，《厦门大学学报》（哲学社会科学版）2020年第5期。
5. 罗培新：《世界银行营商环境评估：方法·规则·案例》，译林出版社2020年版。
6. 罗培新：《世界银行营商环境评估方法论：以"开办企业"指标为视角》，《东方法学》2018年第6期。
7. 罗培新：《世界银行营商环境评估价值体系与方法论——以"开办企业"为例》，《中国市场监管报》2019年3月5日。
8. 世界银行官网（https：//chinese.doingbusiness.org/zh/methodology/starting-a-business）。
9. 王斐民、王雅铃：《中国纳税营商环境评价体系的分析与再塑》，《经贸法律评论》2020年第3期。
10. 姚丽：《从程序效率到实质赋能 持续优化我国税收营商环

境——兼论〈2019年世界纳税报告〉》,《国际税收》2019年第6期。

11. 原上海市工商局企业注册处:《上海开办企业改革与世界银行〈2019年营商环境报告〉》,《中国市场监管研究》2019年第1期。

12. 张景华、刘畅:《全球化视角下中国企业纳税营商环境的优化》,《经济学家》2018年第2期。

13. Simeon Djankov, Rafael La Porta, Florencio Lopez-De-Silanes, Andrei Shleifer, "The Regulation of Entry", *The Quarterly Journal of Eco-nomics*, 2002.